空中加油战法

精准捕捉
牛股加速上涨信号

李星飞◎著

中国铁道出版社有限公司
CHINA RAILWAY PUBLISHING HOUSE CO., LTD.

内 容 简 介

空中加油属于一种 K 线形态，是专门用来捕捉牛股在上涨趋势成立初期主力快速洗盘的一种征兆，但主力快速洗盘的方式也略有不同。为了能够准确利用空中加油形态寻找到主力洗盘结束时加速上涨的牛股，本书结合短线操盘技术，以及相关辅助判断指标，从选股策略、买入形态、买点信号、持股信号、卖出形态、卖点信号、实战攻略与交易技巧等多个方面，对空中加油形态进行梳理，形成一套行之有效的操作牛股的短线操盘方法和体系，以期让投资者能够通过学习，真正学会如何使用正确的技术方法与操盘技巧，寻找到洗盘结束时加速上涨的牛股，通过短线操盘实现快速获利。

图书在版编目（CIP）数据

空中加油战法：精准捕捉牛股加速上涨信号/李星飞著.—北京：
中国铁道出版社有限公司，2022.3
　　ISBN 978-7-113-28548-7

Ⅰ.①空…　Ⅱ.①李…　Ⅲ.①股票投资-研究　Ⅳ.①F830.91

中国版本图书馆CIP数据核字（2021）第232450号

书　　名：空中加油战法：精准捕捉牛股加速上涨信号
　　　　　KONGZHONG JIAYOU ZHANFA：JINGZHUN BUZHUO NIUGU JIASU SHANGZHANG XINHAO
作　　者：李星飞

责任编辑：张亚慧　　　编辑部电话：（010）51873035　　　邮箱：lampard@vip.163.com
编辑助理：张秀文
封面设计：宿　萌
责任校对：焦桂荣
责任印制：赵星辰

出版发行：中国铁道出版社有限公司（100054，北京市西城区右安门西街 8 号）
印　　刷：三河市航远印刷有限公司
版　　次：2022 年 3 月第 1 版　　2022 年 3 月第 1 次印刷
开　　本：700 mm×1 000 mm　1/16　印张：14.5　字数：203 千
书　　号：ISBN 978-7-113-28548-7
定　　价：69.00 元

前　言

　　加速上涨的牛股，是很多投资者都梦寐以求的。因为买入后不仅可以看到股价的明显上涨，还可以通过持股，短期内获得较大收益。因此，加速上涨牛股的出现，是股民入市最期盼的所在，因为股市这种依靠专业技能快速造富的能力，是它最大的魅力。

　　然而，对普通投资者来说，由于自身的资金实力限制，所拥有的力量往往是较弱的，虽然市场上整体散户的资金量要大于主力，但是由于主力资金的集中，主力往往拥有许多散户所无法具备的能力。这也就注定了，市场上 99% 的散户都是难以与主力抗衡的，也就注定了大多数散户持续亏损的结果。

　　最终，股市上那些看似轻描淡写即发动快速上涨的股票，对于众多散户而言，却成了一个可遇而不可求的最大梦想。

　　事实上，只要投资者能够静下心来想一想，要想实现股市获利也并非难事。因为股价运行是有规律可循的，即使有主力的参与，或多或少干扰了股价的这种运行规律，但是绝大多数主力来到股市，并不是来看风景的，最终都要实现获利。

　　因此，从主力角度思考股市投资，就成为捕捉加速上涨牛股的根本。因为主力进入一只股票，只会在低位建仓，然后通过震荡洗盘实现筹码集中，再持续推升股价，在高位大举卖出，以实现最终获利。

　　然而，对于任何一只股票来说，除了那些新上市的只有数千万股发行量的超级小盘股外，主力要想实现完全控盘一只股票，往往多数时候是难以实现的，即使有多个同一时期进入一只股票的主力合力操盘，多数也只能达到相对控盘。

　　这就为捕捉加速上涨前的牛股提供了依据。

　　我们都知道，如果主力无法达到 100% 控盘，操盘时需要很大的资金消耗，尤其是震仓洗盘期间。因此，当主力开始积极做多的时候，往往就会出现一个短暂的时机——快速洗盘再收集筹码的过程。因为只有主力手中的筹码充足了，才能持续快速推升股价，以实现最终的获利。

　　空中加油，正是主力在积极做多初期再次快速洗盘和收集筹码的一个时机，原本只是一种上涨中继的 K 线形态，但由于这一 K 线形态恰好是主力快速拉升一只股票前最后的快速洗盘征兆，一旦结束空中加油的洗盘，其后就会进入加速上涨时期，所以买入后短期获利会极高。因此，才有了《空中加油战法：精准捕捉牛股加速上涨信号》这本书。

每一位进入股市的投资者都明白一个道理：高收益伴随高风险，低风险也往往意味着低收益。然而，这一观点只适用于那些入市不深的股民，因为一个人无论做什么事情，成与败不在于态度，大成与小成不在于投资的资金量和所要承担的风险高低，因为在股市中，高风险并不一定就意味着可能会有高收益，只要掌握了正确的操盘方法，就能够很好地将这种投资风险降到最低。

同时，正确的操盘方法，也能够确保获得较大的收益，因为如果你不懂得其中的方法，即使买到了一只大牛股，99% 的朋友，也很难在最大化的获利时机时卖出。这也正是为什么股市里流传着这样一句话的原因：会买的只是徒弟，会卖的才是师父。

基于此，笔者才在空中加油形态的基础上，结合短线操盘的理念，通过选股、观察分析，以及买股时买入形态的判断和买点确认，最终确定买入时机；然后通过技术观察和分析来确定是否需要持股，什么情况下要引起关注；再通过卖出形态和卖点的结合，进行卖出操作。

这一系列看似平淡无奇的操作，其实都是对主力动向细微判断的结果，因为在空中加油结束时，主力只有表现出强烈的做多欲望时，才是最佳和最安全的买入股票时机；买入后，只要主力依然在拉升股价，就应持股；一旦主力有离场的意愿时，即应果断卖出。这就是空中加油战法中的整个操盘流程和理念。

只是短线操盘与中长线选股，又看似有些矛盾。事实上这是一种很好的获利模式，因为中长线选股能够确保趋势，为短线操盘打下牢固的基础。而短线操盘，又能够减少持股时间，实现短期快速获利。因此，在空中加油战法中，实际的操盘时间并不多，更多的只是寻找和观察股票。

股票投资的，成功往往只是那么轻松的一瞬间委买与委卖，背后付出的努力却是漫长而辛苦的。所以，世上的任何一件事情，都没有随随便便的成功！

因此，股民要想抓住加速上涨的牛股，就要从理念上改变原有的思维习惯，这也正是笔者在最后一章中所阐述的内容。交易策略、交易原则、仓位管理、交易纪律和交易技巧的内容，都是确保根据空中加油战法实现最终获利的根本。

改长期亏损为长期获利，不仅仅只是一种好的炒股技术，关键是要有一套好的操盘体系。

严格在纪律的约束下，根据要求去一一执行和落实，才是一个成功的投资者所应具备的素质！

作　者
2021年12月

| 目 录 |

第4章　买入形态：空中加油的止跌回升与突破征兆　/　53

第5章　买点信号：量价齐升是判断股价持续上涨的重要依据　/　73

第 1 章

空中加油战法: 短期获利最高的操盘技术

空中加油战法是在空中加油形态的基础上, 结合短线操盘技术所总结出来的一套短线操盘技术, 在使用这一战法前, 必须充分了解空中加油形态的判断、盈利模式、空中加油形态与主力的关系, 以及实战操盘中的两个重要理念, 这样才能够使用好这一战法, 实现短期快速获利。

1.1 形态判定

1.1.1 空中加油形态

空中加油形态是一种K线形态，是指在上涨初期，当股价加速上涨前，由于主力已经小幅持续拉升了股价，所以需要进行一次筹码的再收集，以实现股价的加速上涨，所以上涨初期就会出现K线的短时下跌调整，但调整的幅度有限，不会跌破重要的支撑位，且调整时间通常较短。一旦调整结束，就会出现持续量价齐升的加速上涨模式，短期涨幅极为可观。

由于这种K线形态出现在上涨中途，股价是悬在上涨初期的低空，所以就像一架战斗机在空中战斗中进行了一次油量补充，以投入更为激烈的空战，所以叫作空中加油形态。

形态要求：

（1）必须确保股价经过短时持续的小幅上涨，形成明显的上涨趋势，然后出现K线的短时调整，且调整幅度并不会很大，不会跌破前期重要的价位，如明显上涨时的阳线低点，或跳空高开上涨中未完全回补缺口。

如图1-1所示，爱尔眼科（300015）在上涨初期A区域后的B区域，出现小幅震荡下跌调整，并未跌破A区域形成调整前的阳线低点，符合空中加油形态。

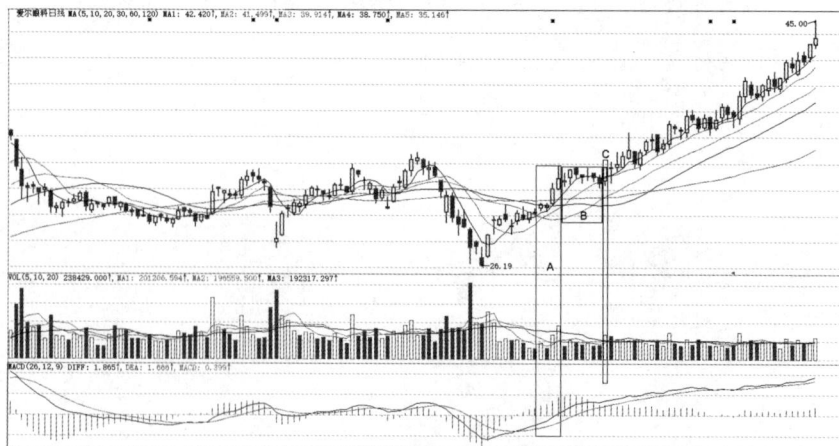

图1-1 爱尔眼科-日线图

（2）空中加油结束时，股价表现为持续温和放量上涨中突然以放量上涨的方式加速突破前期调整时的高点，或是直接放量上涨，在加速回升中实现快速突破。

如图1-1中B区域形成空中加油形态后的C区域，出现明显的放量上涨，突破A区域右侧阳线高点，所以C区域可确认为空中加油形态的短期调整已结束，股价恢复了加速持续上涨。

实战注意事项：

（1）当空中加油形态出现时，首先必须确保股价经过一段明显的持续上涨，且涨幅不大，多数时候是股价突破前期重要高点位置时，在强力拉升期间出现小幅回调，所以通常调整幅度不会大，且不会跌破前期明显上涨时的重要支撑位，调整时间不会很长。

（2）判断空中加油形态是否失败时，主要观察在股价短期调整期间，不能跌破前期上涨时的重要支撑位，如前期阳线上涨的低点，或是跳空高开后出现回调时，不会完全回补完这一缺口，即出现止跌回升。

（3）虽然判断空中加油形态的成立，只要股价在短期调整结束时出现持续回升即可，但要想确保其后股价的加速上涨，必须是股价加速回升或突破调整前的K线高点时，方可确认，所以在根据空中加油形态具体操作时，应以突破形态或加速回升形态为安全的切入点。

1.1.2　空中加油形态的两种类型

由于空中加油形态是上涨初期主力洗盘的表现，而主力因持筹的状态不同，所以这种洗盘调整的时间长短也有所不同，因此也就注定了空中加油形态有两种不同的类型，但这一类型的分类主要从调整时间的长短及幅度进行区分，包括快速空中加油形态和缓慢空中加油形态。

（1）快速空中加油形态

快速空中加油形态主要表现为K线调整的时间短，止跌回升快，经常表现为股价快速上涨后，出现1～5个交易日的小幅调整，即出现调整结束的止跌回升。

如图1-2所示，安科生物（300009）在上涨成立后，A区域K线出现了跳空高开式的上涨，B区域K线在A区域高开的情况下，形成了小幅震荡，仅仅有两个交易日，即出现C区域止跌回升的快速突破，明显为快速空中加油形态，且C区域为明显放量上涨，所以是股价加速上涨的突破买点，买入后短期涨幅可观。

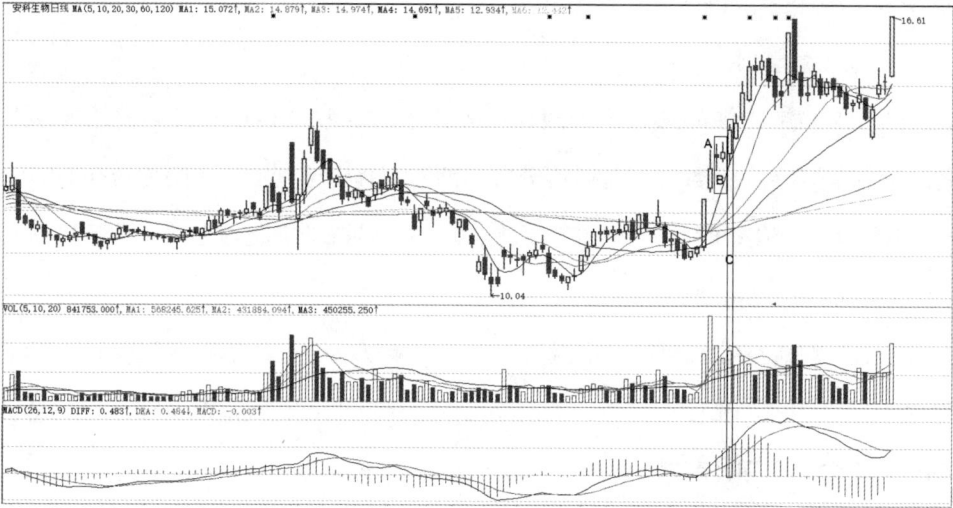

图1-2　安科生物-日线图

（2）缓慢空中加油形态

缓慢空中加油形态主要表现为K线调整的时间相对较长，经常表现为股价快速上涨后，出现调整时间相对较长，一般在5～10个交易日；调整幅度相对较大，但确认为空中加油形态时，必须确保K线未跌破调整前加速上涨的阳线低点或重要支撑位，如明显上涨时的阳线低点，且调整期间为健康的缩量整理，允许时间超过10个交易日。

如图1-3所示，宝德股份（300023）A区域形成上涨趋势初期后，出现B区域的小幅震荡，未跌破A区域右侧上涨阳线的低点，在此期间为健康的缩量整理，所以尽管其间K线超过10根，达到14根K线，但符合缓慢空中加油形态的要求，C区域持续放量上涨时为买点，说明股价恢复上涨，同样应买入股票。

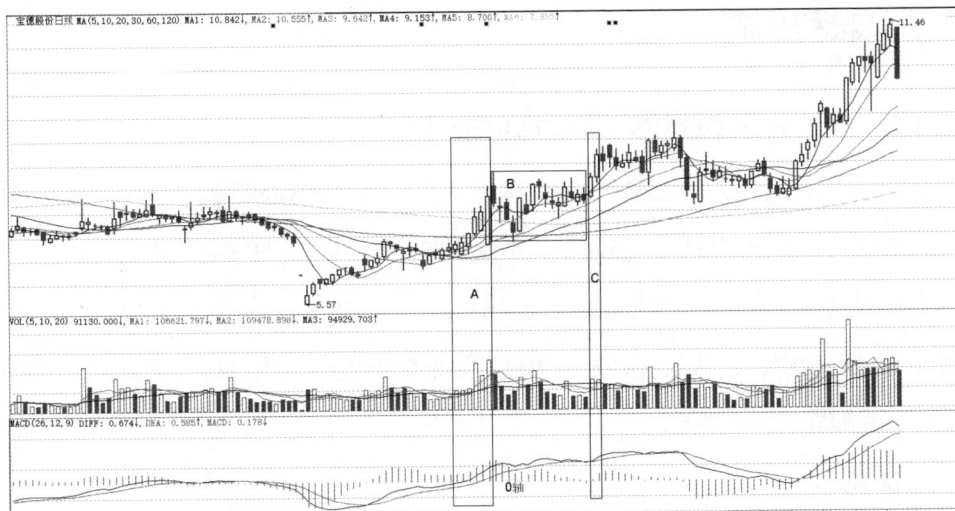

图1-3　宝德股份-日线图

实战注意事项：

（1）空中加油形态与上涨趋势的短期调整行情类似，但却有着明显的区别，这种区别主要表现在调整的幅度上，因为上涨趋势的中继调整，允许调整幅度略大，甚至是跌破了前期调整时的低点支撑，但在空中加油形态中，不仅调整时间短，同时不允许出现跌破前期调整前的重要支撑。

（2）在快速空中加油形态中，经常表现为股价跳空高开后的震荡整理，这时K线是不会完全回补完这一缺口的，或者只是在上涨中途突然出现一两根阴量的调整，甚至是在前一根阳线高低点之内，形成或阴或阳的孕线调整，然后即恢复快速上涨。

（3）在缓慢空中加油形态中，最难以区分出上涨中继调整，区分的标准是：上涨中继的调整时间或相对较长，且允许股价跌破调整前的上涨低点，而在空中加油形态中，不允许跌破这一低点，且调整时间通常不会超过10个交易日，但横盘缩量震荡调整时，允许时间略长。

1.2 盈利模式

1.2.1 中长线选股观察，寻找短线交易时机

由于空中加油战法是通过选取上涨趋势初期短线调整的时机来寻找股票交易买入时机的，卖出股票时也是通过股价短期趋势由强势快速转弱来判断股票交易的卖出时机，所以这种操盘方法的盈利模式是一种根据股价运行规律来选股并对目标股进行观察，然后通过股价结束调整恢复上涨的时机，进行短线交易时机的操作，从而实现盈利的目的。

具体要求：

（1）选股时应从中长线股价趋势运行规律出发，寻找长期弱势震荡整理或处于上涨趋势初期类的股票，因为长期弱势震荡整理的股票，最容易形成震荡走强转为上涨趋势；而上涨趋势初期的股票，最容易出现短期调整的空中加油形态。所以，中长线选股目的是发现股价形成上涨趋势初期出现空中加油短线调整的股票。

如图1-4所示，红日药业（300026）在A区域表现为股价长期处于横盘小幅震荡的弱势，MACD也表现为双线黏合的水平震荡，符合技术选股要求，且为一只中盘股，所以可以将其列为目标股，因为这类股票最容易日后形成上涨趋势，也是最容易出现快速空中加油形态的股票类型。这种选股方式，是从中长线股价运行规律出发的选股，但其后必须持续观察，以寻找到短线交易机会。

（2）选股后并非要立刻买股，而要通过持续的观察，以寻找到那些形成上涨初期类的股票，然后捕捉空中加油形态的短线调整时机，在调整结束时轻仓参与，加速回升或快速突破时，重仓买入。一旦在股价持续走弱时，及时卖出，以实现获利。

如图1-4中A区域形成中长线长期弱势震荡的形态后，到B区域发现上涨趋势成立后，出现短时的空中加油整理，以及量价齐升的回升突破，这时才会构成短线的买点，其后到C区域出现量价齐跌时为卖点。从B区域的买股，到C区域的卖股，在此期间仅仅有5根K线，即5个交易日，所以空中加油形态的交易，属于短线交易时机的把握。

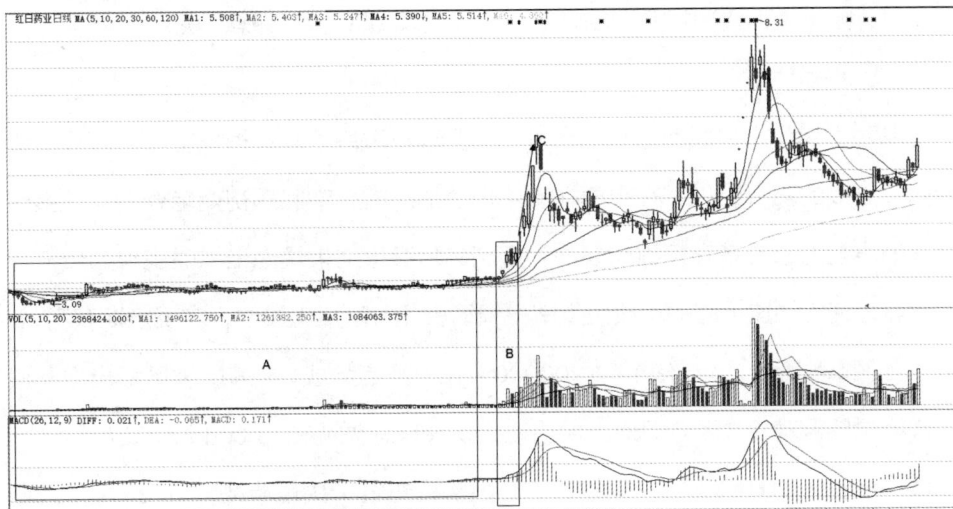

图1-4　红日药业-日线图

实战注意事项：

（1）通过空中加油战法实战时，一定要首先明白这一战法的盈利模式，这样才能通过空中加油战法的操盘环节进行操作。

（2）根据空中加油战法实战期间，一定要从中长线角度出发选择目标股，这样才能在确保其后最容易出现上涨趋势初期的短线调整，一是从安全角度出发，二是提升日后交易的成功率。因为越是调整充分的股票，其后的上涨趋势成立时才越可靠，不易出现短线看似上涨、实则为宽幅震荡的情况发生。

（3）空中加油战法中的选股标准，就是中长线选股，其后的观察，以及空中加油形态出现后，股价结束短线调整的回升与突破，才是可买入交易的时机。而卖出的交易时机，则是股价短期快速转弱时。

1.2.2　捕捉主力快速洗盘时机，小波段操作

在空中加油战法中，因为寻找的是空中加油形态结束时，回升初期或突破时买入，所以这种操作的盈利方式，事实上是通过上涨趋势中，主力在拉升股价期间，根据主力快速洗盘结束的征兆来买入股票，以实现随主力进入股价的快速拉

升阶段，坐上主力快速拉升期的顺风车，以实现短线小波段操作获利。

具体操作要求：

从主力运作一只股票的角度出发，为实现小波段获利，根据空中加油战法操盘时，波段的买入时机，一定要在空中加油形态的止跌回升初期轻仓参与，直到突破时表现为量价齐升再重仓参与，直到其后股价结束快速上涨时表现为量价齐跌时，才证明加速上涨的小波段上涨已经结束，方可卖出股票，实现短期获利。

如图1-5所示，阳普医疗（300030）在上涨趋势成立初期，A区域出现一根阴线阴量的波动，B区域即刻出现快速止跌突破，说明主力通过一个交易日，已完成洗盘，因为筹码集中，只是对市场散筹码进行了快速清洗，应及时在B区域量价齐升突破时买入股票，因为快速上涨阶段已经到来，到C区域形成大阴线的量价齐跌时，应果断卖出。

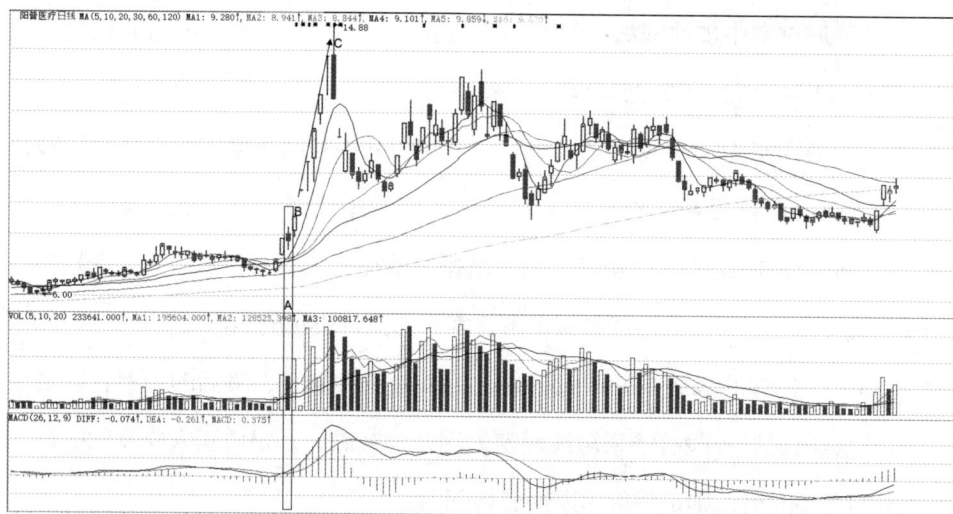

图1-5　阳普医疗-日线图

可以看出，从B区域的买股，到C区域的卖股，在此期间仅有5根K线，明显为股价加速上涨的一个小波段，所以空中加油战法是通过寻找主力在空中加油形态洗盘期间，捕捉到洗盘结束时进入加速上涨时一直持股到快速结束的小波段操作来实现获利。

实战注意事项：

（1）根据空中加油战法实战时，一定要学会从主力思维来操作，因为绝大多数主力来到股市是要实现获利的，所以主力在低位建仓和洗盘后，一旦在上涨趋势成立后，就要再次通过空中加油形态进行快速洗盘，一旦结束，就是加速上涨小波段开始。

（2）把握主力洗盘结束的加速上涨小波段时，一定要在主力快速洗盘结束出现止跌回升时轻仓参与，因为缓慢的回升无法确保会突然加速上涨，还存在小幅回升中的突然破位转弱。但从不错过牛股的角度出发，在此期间应采取轻仓操作，直到突破时方可重仓买入。

（3）在空中加油形态的主力洗盘结束后，一旦买入了股票，判断加速上涨小波段结束时，应尊重量价齐跌的变化，只要发现趋势突然出现走弱时，原则上应以卖出为主，即使卖早了，也不应再买回来，因为已实现了小波段的获利。

1.3　发现主力征兆

1.3.1　征兆1：空中加油形态出现，主力快速洗盘

空中加油形态一旦出现，就意味着主力开始快速洗盘，因为主力在操作一只股票期间，尤其是在小幅拉升后，若是不通过洗盘，则必然会在其后股价的持续上涨中遇到诸多的抛售压力，所以在此期间的股价短时下跌，多数时候是主力在洗盘，以清洗掉短期获利筹码，直到再次实现筹码集中，然后推动一轮加速上涨行情。

判断空中加油形态为主力洗盘的方法：

空中加油形态为主力快速洗盘时，股价的跌幅并不大，不会跌破一些重要价位，如空中加油形态调整时的阳线低点，或是跳空上涨时不会完全回补掉缺口，即出现止跌回升或快速回升，甚至是突破。这时方可确认主力快速洗盘结束。

如图1-6所示，宝通科技（300031）在A区域和B区域两次出现主力快速洗盘时，均未跌破A区域左侧和B区域左侧的上涨阳线低点支撑，所以，即使两次接连出现空中加油形态，均属于主力正常的强势洗盘征兆。

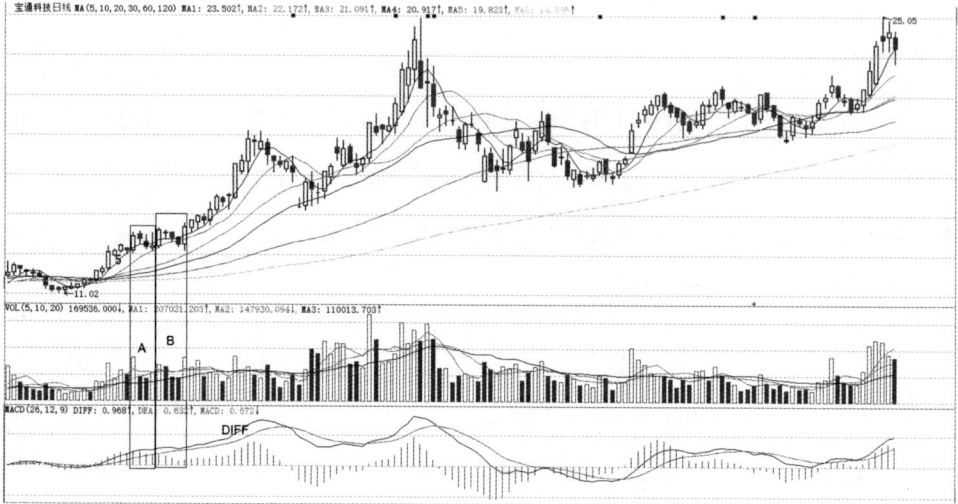

图1-6　宝通科技-日线图

实战注意事项：

（1）根据空中加油形态判断主力是否为快速洗盘时，主要通过上涨初期股价出现短时的快速回调来判断，但必须确保不跌破前期上涨的重要价位，否则难以确认为空中加油形态成立。

（2）在主力快速洗盘过程中，确认为空中加油形态时，股价调整时的重要价位的判断，一是前期快速上涨时的长阳低点，二是跳空高开后的回调中，不会完全回补掉这一向上缺口。

1.3.2　征兆2：空中加油形态结束，主力快速拉升股价

当空中加油形态一旦结束，就说明主力已经完成快速洗盘，则其后必然会进入一波快速拉升，因为若是不快速拉升股价，主力参与这只股票根本无法获利。所以，一旦发现空中加油形态结束，往往就成为介入一只快速上涨牛股的最好时机。

判断主力快速拉升股价的方法：

判断主力快速拉升股价的方法，主要是空中加油形态中的两种成立形态：一是成立初期，股价表现为缓慢止跌回升的量价齐升；二是加速回升突破的缩量涨停与突破时的放量上涨。在这种形态中，加速回升突破与放量上涨突破，往往是最可靠的股价快速拉升的征兆。

如图1-7所示，上海凯宝（300039）A区域出现空中加油形态的主力洗盘后，B区域快速回升与突破时，表现为明显放量上涨的量价齐升，说明空中加油形态的洗盘已结束，主力进入快速拉升股价的阶段状态，所以，B区域才是重仓买入的时机。

图1-7　上海凯宝-日线图

实战注意事项：

（1）只有判断出空中加油形态结束的征兆时，方可证明主力洗盘已经结束，恢复上涨走势，但要确认股价进入快速拉升阶段时，股价必须出现加速回升或强势突破，否则只能证明主力洗盘已经告一段落。因为其后的缓慢回升中，也极有可能在突破时再次出现洗盘。

（2）当主力快速拉升一只股票时，表现为短线的超级强势，所以当空中加油形成结束时，通常加速回升与放量突破是最为可靠的买点征兆。

（3）一旦在空中加油形态结束的缓慢回升中，当股价再次走弱时，则说明空中加油期间的主力洗盘不充分，上方压力较大，所以通常会继续洗盘，甚至是走弱震荡，以时间来换取空间。

1.3.3　征兆3：空中加油形态失败，主力加大洗盘

当空中加油形态形成后，失败的情况大多出现在缓慢回升形态中，极少有出现在突破时，因为空中加油形态期间的主力洗盘，目的就是化解短期获利盘，再次收集相对低位筹码，以实现其后的加速上涨。所以既然是洗盘结束，必然说明主力已经完全有能力突破上涨。

因此，不管空中加油形态失败出现在哪个阶段，都说明股价上方的承压较大，主力必须通过再次探底，以寻找低位支撑中进一步洗盘来化解上涨压力，也就意味着主力会加大洗盘的力度，所以一旦形态失败时，应采取先卖出回避的态度。

判断空中加油形态失败的方法：

主要通过股价在空中加油形态形成后，出现的回升或突破期间，股价出现持续或快速下跌，跌破了调整前时的阳线低点，或是完全回补跳空高开时的向上缺口。这就证明空中加油的快速洗盘失败，原则上是先行卖出股票，因为其后的主力洗盘方式很多，普通投资者很难识别。

如图1-8所示，赛为智能（300044）A区域上涨趋势成立初期的短线调整时，出现跌破B区域低点的情况，说明空中加油形态出现失败，意味着主力未完成洗盘，其后必然会加大力度继续洗盘，所以，这类股票不应急着买入，应根据其后洗盘结束的快速回升和突破形态及买点要求达到后再操作，否则就应放弃。

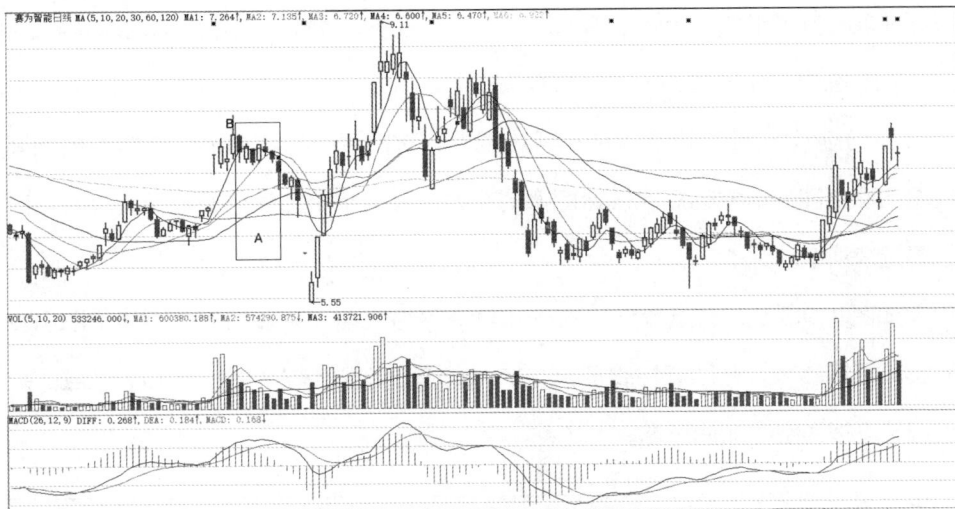

图1-8　赛为智能-日线图

实战注意事项：

（1）当空中加油形态失败时，主要表现在股价快速下跌或震荡期间，在看似要回升或未回升之际，跌破了前期的重要价位。只要这种情况出现，就意味着空中加油形态的快速洗盘未完成，其后主力必然会继续洗盘。

（2）空中加油形态一旦失败后，主力洗盘的方式很多，或维持股价继续在这一平台震荡，或继续探底洗盘，加大洗盘力度或时间，因此，原则上应先卖出股票，即使参与，也要等主力完成洗盘恢复快速上涨时再买回来。

1.4　两个实战理念

1.4.1　把握空中加油形态出现的绝佳时机

根据空中加油战法实战期间，一定要及时把握住空中加油形态出现时的买入时机，尤其是在快速空中加油形态中，尽管看似股价在短期内上下波动较大，短期振幅较大，但越是这类主力快速洗盘的空中加油形态，其后快速上涨时往往更为迅速，甚至大多数时候不会出现按部就班的缓慢回升，而是直接以加速回升或快速突破的方式出现，所以必须抓住时机买入股票，才能实现短期的快速获利。

判断空中加油形态买入时机的方法：

（1）必须确保股价在上涨初期出现的首次回调时，或是弱势震荡整理期间突然启涨上涨后形成的短线快速回调时，方可确认空中加油形态已经到来，这时就要持续观察。

如图1-9所示，台基股份（300046）A区域之前，明显为持续阳线上涨引发的震荡行情结束，并形成均线多头与MACD多头上涨趋势初期，所以A区域的短线调整可视为空中加油形态。

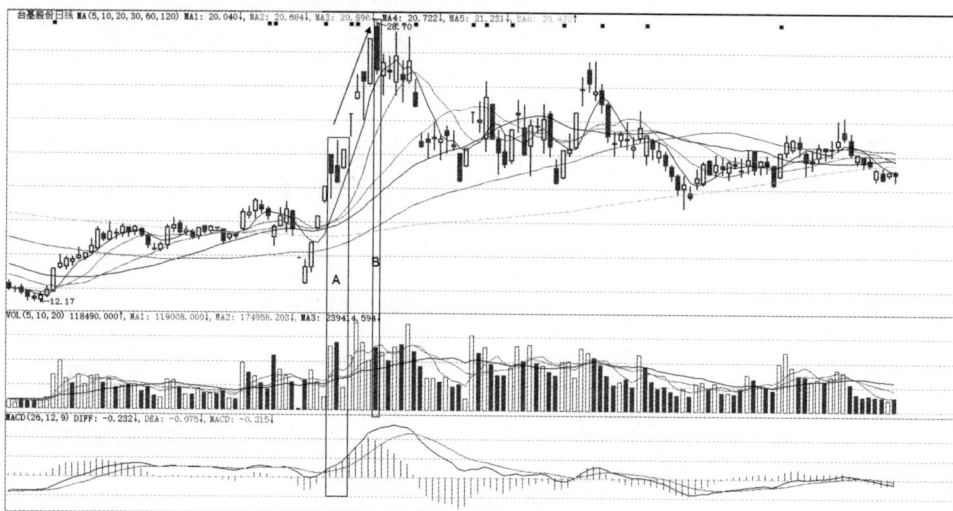

图1-9　台基股份-日线图

（2）当空中加油形态出现时，持续观察的重点在于，对空中加油形态成立的判断，即缓慢回升或加速回升，或是突破出现。一旦技术形态上的买入形态成立时，只要符合买点时的量价齐升，即应果断买入股票。卖出时机同样要根据量价卖点要求，及时把握好。

在图1-9中的A区域形成空中加油形态时，最右侧形成涨停阳线的加速回升与突破，即是最佳买入时机，应果断买入。到B区域明显放量下跌的卖点形成时，应及时卖出。这种买入与卖出，均为空中加油形态操作时的交易把握时机。

实战注意事项：

（1）要想准确判断出空中加油形态的买入时机，必须严格在选股条件下，通过海选选择出符合条件的目标股，然后再通过观察股价的变化，寻找那些符合买入形态与买点要求的股票来操作。

（2）在空中加油形态中，买入时机的判断，主要依靠技术指标所形成的信号，判断止跌回升或加速回升、快速突破形态，然后必须符合买入形态的量价买点要求时，才达到买股的条件。

（3）在空中加油战法中，操作时不仅要把握住股价回升或突破的买入时机，还要学会如何持股、如何卖股，也就是在学会买的同时，还要学会卖，这样才能准确把握好空中加油形态所带来的加速上涨小波段的获利时机。

1.4.2 抓住上涨趋势调整结束的最佳时机

由于空中加油战法寻找的是上涨趋势初期，股价短线回调整理结束的时机所进入的操作，因此，在实战应用上，应把握好一个应用法则，不一定非要在标准的空中加油形态出现时，再根据形态要求和买点要求来操作，因为只要确认上涨趋势初期的回调结束，就意味着股价短期恢复了继续上涨，只不过其后的短期上涨幅度或力度可能没有那么强，但买入后同样可以获利。

具体要求：

当股价在上涨趋势初成时期，一旦出现短线调整时，即使未形成标准的空中加油形态，调整时间略长或调整幅度略大，但只要股价表现为止跌回升时恢复了上涨趋势的量价齐升时，就是买入股票的最佳时机。

如图1-10所示，合康新能（300048）在上涨趋势成立初期，A区域K线虽然出现一字涨停板后的长阴线调整，基本上符合空中加油形态的要求，但其后K线出现大幅探底，完全回补了B区域的跳空缺口，是不符合空中加油形态要求的，但是股价其后却表现为持续阳线的快速回升，形成持续放量上涨的量价齐升，恢复上涨趋势，同样是上涨趋势调整结束的征兆，这时也应果断买入股票。因为股价在上涨趋势初期结束短期快速调整后，同样意味着加速上涨的到来，所以也是买入股票的最佳时机。

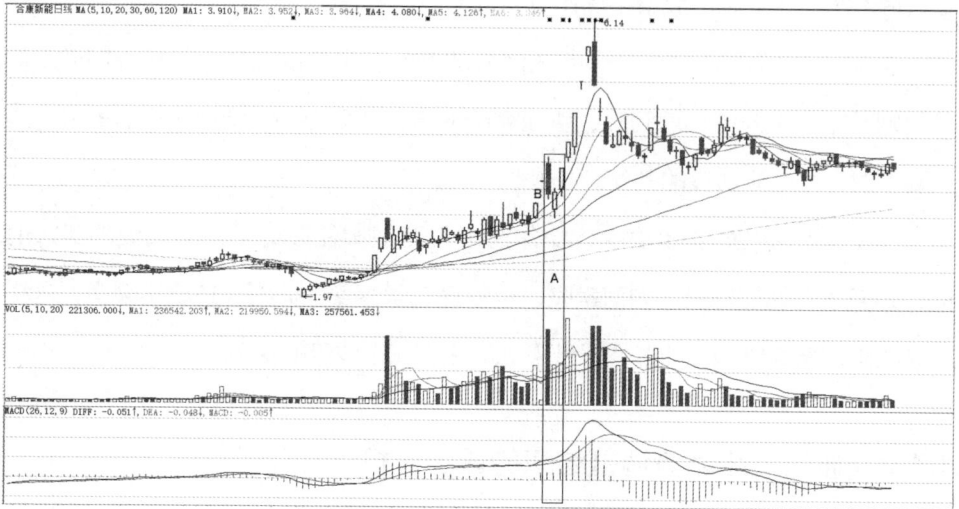

图1-10　合康新能-日线图

实战注意事项：

（1）因为空中加油形态是股价在上涨初期的快速整理，如果不出现空中加油形态的快速整理，而是直接形成短时的调整，但只要是其后股价恢复上涨趋势的量价齐升，同样是一种上涨中继的买股时机，所以选股后不要刻意非等到空中加油形态成立后，再来操作。

（2）未形成空中加油形态的上涨初期的短时调整出现时，通常是震荡上涨的情况，即股价调整的时间或幅度略大，但不会形成破位下跌的走势，且结束调整后回升时的力度或许不大，呈小幅震荡上行状态，但也不排除会出现短线加速上涨的可能，所以也是安全性极高的股票买点。

第2章

技术指标: 空中加油战法操盘的重要工具

在使用空中加油战法前, 一定要先了解这一战法所涉及的一些技术指标, 包括K线周期图如何选择, 以及均线、MACD、CCI等技术指标的情况, 这样才能更为准确地判断出空中加油形态, 并通过量价变化, 寻找到股价由弱转强或由强转弱时的买点、卖点信号。所以, 技术指标在空中加油战法中, 是最基本的分析行情和决定是否操作的工具。

2.1 K线图：操盘的重要依据

2.1.1 日线图：判断趋势演变的重要依据

根据空中加油战法实战时，首先要做的是选择好观察行情的周期图，因为在这一战法的所有操作中，周期图的确认是基础，因为不同周期图上表现出来的趋势变化时间不一样，这直接影响空中加油战法获利的问题。

因为在空中加油战法中，采取中长线选股、短线操作的获利模式，而日线图所反映出的周期，主要是股价中线趋势的变化，更能准确寻找到股价短期趋势变化的时机，所以，日线图是最有利于空中加油战法操作的周期图。因此，在操作前，一定要定准周期图，并对日线图的构成进行全面了解。

日线图构成：

（1）K线显示区域。位于日线图最上方，显示股价走势的K线图，以及在K线周围的均线。如图2-1所示的天源迪科（300047）中，位于最上方较大区域内，为显示股价运行状态的K线图，K线周围的线为各周期的均线。

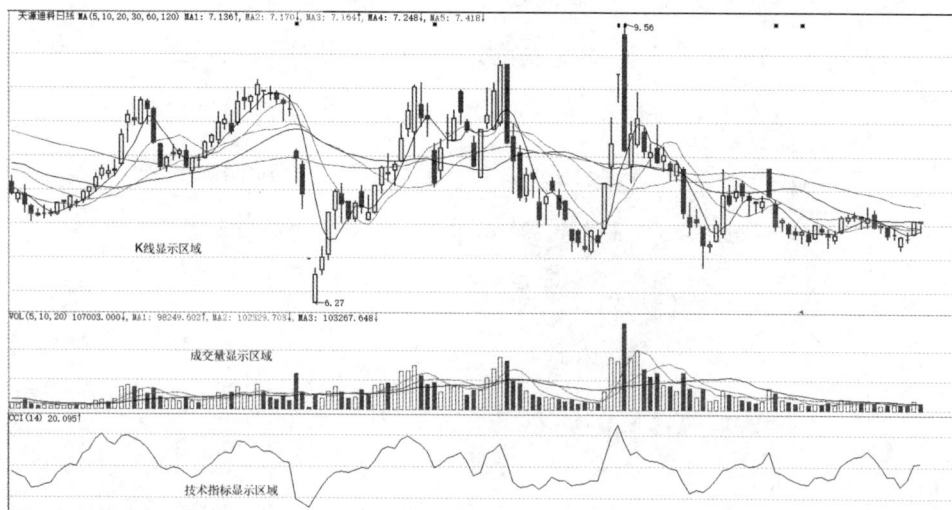

图2-1　天源迪科-日线图

（2）成交量显示区域。位于日线图K线显示区间的下方，由一根根或阴或阳的竖立量柱组成，为长短不一的成交阴量柱和成交阳量柱。如图2-1中K线显示区域的下方为成交量显示区域，一根根竖立的或红或绿的量柱为成交阳量柱与成交阴量柱。

（3）技术指标显示区域。位于成交量显示区域的下方，不同的炒股软件上，可以同时显示一到多个指标。如图2-1中位于最下方的区域为技术指标显示区域，当前显示的为CCI，使用其他指标时调换即可。

实战注意事项：

（1）在日线图上，一根K线所代表的是一个完整交易日内股价的具体波动，根据日线图操作时，主要的判断是选股、买入形态和买点信号，以及持股观察和卖出形态与卖点信号的判断。

（2）以大智慧为代表的日线图上，若要显示多个指标时，只需单击鼠标右键，选择3图或4图等多图组合，在下方技术指标显示区域，即会分别出现要显示的相关技术指标。但若是要调出BOLL时，BOLL显示在K线显示区域中K线周围，即BOLL会代替原有的均线。

2.1.2　分时图：把握买卖时机的周期图

分时图又称即时图，或分时走势图，反映一只股票在一个交易日内的行情波动变化。根据空中加油战法实战时，日线图虽然是主要观察行情的周期图，但分时图却同样是一个重要的周期图，尤其在持股阶段、判断提前买入或提前卖出时机时，分时图往往是起到关键的判断买卖点时机的重要依据。

分时图构成：

（1）股价显示区域。位于最上方区域，主要包括：代表即时行情的股价线、以盘口总成交额除以盘口总成交量的分时均价线、一根水平粗线显示昨日收盘价的昨日收盘线。

图2-2所示为华力创通（300045）2020年6月17日的分时走势，在上方较大区域为股价显示区域，其中位于中间的一根水平粗线是昨日收盘线，代表股价在上一个交易日的收盘价；短期波动较大的是股价线，短期趋势不明显的为均价线。

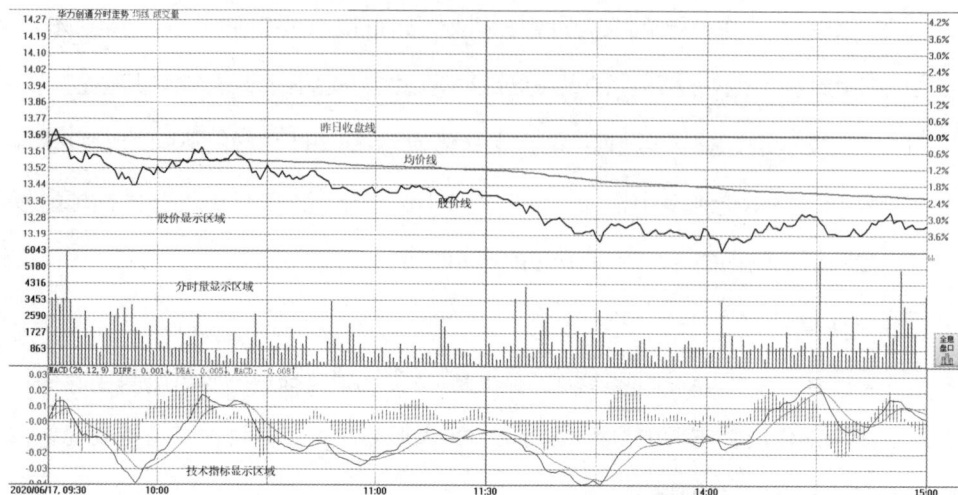

图2-2　华力创通-2020年6月17日分时走势图

（2）分时成交量显示区域，又称分时量柱，位于股价线显示区域的下方，由一根根竖立的或长或短的细线柱组成。如图2-2中位于股价显示区域下方的区域，是分时成交量显示区域，一根根竖的细线为分时量柱，其长短代表股价涨跌时的放量与缩量情况。

（3）技术指标显示区域。位于分时成交量显示区域的下方，由多个指标组成，可以根据提示、根据需要选择调用。如图2-2中最下方的为技术指标显示区域，当前显示的是MACD指标，一般在空中加油战法中用不到分时技术指标。

实战注意事项：

（1）在分时图上，通常均价线的走势较为真实，但在实际行情分析中，尽管股价线会受到临时委托又撤单的虚单（不会成交的单）的影响，但却能够很好地反映出主力对股价上涨或下跌或盘整的态度，所以实战中应以股价线为主要观察目标。

（2）分时图的技术指标，在空中加油战法中并不实用，基本上可以忽略，只观察股价线走势与分时成交量的量价变化。

（3）在持股观察中，分时图的观察主要是量价是否为强势或健康的整理状态的判断；在买卖股票时，主要是买卖时机的把握，或是提前买卖时机的判断。

2.2 均线：判断趋势变化的重要指标

2.2.1 均线构成与趋势判断

均线是移动平均成本线的简称，英文简称MA，是由一定周期内的收盘价总和除以这一周期数，均线代表一定周期的收盘平均价的走势。在炒股软件上，均线通常由5日均线、10日均线、20日均线、30日均线、60日均线组成。这5条均线组合起来就构成了均线排列形态，用来判断股价趋势时，起着重要的作用。

均线对趋势的判定方法：

（1）上涨趋势，又称均线多头排列，就是短期均线在长期均线之上向上发散运行的状态，即5日均线、10日均线、20日均线、30日均线、60日均线由上向下依次排列，呈向上发散运行状态。

如图2-3所示，双林生物（000403）中A区域，5日均线、10日均线、20日均线、30日均线、60日均线由上向下依次排列时，为标准的均线多头排列的上涨趋势，在此期间5日均线与10日均线等短期均线平行震荡运行时，未没改变长期均线向上的运行方向，为上涨趋势的短期调整行情。

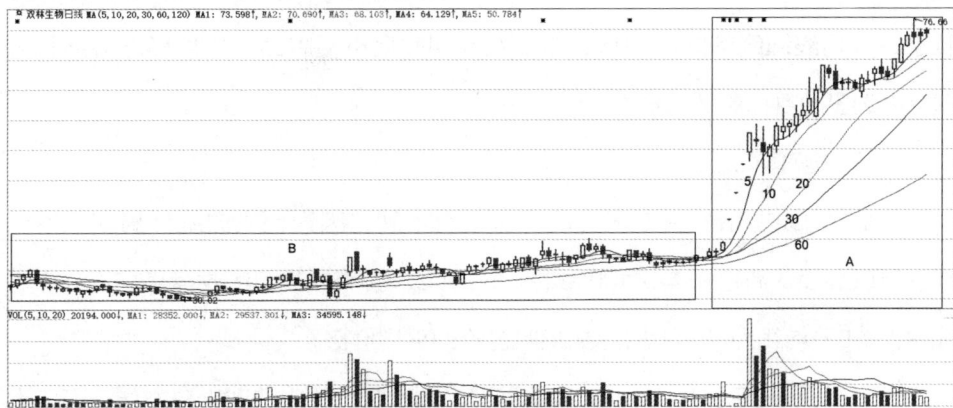

图2-3 双林生物-日线图

（2）下跌趋势，又称均线空头排列，就是长期均线在短期均线上方向下发散运行的状态，即60日均线、30日均线、20日均线、10日均线、5日均线由上向下依次排列，呈向下发散运行的状态。

如图2-4所示，粤高速A（000429）B区域，60日均线、30日均线、20日均线、10日均线、5日均线由上向下依次排列的长期均线在短期均线上方向下发散运行的状态，为均线空头排列的下跌趋势。A区域右侧，5日均线、10日均线向上运行时，未改变长期均线向下的运行方向时，为弱势反弹行情。

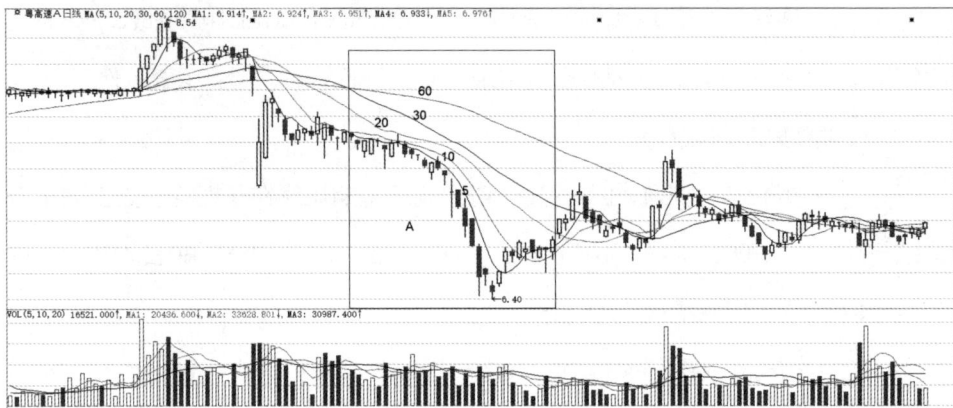

图2-4　粤高速A-日线图

（3）震荡趋势，就是各均线在相距较近状态呈持续反复震荡的状态，又称均线缠绕。如图2-3中的B区域，所有均线都处于相近的位置，呈反复震荡缠绕状态，为均线缠绕的震荡趋势，股价在此期间呈小幅震荡，这种形态持续长久时，为选股的目标股技术形态。

实战注意事项：

（1）均线在不同周期图上的叫法略有不同，因为代表的统计周期也不一样，所以必须认清这一点，如日线图的5日均线为5个交易日的收盘平均价，而周线图上的5日均线为5周均线，是5周收盘价的平均价格。

（2）均线显示在K线图上K线的周围，判断股价的趋势时十分方便，但以大智慧为代表的炒股软件，均线也可以显示在下方的技术指标区域。

（3）在空中加油战法中，均线的使用主要是判断趋势的变化，如选股时期的均线多头排列初期，即是上涨趋势成立初期的形态；另外就是上涨初期的短期回调，主要是观察5日均线与10日均线等短期均线的变化，来判断短期趋势变弱与恢复强势；卖股时同样是寻找这种短期均线在高位区变弱时形成量价齐跌。

2.2.2　均线排列与空中加油形态

均线排列是各均线组成的一种排列方式，上一节内容介绍过，上涨趋势、下跌趋势和震荡趋势都是不同的均线排列状态，但这些均线排列对趋势的判断属于股价的大趋势变化时的排列形态，根据空中加油战法操盘时，寻找的是大趋势下均线排列中细微的排列变化。

空中加油形态期间的均线变化：

（1）判断空中加油形态时，主要是均线多头排列初期，短期均线出现上行渐缓或转为略下行，短期均线包括5日均线和10日均线。

如图2-5所示的碧水源（300070），在上涨初期的A区域出现空中加油形态期间，5日均线呈平行状态，10日均线出现上行略缓，基本上可以断定A区域的空中加油调整时间不会长。

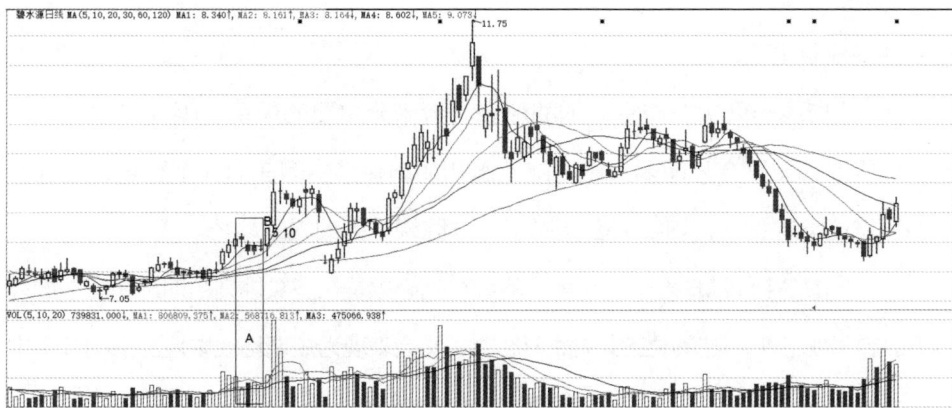

图2-5　碧水源-日线图

（2）判断空中加油形态成立，也就是调整结束时，均线排列状态为短期均线略调整后，与各均线恢复向上发散的多头排列状态。

如图2-5中A区域形成空中加油形态后，B区域5日均线与10日均线又恢复加速上行的均线多头排列的上涨趋势，可以确认空中加油形态结束的成立，意味着一轮上涨行情又恢复了。

（3）在快速空中加油形态期间，短期均线的方向往往不会改变。如图2-6所示，同花顺（300033）A区域出现两根阴线的震荡调整时，5日均线并未改变加速上行的状态，基本可以确认为快速空中加油形态，但买股要到其后快速止跌回升中表现为量价齐升时。

图2-6　同花顺-日线图

实战注意事项：

（1）均线排列状态与空中加油形态有着十分重要的关系，因为空中加油形态在选股时，要符合长期弱势震荡或上涨初期调整其中的任何一个要求，所以长期弱势震荡类的股票，均线形态就属于一种缠绕排列的震荡趋势。

（2）在空中加油形态形成初期，均线排列必须是在多头排列初期出现短期均线的短时震荡或下跌，当完成空中加油形态时，又会表现为短期均线恢复上涨的多头排列。因此，均线排列状态及变化，在判断空中加油形态期间起着十分重要的作用。

（3）在卖股时，主要观察短期均线的变化，基本上与空中加油形态形成初期时的状态相似，甚至是短期均线尚未发生变化，只要符合量价卖点要求即可，所以卖股时与整个均线排列形态关联不大。

2.3 MACD：判断多空变化的主要指标

2.3.1 MACD构成与趋势判断

MACD是异同移动平均线的英文简称，主要包括：快线DIFF和慢线DEA，合称为双线；量能柱，为竖立的线柱，分为位于上方代表多方动能强弱的红柱，位于下方代表空方力量强弱的绿柱，以及代表盘整震荡的短小的小红柱或小绿柱；0轴，位于上方红柱与绿柱之间的水平线，为代表多空力量均衡明显变化的分界线。

MACD判断趋势的方法：

（1）上涨趋势，即MACD多头趋势，标准的多头趋势，为双线向上突破0轴后持续向上运行的状态，此其间若DIFF线或双线略向下时，只要是在0轴附近即止跌，则为上涨趋势的短期回调行情，所以双线在0轴上方的运行，均为强势的多头趋势。

如图2-7所示，星辉娱乐（300043）在A区域，MACD双线持续向上突破0轴，呈震荡上行状态，为MACD多头上涨趋势，在此期间上方的DIFF线略向下震荡时，为上涨趋势的短期调整行情，空中加油形态大多出现在这一时期。

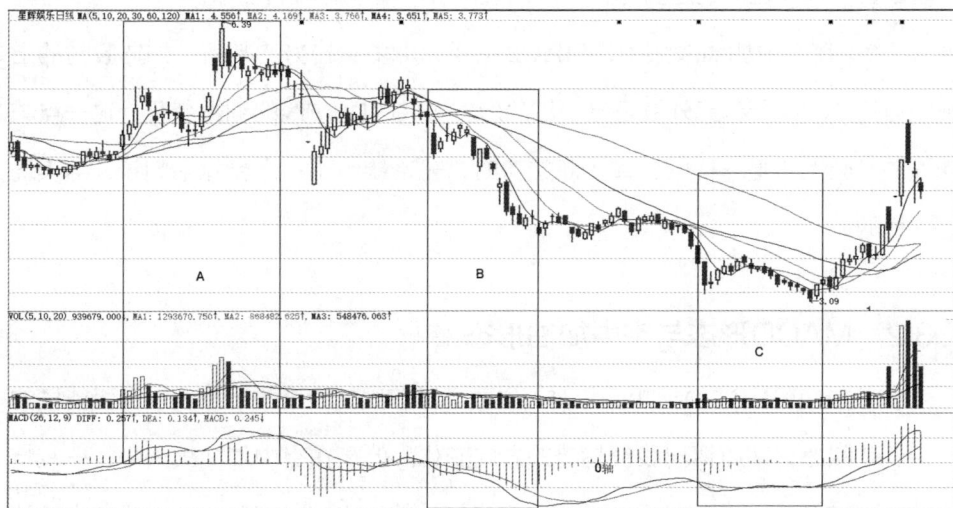

图2-7 星辉娱乐-日线图

（2）下跌趋势，即MACD空头趋势，标准的空头趋势，为双线跌破0轴后持续向下运行，在此期间或DIFF线或双线向上运行，只要不有效突破0轴即止涨回跌或震荡，则为反弹行情，所以双线在0轴下的运行，为弱势状态的空头趋势。

如图2-7中B区域，MACD双线相继跌破0轴持续震荡下行，为MACD空头下跌趋势，在此期间下方的DIFF线略向上震荡时，为反弹行情。

（3）震荡趋势，即MACD震荡趋势，为双线在相距较近或几近黏合状态下的水平小幅震荡，为进入盘整或整理状态的震荡趋势。

如图2-7中的C区域，MACD双线呈相距较近、几近黏合状态的水平小幅震荡，为震荡趋势，这种情况若是持续时间较短时，为选股时的目标股形态。

实战注意事项：

（1）在根据MACD判断行情时，主要通过双线的运行方向与MACD量能柱的长短变化，并结合双线与0轴的位置来确认上涨、下跌或震荡的三种趋势状态，只有震荡趋势中对双线与0轴的位置无要求。

（2）双线快速向上或向下远离，意味着上涨或下跌趋势的加速，而双线向一起聚合，代表之前的趋势运行方向出现渐缓，所以意味着盘整。

（3）在空中加油战法中，MACD主要运用多头趋势的判断，如选股时的上涨趋势初期的判断，另外就是空中加油形态形成时DIFF线的细微变化。这一点与均线的判断性质是一样的，如判断趋势时，无论使用哪一个指标来判断，结果均是一样的。

2.3.2 MACD形态与空中加油形态

在单独使用MACD判断行情时，主要通过双线的聚合与远离，以及量能柱的长短变化状态，即可得出股价趋势的方向变化。但是在空中加油战法中，一些特殊的MACD形态，却能够很好地提示空中加油的买入或卖出形态，以及空中加油形态是不是出现了。

空中加油期间的MACD具体形态：

（1）选股期间的MACD形态。在选股期间，MACD的主要形态包括双线长期相距较近、几近黏合状态的水平小幅震荡，以及双线首次向上突破0轴的持续上涨，即上涨趋势初期。

如图2-8所示，思创医惠（300078）中D区域股价在震荡期间，MACD表现为双线相距较近、几近黏合状态的水平小幅震荡，符合长期弱势的选股特征；A区域之前MACD双线相继突破0轴，呈多头上涨趋势，符合上涨趋势初期的选股特征。

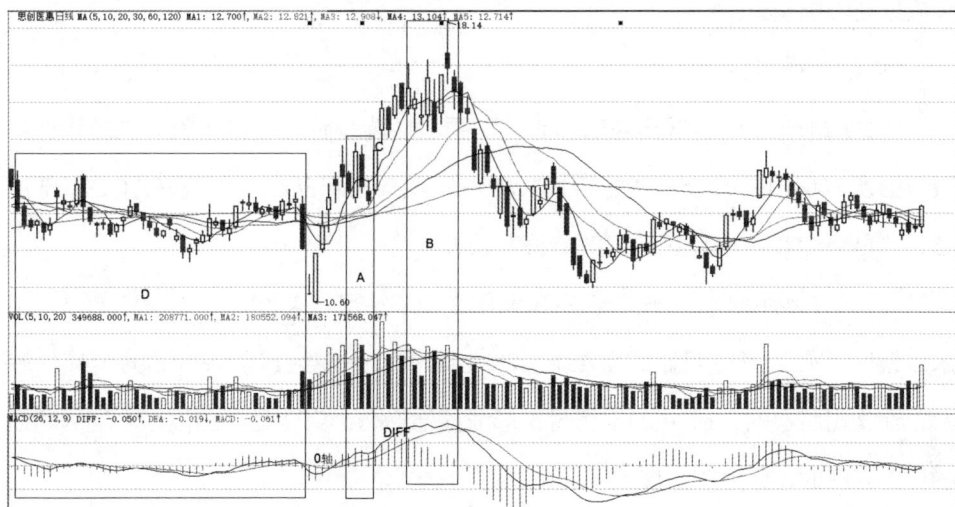

图2-8　思创医惠-日线图

因此，无论A区域之前还是D区域，只要发现MACD符合选股的技术形态时，就应将其列入目标股。

（2）空中加油形态形成期间的MACD形态。当空中加油形态出现时，MACD双线或DIFF线只是表现为略下行、上行渐缓，甚至形成DIFF线向下即将与DEA线交叉时的死叉不死形态。

如图2-8所示，当进入A区域，股价出现短期调整的空中加油形态期间，DIFF线出现上行渐缓的状态，符合空中加油形态期间的MACD形态，一定要保持持续观察，以确认买入形态及买点信号。

（3）卖股时的MACD顶部形态。当持股中选择卖出股票时，MACD的顶部形态包括：DIFF线大角度向下死叉、高位死叉后双线向下发散，以及双线在高位区反应渐缓的量价齐跌或放量滞涨、DIFF线高位钝化时CCI快速下行的量价齐跌。

如图2-8所示，若在C区域出现空中加油回升与突破的量价齐升买入股票，持续到B区域时，发现股价在高位区震荡期间，MACD双线也运行到指标区域的顶部高位区，呈水平小幅震荡，形成双线在高位区反应渐缓的放量滞涨卖点，所以应果断卖出股票。

实战注意事项：

（1）MACD所表现出来的形态，主要包括选股阶段对目标股的判断和买卖股票时所表现出来的上涨调整行情中的恢复多头上涨形态，以及MACD顶部形态，或是MACD在高位区期间的量价齐跌等。

（2）在利用MACD辅助判断和操作空中加油形态期间，需要注意的是，买入股票时，必须形成明显的MACD多头趋势时，表现为量价齐升，方可买入股票；在卖出股票时，MACD不管是否形成顶部形态，只要是在高位区表现为明显的量价齐跌时，即应卖出股票。

（3）如果在空中加油战法中，使用MACD来辅助判断时，必须确保MACD未发生背离，否则一旦背离时，则应根据其他指标来辅助判断。

2.4 CCI：判断短期趋势变化的辅助指标

2.4.1 CCI构成与区间划分

CCI为顺势指标，由于统计方法不同，CCI指标与其他超买超卖指标都有0～100的区间限制。因为这些指标在股价暴涨暴跌期间，都会不同程度地显示为钝化，但CCI这一指标虽然只有一根代表数值的曲线，却能够上到无穷大，下到无穷小, 在不背离的情况下, 能够真实地反映出股价的波动方向。所以通常是在其他指标背离或钝化期间用来辅助判断趋势的细微走势。

区间化分:

(1) 常态区, 是指CCI数值在-100~+100波动时, 为常态区间, 在此期间的股价波动为正常的涨跌, 大多数为震荡整理状态。如图2-9所示, 旗天科技 (300061) 最下方的指标显示区域, 中间B区域为常态区, 股价的正常波动整理都发生在这一区域。

图2-9 旗天科技-日线图

(2) 超买区, 是指CCI数值在+100以上时, 为非常态区间的超买区, 表明股价脱离常态震荡, 进入一种超买状态的强势状态, 只要出现量价齐升, 即是短线买入股票的最佳时机。

如图2-9最下方的指标显示区域, 上方A区域即为+100以上的超买区, 股价快速上涨的强势状态, 均发生在这一区域, 空中加油形态经常出现在这一区域的CCI小幅回调过程中。

(3) 超卖区, 是指CCI数值在-100以下时, 为进入另一个超卖状态的非常态区, 表明股价进入一种弱势下跌的探底过程, 一旦在低位震荡快速回升时, 往往是短线的买点。

如图2-9最下方的指标显示区域，下方C区域即为-100以下的超卖区，大多数的弱势反弹经常发生在这一区域。

实战注意事项：

（1）当CCI在常态区或超卖区的非常态区时，因为属于一种弱势震荡状态，所以在空中加油战法中，这些情况并不适于操作。但CCI长期在常态区的震荡，通常也是选股时的一种形态，但判断起来相对较难，所以，通常采用其他指标来判断，如MACD。

（2）因为CCI在+100以上时为超买状态，所以+100的水平线，又被称为天线；CCI在-100以下时为超卖状态，-100的水平线，又被称为地线。向上超越天线与向下超越地线，代表两种极端行情的开始。

（3）几乎所有的股价快速上涨都发生在CCI进入超买区后，所以，这一特征成为判断空中加油形态出现或结束整理时的一种CCI强势形态，也是短线买入股票时的一个重要依据。

2.4.2　CCI形态与空中加油形态

在利用CCI实战时，主要通过观察CCI的明显运行方向来判断行情的变化，以及在运行过程中所处的三个区间的情况来判断强弱程度，或是通过CCI背离的状态来判断趋势，但是在空中加油形态期间，CCI也经常会表现出一种明显的形态，所以对判断空中加油形态起着重要的作用。

空中加油形态期间CCI的具体表现：

当空中加油形态出现时，CCI往往处于天线之上的超买区，并在空中加油形态形成初期，表现为小幅下行或震荡，通常不会跌破天线。当空中加油形态完成时，CCI又表现为恢复继续上行的状态。

如图2-10所示，东方财富（300059）在A区域形成空中加油形态期间，CCI保持在天线+100以上区域，只是出现平行，说明股价调整幅度有限，意味着空中加油的洗盘时间相对较短。所以，一旦CCI恢复上行的量价齐升时，往往会成为最佳的买点。

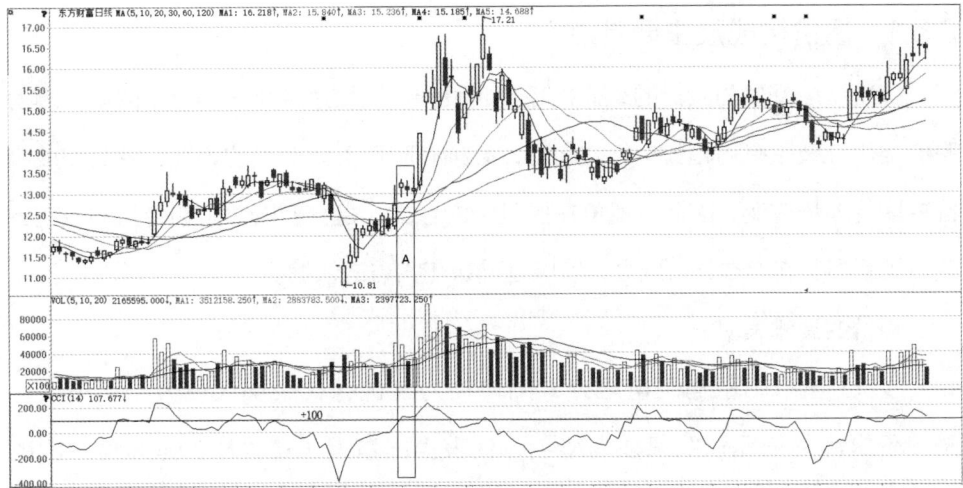

图2-10 东方财富-日线图

实战注意事项：

（1）CCI在判断空中加油形态时，几乎与空中加油形态同步。因此，在利用CCI判断行情时，同样有着一种CCI指标的空中加油形态，也是股价在快速上涨中短时调整和结束后恢复上涨的形态。

（2）当利用CCI的变化判断空中加油形态时，必须确保CCI出现在天线以上的超买区，但在股价短线调整期间，在大多数情况下，CCI不会跌破天线，否则就意味着调整的加剧，但若是CCI只是短时快速跌破天线，又表现出即刻止跌回升，快速回到天线之上时，往往也是缓慢空中加油形态中的一种CCI表现。

（3）利用CCI判断空中加油形态时，若是在CCI由上行转下行的调整之初，CCI向下的角度过大时，甚至形成大阴量下跌时，则应谨慎参与，因为CCI大角度下行的大阴量下跌，是股价短期快速转弱时的征兆。

2.5 量价：判断买卖点的主要依据

2.5.1 量价构成及主要特点

量价是成交量与股价的组合，是判断股价短期快速变化时的重要依据，因为股价要想打破原有的趋势运行方向时，必须有明显不同的量的表现，才会促成股价短期的趋势改变。因此，量价在操盘中的意义，是突变时对短期趋势的改变，直接关系到买卖形态是否成立，所以是确认买卖点的依据。

量价的具体表现：

（1）量有阳量与阴量之分，阳量柱为红色，代表买入量大于卖出量，是股价上涨的征兆；阴量柱为绿色，代表卖出量大于买入量，是股价下跌的征兆。

如图2-11所示，海兰信（300065）A区域下方C区域的成交量柱为明显放量的阳量柱，说明在此期间盘中以买入股票为主；D区域下方F区域的成交量柱为明显放量的阴量状态，说明在此期间盘中以卖出股票为主。

图2-11 海兰信-日线图

（2）价即K线，有阳线和阴线之分，阳线代表收盘价大于开盘价，意味着股价的上涨；阴线代表收盘价低于开盘价，意味着股价的下跌。如图2-11中A区域上方B区域的K线为持续阳线上涨，D区域上方E区域的K线为下跌大阴线。

（3）股价上涨时，表现为持续明显大量或放量状态的阳线阳量；股价下跌时，表现为明显阴量阴线的状态；当量能较小时，股价呈宽幅或小幅震荡，经常出现在震荡趋势中。如图2-11中A区域即为明显持续上涨的放量上涨，D区域为明显放量下跌，H区域则为小量状态下的股价小幅震荡。

实战注意事项：

（1）量价在K线图上，主要表现为一根粗的实心柱，在判断时只要根据不同的颜色即可分清，红色的为阳量或阳线，绿色的为阴量或阴线。

（2）在分时图上，价为股价线，量则为分时量柱，均为较细的线，这一点与其他周期图上的量价表现略有不同。

（3）在根据K线判断股价的涨跌时，一定要留意K线的影线，实体上方的上影线长时，代表股价快速冲高后的快速回落；实体下方的下影线长时，代表股价快速探底后的快速回升；或同时具有上影线与下影线时，则意味着盘中股价的波动极大。

2.5.2 量价形态对空中加油形态的判断

量价形态主要表现为量价同向与量价背离，而股票判断，一切非正常的状态即为怪异，所以研究量价同向的表现形态是最为主要的，只要是未表现为同向时，即可确认为量价背离。因此，在判断空中加油形态时，量价状态必须表现为正常状态的同向形态时，才是健康的状态。

判断空中加油形态的量价表现：

（1）由于空中加油形态出现时表现为股价的短时调整，所以无论这种调整是快速的还是缓慢的，都是在股价下跌中突然集中爆出当前较大状态的量能，或持续爆出阴量，但必须确保未跌破前期阳线上涨的低点，或未完全回补掉跳空上涨的缺口，方为空中加油形态期间的正常量价形态。

如图2-12所示，南都电源（300068）中C区域出现空中加油形态期间，量能明显保持在较高水平的状态；如图2-13所示，数码视讯（300079）中A区域出现短时调整的空中加油形态时，表现为一根明显大阴量大阴线下跌状态。所以，这两只股票在A区域的量价表现，均为正常的量价状态。因此，在根据空中加油买入股票时，不能在洗盘期间操作，以防止在量的突变下，趋势再次转弱。

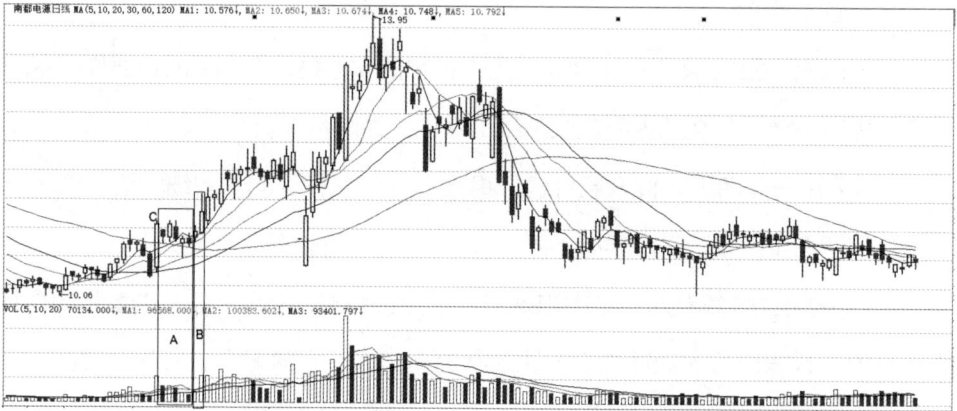

图2-12　南都电源-日线图

图2-13　数码视讯-日线图

（2）当空中加油形态成立时，即股价回升或突破时，回升时的量价表现为相对温和的量价齐升，加速回升时往往表现更为强烈，如缩量状态的K线快速涨停，或是明显量价齐升的阳线上涨；突破时的量价，量价齐升通常表现得更为强烈一些，或是不明显的阳量缩减状态的快速涨停。在图2-12与图2-13中，当A区域形成空中加油形态后，B区域量价表现为小阳量止跌回升与明显的放量突破。

实战注意事项：

（1）在通过量价形态判断空中加油形态时，一定要分清空中加油形态成立时的不同形态时间段，因为回升与突破阶段，量价的表现是不一样的。

（2）通过量价形态判断空中加油形态期间，无论是哪个阶段，量价都必须表现为健康的同向状态，如调整阶段的量价齐跌，阴量不可过大；回升阶段中，不可阳量过大或阳量过小情况下股价未涨停；突破阶段，量大必须要能够持续，或略缩量的快速涨停等。

（3）在判断空中加油形态期间的量价形态表现时，所有不正常的量价状态，均为量价背离或量能过猛或过小的异常形态，均应暂时放弃操作，直到量价正常时再参与。

2.5.3　量价变化对买卖点的判断

买卖点的判断，事实上就是对股价持续或突然变强的判断，以及股价持续或突然变弱的判断。而要造成股价的这种突然或持续的变强与变弱，必须要有成交量的明显支持，才能最终促成股价的快速或持续转强，或是快速、持续转弱。

因此，量价突变才是最终促成买卖点成立的终极依据。

判断买卖点的量价具体要求：

（1）买点时的量价变化为量价齐升，或持续或明显的放量上涨均可，只是突破时必须表现为明显放量上涨。

如图2-14所示，荃银高科（300087）当A区域出现了空中加油形态后，B区域快速止跌回升并突破时，表现为阳线突破A区域高点时，为明显放量上涨的量价齐升，所以构成了买点。

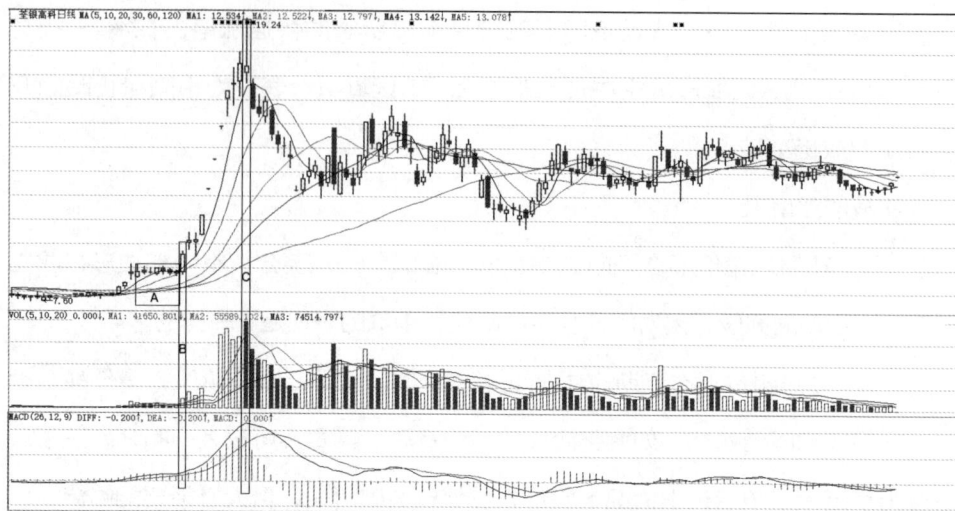

图2-14　荃银高科-日线图

（2）卖点时的量价变化为量价齐跌，或持续或明显的放量下跌，或是技术指标背离状态下同步向下时的量价齐跌，甚至是弱势时的略缩量的阴量下跌，甚至是高位放量滞涨，均为趋势即将转弱时的量价形态。

图2-14在持续的上涨过程中，进入C区域，虽然K线表现为阳线，但明显上影线极长，代表股价快速冲高后的快速回落，意味着下跌，成交量表现为明显放大的阴量，为明显放量下跌的量价齐跌，所以构成卖点。

实战注意事项：

（1）在根据量价形态判断买点时，必须技术指标形成明显的空中加油形态时，表现为量价齐升，方可买入。需要注意的是，有温和回升的量价齐升，或涨停的加速回升的量价齐升。但突破时必须为明显的量价齐升，或是强势涨停的量价齐升。

（2）在根据量价形态判断卖点时，与买点判断时的量价形态不同，这种不同在于，卖出时不一定非要形成卖出形态，因为技术指标多数会在高位区表现为钝化，所以量价齐跌是卖点的重要形态，但依然要注意不明显的量价齐跌形态。

（3）根据量价判断卖点时，一定要坚持一个原则，就是继续持股已无法短线获利，所以高位放量滞涨，同样是一种不明显的量价形态卖点。

第3章

选股策略：寻找空中加油目标股的关键环节

选股，在空中加油战法中是至关重要的一个操盘环节，之所以很多投资者炒股经常亏损，大多数时候是因为操作前的前期铺垫工作不足，所以，很难确保买入后股价能够如期快速上涨。因此，买股前一定要先学会如何选股，选什么样的股票，如何观察和判断这只股票是否未来具有上涨潜力。

只有将目标股圈定的范围缩小到极致，其本身具有的持有股票风险才会降到最低。因此，选股的目的，不仅仅是寻找到目标股，还要降低投资风险。

3.1 选股的四个原则

3.1.1 日线图为主去选股

因为空中加油战法属于中长线选股、短线操作的操盘技术，所以在使用这一战法实战时，一定要以日线图上所表现出的技术特征进行选股操作。因为只有日线图上的目标股表现出的中长线趋势符合选股中的技术面要求时，才能够将其列入自选股，留待日后持续观察。

日线图选股的原因：

因为日线图的周期不是很长，同时又不是很短，一根K线为一个完整的交易日，既能够看清股价在一个交易日内的波动，又能够通过更长周期的股价变化，来判断出股价的中长期趋势变化，所以，从日线图上更容易看出短期主要趋势的状态与变化，最适合发现空中加油形态出现前的目标股技术形态类股票。

图3-1所示为国民技术（300077）日线图，其中一根K线即代表一个完整交易日内的股价波动，反映股价中长期趋势较准确，如A区域股价表现为宽幅震荡，但进入B区域，震荡幅度大幅收窄，而整个A区域和B区域所在的C区域的MACD表现为震荡趋势，则说明这种弱势即将结束，所以，利用日线图选股，完全是在尊重趋势演变的规律，为其后趋势转为上涨做准备。

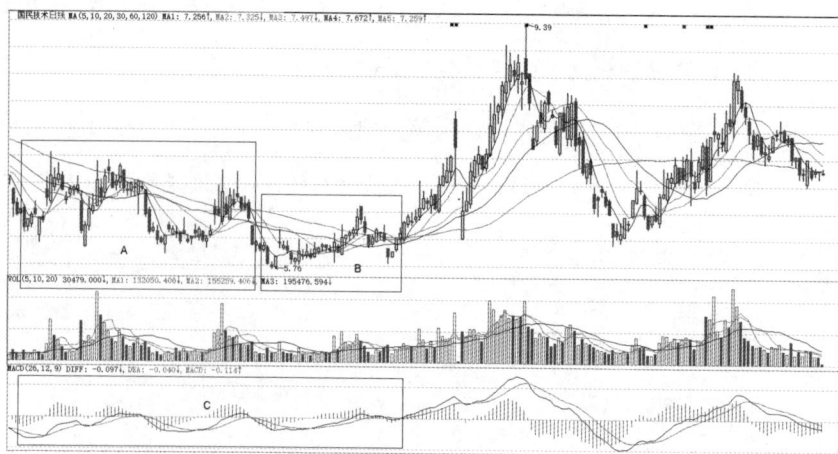

图3-1 国民技术-日线图

实战注意事项：

（1）在使用日线图选股时，主要观察日线图上那些符合目标股技术面要求的股票，将其放入股票池，留待日后观察和判断趋势的演变。

（2）日线图选股，并不意味着就可以忽略对其他周期图的观察，如周线图，因为日线图选股中的长期弱势震荡形态中，周线图上通常表现为低位持续弱势震荡，而日线图上的上涨初期，周线图上往往表现为刚刚弱势震荡走强的苗头。所以可结合周线图去观察，对股价的中长期趋势把握更准。

3.1.2　明白选股目的

在实战选股前，一定要明白选股的目的是什么，无论做什么事情，要是不明白这样做的目的，那么执行起来就没有动力，也不会按照未来的目标认真执行。因此，在选股阶段，一定要首先明白选股的目的。

选股的目的：

投资者选股，目的不是选股本身，而是为了选好目标股后，能够通过持续观察和分析，寻找到那些最容易出现空中加油整理形态的股票，然后捕捉到空中加油结束，股价加速上涨的时机，再买入强势股，最终实现短线操作的快速获利。所以在这一目的下，应严格按照选股要求来约束自己，尽量选择那些最符合选股要求的股票为目标股。

如图3-2所示，当升科技（300073）在A区域，无论是通过均线的多头排列格局初期，还是MACD双线突破0轴转为多头上涨趋势初期的选股，都是为了其后发现B区域形成空中加油形态时买入股票，以实现最终短线操作的获利。所以，在选股时一定要明白选股的目的。

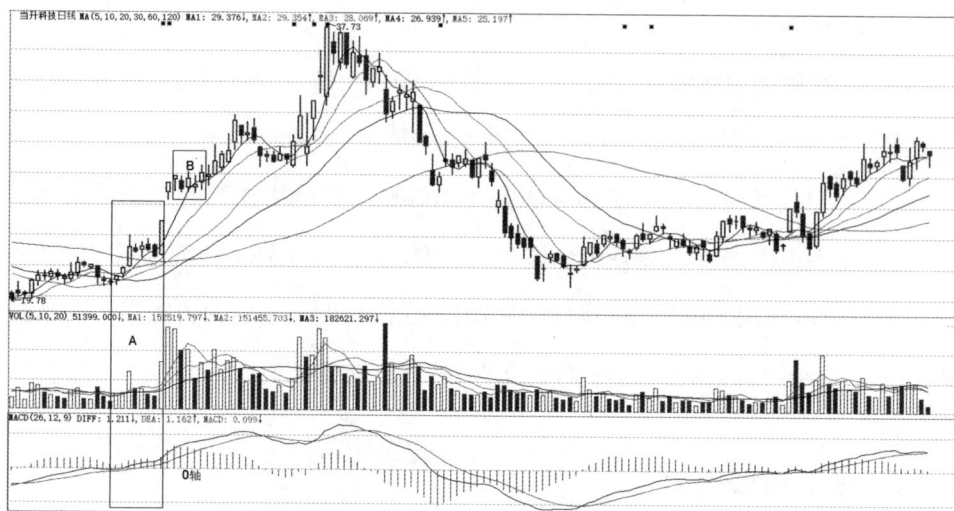

图3-2　当升科技-日线图

实战注意事项：

（1）投资者在选股时，一定要明白选股的目的，绝不是选股本身，因为选股并不是最终目的，最终的目的是通过一系列技术手段，发现加速上涨的强势股，这样就会严格按照选股要求去选股。

（2）明白了选股的目的后，就不会在选股期间，根据股价的趋势变化，直接买入股票。因为在选股阶段，即使股价出现短时的强势，并未形成空中加油形态后的加速上涨，所以，只能说明这只股票符合选股要求，尚未达到加速上涨的要求。

3.1.3　选择技术面弱、基本面强的股票

虽然从操作股票的角度来看，是选择强中更强类的股票来操作，但在选股阶段却不能按照这一思路来具体操作，因为强中择强是买股时的表现，选股时要选择那些未来具有成长空间的股票，也就是短期容易爆发出加速上涨的潜力股。

因此在选股时，一定要坚守基本面强、技术面弱的股票，因为这类股票才是最容易短线持续暴发强势上涨的。

具体原因和要求：

（1）技术面弱，是指选股时的股票在技术走势中，表现为中长线的弱势，如长期弱势震荡整理类的股票；或是涨幅不大的上涨初期，甚至出现小幅调整行情的股票，就属于技术走势偏弱的情况。因为只有前期股价的技术走势弱，才能期望后市的快速转强。

如图3-3所示，日月股份（603218）在A区域为弱势震荡略上行的走势，这种技术形态就属于弱势，这时就要观察基本面。

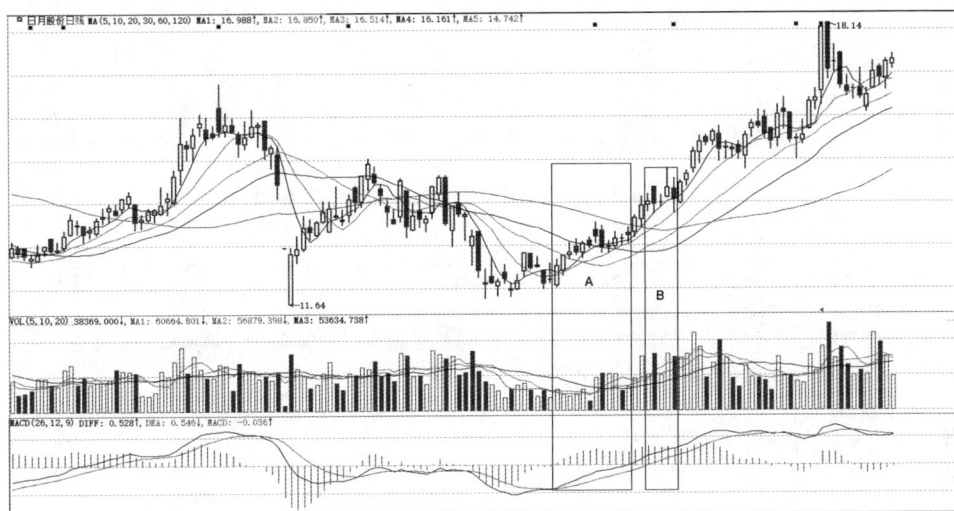

图3-3 日月股份-日线图

（2）基本面强，就是上市公司的基本面表现为强势状态，包括中小盘股、龙头股和绩优股这三个条件，因为业绩是保证其后股价持续上涨的最终动力；龙头股又是在行业或细分行业所占市场份额最大的企业，一旦行业股票启涨，龙头股往往容易处于领涨地位；中小盘股流通盘数量不多，主力无须运用太多资金即可拉动股价上涨。所以，中小盘龙头股、中小盘绩优股，或是同时符合这三个要求的股票，属于基本面最强的股票。

如图3-3所示，股价在A区域表现为弱势时，通过对图3-4和图3-5的观察发现，在基本面中，这只股票位于三级行业分类的第二名，连续三年净资产收益率

在8.41%、9.81%、15.92%，虽未达到绩优股标准，但明显增长迅速，且为中盘

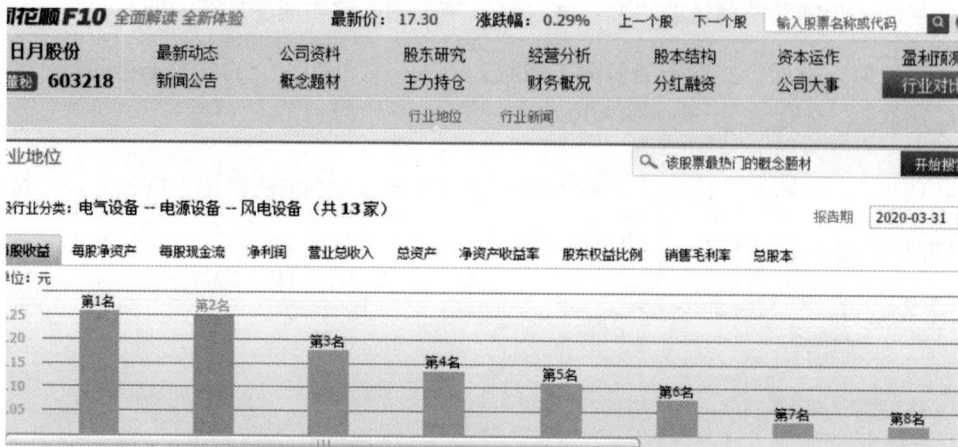

股，为基本面强的情况。

图3-4　日月股份-个股资料-行业对比（同花顺）

	2019	2018	2017	2016	2015	2014
扣非净利润(元)	4.90亿	2.56亿	2.05亿	3.29亿	4.17亿	2.32亿
扣非净利润同比增长率	91.46%	24.70%	-37.57%	-21.07%	79.38%	80.11%
营业总收入(元)	34.86亿	23.51亿	18.31亿	16.00亿	18.81亿	14.45亿
营业总收入同比增长率	48.30%	28.35%	14.44%	-14.90%	30.13%	33.11%
每股指标						
基本每股收益(元)	0.9700	0.5400	0.5700	0.9400	1.1800	0.6800
每股净资产(元)	6.42	7.29	6.90	6.48	3.78	3.31
每股资本公积金(元)	1.59	2.24	2.17	2.17	0.02	0.11
每股未分配利润(元)	3.65	3.87	3.46	3.09	2.55	2.01
每股经营现金流(元)	1.59	0.51	0.48	0.80	0.83	0.84
盈利能力指标						
销售净利率	14.47%	11.94%	12.37%	21.18%	22.52%	16.83%
销售毛利率	25.21%	21.39%	24.27%	35.44%	37.55%	31.72%
净资产收益率	15.92%	9.81%	8.41%	22.17%	36.71%	29.24%
净资产收益率-摊薄	14.24%	9.45%	8.19%	13.04%	31.16%	25.65%

图3-5　日月股份-个股资料-财务概况（同花顺）

综合以上两点内容，可以确认日月股份在A区域表现为技术弱、基本面强，

应将其列入目标股，在图3-3中B区域出现空中加油形态后的回升与突破时，即

可放心操作。

实战注意事项：

（1）一只股票表现为技术面弱时，是指相对的弱势，尤其是在选股阶段，上涨趋势初期，股价的短期上涨往往不够强势，而长期弱势震荡则属于一种中长期弱势的表现，所以在判断时，应辅助其他技术指标来判断。

（2）基本面强，是指中小盘股、绩优股、龙头股这三个条件中，均未满足条件时为最弱；或是只满足其中一个条件时，为较弱；满足至少两个条件时，则为强势；同时满足三个条件时，则为最强。

（3）基本面强、技术面弱，只是一种选股策略，这一策略是建立在其后最容易出现空中加油形态快速洗盘的股票，也就是洗盘后最容易出现加速上涨的股票，所以在选股时一定要坚持这一选股策略。

3.1.4　股价走势与技术指标结合去选股

股价走势与技术指标结合去选股，是选股阶段对目标股技术面的一种策略，因为在技术选股时，股价的技术形态虽然通过K线的具体走势就可以得出结论，但由于是中长线选股的策略，所以，必须通过其他指标的辅助判断来确认这种K线走势的明确性，因此在选股时，一定要遵守股价走势与技术指标相结合去选股的策略。

具体要求：

当反映股价走势的K线在日线图上形成长期弱势震荡或上涨趋势成立初期的要求时，一定要通过MACD、均线、量价等指标来综合判断这一K线走势是否符合要求，才能放入股票池，否则就应放弃。

如图3-6所示，汇顶科技（603160）在A区域，当股价形成长期弱势震荡形态时，判断主要是通过K线在这一区域表现为长期小幅震荡为主来确认，同时再来观察MACD也表现为双线长期相距较近的水平小幅震荡来确认，这种选股方式，即是股价走势与技术指标结合选股的方法。

图3-6　汇顶科技-日线图

实战注意事项：

（1）股价走势与技术指标结合的选股策略，是为了确保目标能够达到技术选股时的技术面弱的要求，因为只有这类目标股，后市出现加速上涨的概率才更大。

（2）在股价走势与技术指标结合的策略下去选股时，首先必须确保反映股价走势的K线趋势符合选股的技术要求，同时必须至少有一个指标也满足这一要求时，方符合选股阶段的技术面要求，否则就应放弃。

3.2　技术面选股

3.2.1　长期弱势震荡的股票

长期弱势震荡的股票，是一只股票的日线图上表现为K线处于长期在低位区的水平或小幅震荡类的股票。之所以这类股票能成为目标股，主要是因为股价在出现持续上涨前，必定都要经历长期的弱势整理，否则即使是基本面再优秀的股票，也是难以持续上涨的。

具体要求：

判断股票是否为长期弱势震荡时，首先从K线上观察，呈长期在低位区的横盘震荡或小幅箱体类震荡；从技术形态上的表现为：MACD双线相距较近、几近黏合状态的水平小幅震荡，或是表现为各均线在相距较近状态的反复缠绕状态。

如图3-7所示，华正新材（603186）在A区域，K线表现为弱势小幅箱体震荡，均线处于反复缠绕状态，MACD双线呈相距较近状态的小幅水平震荡，均表现为长期弱势震荡，所以可将其列入目标股。

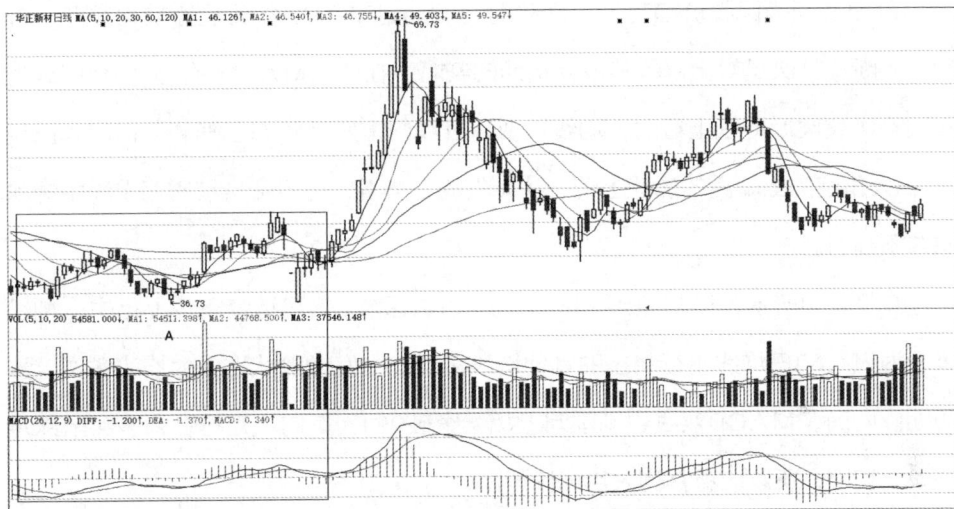

图3-7 华正新材-日线图

实战注意事项：

（1）在判断一只股票是否为长期弱势震荡时，应首先从反映股价趋势的K线来观察，只要K线表现为横盘小幅震荡，或是保持在一定水平的箱体震荡时，再来观察其他技术指标。

（2）判断长期弱势震荡的股票期间，技术指标的判断，主要包括MACD、MA的震荡趋势的判断。

3.2.2　上涨趋势成立初期的股票

上涨趋势成立初期的股票，是空中加油形态最容易出现的一个时期，长期弱势震荡类的股票选股标准，也是为了寻找其后上涨趋势成立初期出现的这一形态。不同的是，多数的长期弱势震荡整理后出现突然启动上涨的空中加油形态，往往是快速洗盘的情况，而上涨趋势成立初期的股票，则是缓慢的洗盘状态的空中加油形态。

具体要求：

首先必须确保股价趋势为上涨趋势，可通过MACD多头趋势或均线多头排列来判断；其次是对上涨趋势成立初期的判断，在使用MACD时，大多数时候为双线刚刚突破后持续上行时，均线表现为五线向上发散状态已形成，但尚未出现MA5大角度向上乖离的加速上涨。从股价的走势看，是股价持续震荡上涨中的涨幅并不高时。

如图3-8所示，得邦照明（603303）在A区域，K线持续震荡上行中，均线表现为只有60日均线平行状态的其他均线多头向上发散的状态，为均线多头上涨初期。同时，MACD双线也刚刚向上相继突破0轴，呈向上运行，为多头上涨走势成立初期，所以应将其列入目标股。

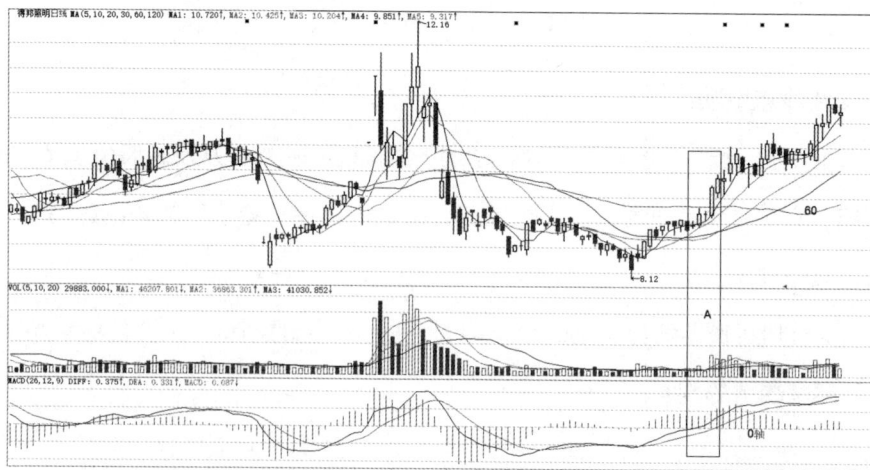

图3-8　得邦照明-日线图

实战注意事项：

（1）上涨趋势成立初期的股票，从反映股价走势的K线观察，表现为K线持续上涨状态，但涨幅又不是十分大。

（2）通过技术形态观察上涨趋势成立初期的股票时，往往为均线多头排列成立初期，未形成五线快速向上发散运行时，或是MACD双线突破0轴后未向上运行到顶部时。

（3）在判断是否为上涨趋势成立初期时，可结合之前的趋势进一步确认，如前期是否为长期弱势震荡，或前期是否出现大幅持续的下跌，否则这种上涨趋势只是短期的震荡走高，因为弱势震荡中的震荡走高时，也会表现为这种均线多头排列初期的形态。

3.3　基本面选股

3.3.1　龙头股

龙头股，在市场上的本意为领涨股，也就是当某一行业或概念等板块的股票出现集体上涨时，引领这一行业、概念或板块内其他股票最先发动上涨的股票，这种领涨股被称为龙头股。但当某行业、概念或题材类股出现领涨股时，往往已错过了最佳买入时机，且难以判断出这种领涨的时间长短，所以，根据股价涨幅表现难以捕捉到龙头股。但龙头股往往具备其他方面的特征，只要抓住这些特征，就很容易在选股之初，即判断出这只股票是否具有龙头股的潜质。

龙头股的特征：

在某一行业、概念、题材等板块中，位于二级行业分类前五名，或是位于细分行业（三有行业分类）前三位的，或是某一题材、概念最强烈的上市公司，往往在行业或细分行业、概念或题材中所占市场份额最大的公司，其抗风险性较强，业绩有保障，上市公司拥有的核心尖端技术又是处于国内外行业数一数二的位置，所以，这类股票所在行业、概念等板块出现集体上涨时，最容易成为领涨的龙头股。

如图3-9所示，海容冷链（603187）在个股资料的行业对比中，这只股票为三级行业分类第一名，属于细分行业龙头，一旦这一行业启动上涨时，细分行业龙头最容易成为领涨股，所以，技术面只要满足选股要求时，应作为重点观察的目标股。

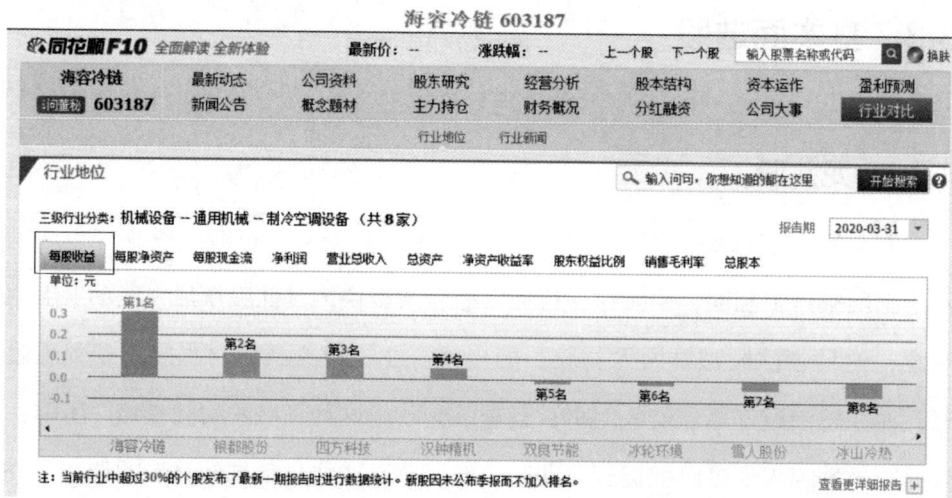

图3-9 海容冷链-个股资料-行业对比（同花顺）

实战注意事项：

（1）在选择龙头股时，应尽量选择那些位列行业前三的上市公司，是由上市公司所在行业的地位决定的，因为只有那些在行业或细分行业名列前茅的公司，才最容易因为公司的行业地位，即业绩的保障，成为领涨股。

（2）在选择龙头股时，如果选择的是题材或概念类的板块个股，那些题材或概念多的股票，未来最容易成为领涨股，且由于这类股票自身具有的题材或概念多，所以未来上涨的概率也会更大。

（3）选股时对龙头股的选择，应在符合技术面特征的基础上进行观察和判断，并非一定是龙头股，因为只要满足中小盘股或绩优股时，也是基本面良好的特征。

3.3.2　中小盘股

中小盘股，是指那些在A股市场上股票发行数量相对较小的股票，因为这些股票的流通数量较少，所以，主力很容易快速收集到一定的筹码，并在空中加油形态洗盘时，最容易快速完成洗盘，恢复加速上涨，所以，中小盘股是选股时最佳的目标股。

中小盘股的判断标准：

小盘股，一般是指上市公司的流通盘数量在几千万股到一亿股数量的股票，为最理想的小盘股；流通盘数量在10亿股以内、流通市值比大盘股或蓝筹股要小，为盘子略大的小盘股；流通盘数量超过10亿股的股票，一般又并不太多的股票，为中盘股。

如图3-10所示，汇得科技（603192）在个股资料最新动态中，明显发现这是一只流通筹码仅有1.07亿股的小盘股，一旦这类股票适合技术面要求时，将是最理想的小盘股，空中加油形态的调整时间往往较短。

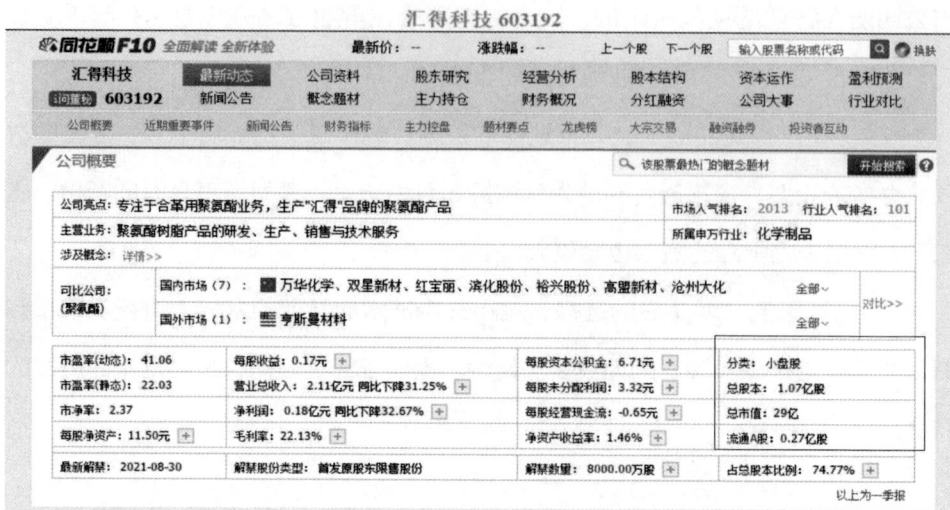

图3-10　汇得科技-个股资料-最新动态（同花顺）

实战注意事项：

（1）在选择中小盘股时，应尽量选择那些流通盘数量偏小的小盘股，因为这类小盘股最容易出现快速涨跌，尤其是空中加油形态形成期间的主力洗盘时间上更短，调整幅度也较小。

（2）在选择中小盘股期间，中小盘只是最理想的目标股要求，但不是必须为中小盘股时才可操作，因为只要符合技术面要求时，中小盘股同样是符合基本面要求的目标股。

（3）选择中小盘股时，如果是盘子略小的大盘股，符合技术要求时，同样可以作为目标股，但必须回避那些超级大盘股，如有着"两桶油"之称的中国石油和中国石化。因为这类超级大盘股的涨跌并不完全遵从股价运行规律，还有着稳定市场的作用，且涨跌幅均不大，不适合小资金操作。

3.3.3　绩优股

绩优股，是指一只股票所属的上市公司在经营活动中产生的业绩一直处于优良的状态。也就是说，这家上市公司一直处于持续盈利的状态。但是在判断一只股票是否为绩优股时，有着明确的标准。

判断绩优股的标准：

判断一只股票是否为绩优股时，需要观察这家上市公司的净资产收益率，只要其净资产收益率能够连续三年保持在10%以上时，即可确认为绩优股。

如图3-11所示，公牛集团（603195）在个股资料中的财务概况内，在2017年、2018年、2019年三年，其净资产收益率保持在59.75%、69.60%、52.36%，远高于10%，所以为业绩持续高增长的绩优股，一旦技术面符合选股要求时，是最理想的目标股。

公牛集团 603195

	2019	2018	2017	2016	2015
净利润同比增长率					
扣非净利润(元)	22.24亿	15.56亿	12.01亿	12.14亿	8.59亿
扣非净利润同比增长率	42.93%	29.50%	-1.02%	41.32%	--
营业总收入(元)	100.40亿	90.65亿	72.40亿	53.66亿	44.59亿
营业总收入同比增长率	10.76%	25.21%	34.91%	20.35%	
每股指标					
基本每股收益(元)	4.2700	3.1100	2.3800	--	
每股净资产(元)	10.28	6.01	2.91	30.35	
每股资本公积金(元)	0.57	0.57	0.57	0.18	
每股未分配利润(元)	8.14	4.28	1.31	28.10	
每股经营现金流(元)	4.25	3.54	2.16	22.06	13.27
盈利能力指标					
销售净利率	22.94%	18.50%	17.75%	26.23%	22.42%
销售毛利率	41.41%	36.63%	37.74%	45.17%	41.61%
净资产收益率	52.36%	69.60%	59.75%	71.72%	75.40%
净资产收益率-摊薄	41.50%	51.63%	81.84%	57.49%	61.43%

图3-11 公牛集团-个股资料-财务概况（同花顺）

实战注意事项：

（1）在观察一只股票是否为绩优股时，通常必须是连续三年净资产收益率在10%以上时方可确认。但事实上，只要一只股票的净资产收益常年为正值，且只在最近两年保持在10%以上时，又处于持续增长状态，同样可以将其视为绩优股。

（2）绩优股虽然是选股时的一个基本面要求，但必须确保为中小盘股，不能为超级大盘股，所以，在基本面选股时，中小盘绩优股是判断的两个重要标准，通常会同时满足。

（3）在选择绩优股时，一定要注意区分出绩优股与蓝筹股，因为蓝筹股的业绩虽然也一直良好，但企业规模相对大，市值偏高，往往不符合中小盘股的要求。

第4章

买入形态：空中加油的止跌回升与突破征兆

买入形态，就是当空中加油形态出现后，所表现出来的股价向上运行时的技术指标上攻形态，这种技术上攻形态越是表现得坚决，越能说明未来上涨的潜力大。但需要明白的一点是，买入形态只是技术指标所表现出的向上运行的态势，也是股价加速上涨前的基础，所以，最终确定这只形成买入形态的股票是否可以操作，还必须由量价买点来决定。

4.1 两类买入形态

4.1.1 形态1：止跌回升形态

止跌回升形态，是判断空中加油形态成立的重要形态，因为股价在调整期间，如果不出现止跌回升，则无法说明调整的结束。因此，止跌回升形态的判断最为关键，所以是轻仓参与的时机。

形态要求：

当股价在上涨过程中出现短期的空中加油调整期间，一旦K线出现由阴线转为阳线的缓慢持续向上运行，或是长阳线、涨停阳线的加速止跌回升时，即可确认为止跌回升形态，也就是初步符合空中加油形态的成立要求，只要符合量价买点要求时，即可轻仓买入股票。

如图4-1所示，诚邦股份（603316）在A区域出现短时的空中加油形态调整后，B区域K线即刻转为双阳夹一阴的持续上行，可确认为止跌回升形态，同时均线形态与MACD多头上涨形态完好。且B区域右侧回升时，明显阳量略有放量，可轻仓买入。

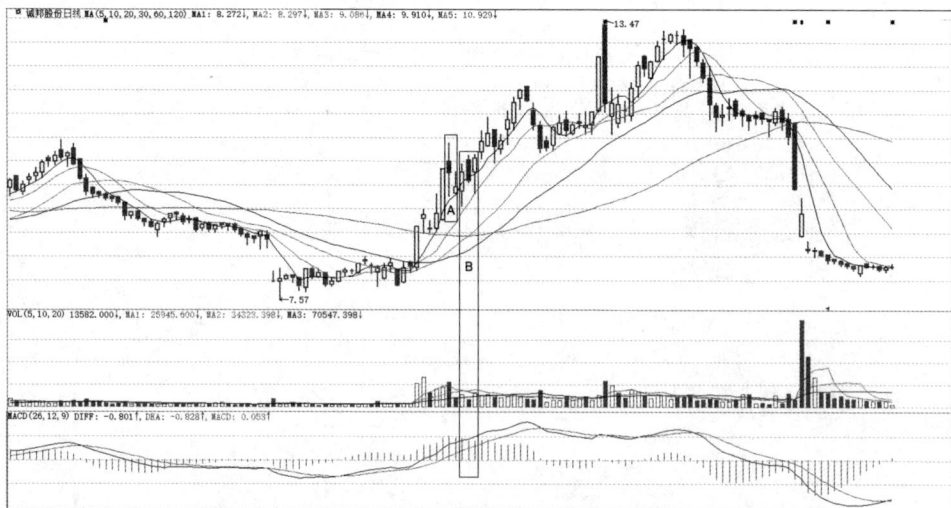

图4-1　诚邦股份-日线图

实战注意事项：

（1）止跌回升形态是确认空中加油形态成立的第一个标准，并不能作为形态真正成立的标准，但是持续的止跌回升，已经说明股价的转强，所以止跌回升形态是轻仓参与的时机，但在判断买点时，应结合其他指标首先来确认止跌回升成立，再根据量价买点要求确认买入时机。

（2）在空中加油形态的止跌回升形态中，主要根据K线的变化来判断，但由于是短线的止跌回升，所以主要通过其他指标的短期指标线来辅助判断，如MA5或DIFF线、CCI，也必须呈持续上行时，方可确认。

（3）当止跌回升形态出现加速回升时，一定要结合其他指标，以及量价要求，严格按照提前买入的要求，采取提前买入的操作。

4.1.2　形态2：突破形态

突破形态是空中加油形态完成短线快速调整的征兆，因为一旦股价在上涨途中结束短线的快速调整，就说明主力已经完成快速洗盘，恢复了继续上涨，而突破则是在股价向上突破调整的高点时的情况，这说明股价调整前高点的压力已被有效化解，股价在上涨无压力的情况下出现上涨，必然会表现为加速上涨。

因此，突破形态一出现，就是重仓参与的买入形态，但必须满足突破形态的量价买点要求时，方可买入操作。

形态要求：

突破形态出现时，代表股价走势的K线明显会突破空中加油形态出现时的K线高点，短期指标线呈明显的快速向上运行的状态，同时表现为明显放量上涨或持续放量上涨的量价齐升买点，或强势涨停时，则是介入的最佳时机。

如图4-2所示，福鞍股份（603315）C区域出现空中加油形态后，B区域即出现以持续阳线上涨的方式，突破C区域的高点，为突破形态。同时MA5和MACD中上方的DIFF线恢复了上行，表现为持续放量上涨，可确认为突破买点。

图4-2　福鞍股份-日线图

实战注意事项：

（1）突破形态出现时，意味着空中加油形态的主力洗盘完全结束，所以是短线调整结束，股价恢复加速上涨的时机，但只有符合突破形态的量价买点要求时，方可买入。

（2）在判断突破形态时，K线必须突破了前期空中加油形态出现前的高点，且依然保持量价齐升时，方为有效突破。如果只是股价快速上冲中的突破高点，其后又快速回落，则只是瞬间突破。所以，在突破形态出现时，应认真判断量价形态来确认是否构成买点。

（3）在突破形态出现时，如果表现为股价高开高走的放量上涨时，也就是符合提前买入要求时，应采取提前买入。否则只能按照突破形态成立对待，只有满足买点要求时，方可买入。

4.2　K线买入形态

4.2.1　小连阳上涨：K线止跌回升形态

小连阳上涨，是股价缓慢回升的一种经典形态，通常在慢牛上涨的股票身上出现，但如果出现在空中加油形态期间时，说明主力已经完成了快速洗盘，但并未发动加速上涨，而是以缓慢回升的方式出现，所以是空中加油形态中K线的止跌回升形态。

形态要求：

小连阳上涨出现时，往往K线的实体较短，允许有上下影线存在，K线整体呈向上运行的状态，在此期间不出现涨停时，为缓慢止跌回升的形态。

如图4-3所示，莱克电气（603355）在A区域出现空中加油形态后，B区域的K线表现为两根持续上行实体较短的小阳线，呈上升状态，可确认为小连阳上涨的止跌回升形态。

图4-3　莱克电气-日线图

实战注意事项：

（1）小连阳上涨是股价缓慢回升的征兆，大多出现在震荡行情时的主力建仓阶段，是主力吸筹导致的股价缓慢上涨的特征。因此，在空中加油战法中，是股价止跌回升时的K线形态。

（2）K线小连阳上涨只是股价缓慢回升的征兆，不能单独用这种K线形态买入股票，只有在判断空中加油形态时出现K线的止跌回升买入形态时，符合量价买点要求时方可买入。

（3）在空中加油形态中的小连阳上涨止跌回升形态中，如果阳量的实体较长时，或是出现实体较短的涨停时，往往是高开高走涨停的强势形态，此时多数为加速回升的征兆。

4.2.2　涨停阳线：K线加速回升形态

由于空中加油形态属于主力快速洗盘的征兆，一旦洗盘结束，股价恢复上涨时，经常以加速上涨的方式快速回升，所以，一旦出现涨停阳线时，就意味着这种回升出现加速上涨。因此，涨停阳线的出现，意味着K线形成加速回升的买入形态，只要符合提前买入的要求，即可买入股票。

形态要求：

股价在空中加油形态的洗盘下跌期间，一旦出现止跌回升时，K线在阳线止跌回升期间，不管阳线实体或长或短，只要为一根涨停阳线，即证明K线形成加速回升形态，满足提前买入的量价买点要求时，即可买入。

如图4-4所示，惠达卫浴（603385）在A区域出现一根阴线的空中加油形态后，B区域出现高开快速突破C区域高点的涨停阳线，说明空中加油时间极短，股价在调整结束即出现快速回升与快速突破，为K线加速回升突破形态。同时表现为明显放量上涨的买点，应果断买入股票。

图4-4　惠达卫浴-日线图

实战注意事项：

（1）股价在空中加油形态中，尤其是短期快速洗盘的空中加油形态中，涨停阳线经常出现，这往往证明主力的筹码较为集中，只是顺势实现了快速洗盘，所以一旦出现，应根据提前买入的要求，果断判断买入时机。

（2）当K线在空中加油形态的止跌回升中，出现涨停阳线时，往往是K线快速恢复强势的表现，但这仅仅说明K线形成了快速回升的买入形态，具体判断买点时，还应根据量价买点的具体要求来判断，符合买点要求时方可买入。

4.2.3 长阳快速上涨：K线突破形态

当股价完成空中加油的洗盘后，恢复再次上涨时，一旦突破前期调整时的高点时，如果在回升阶段未出现加速回升的强势状态，突破时往往以一根较长的阳线出现，因为前期既然出现空中加油形态的调整，那么这时的高点就意味着有一定的压力，而K线既然无法一举强势突破，则必然是以一种更为稳健的方式徐徐向上推升股价，以实现突破。所以，长阳线的出现，就是这种股价稳健向上突破的K线买入形态。但买入时，必须出现明显的放量时方可买入。

形态要求：

长阳线快速上涨的K线突破形态出现时，通常当日不会以大幅高开出现，是以股价低开或平开的方式，持续缓慢向上推升股价的方式上涨，分时图上股价线表现为持续震荡上行或直线上行，又以高收突破前期调整时的高点为突破形态成立，所以日线图上才会形成一根长阳线。

如图4-5所示，今世缘（603369）在A区域出现空中加油形态后，B区域向上突破C区域高点时，表现为一根较长的阳线上涨，为K线突破形态。同时表现为成交量放大的明显放量上涨，可确认为买入形态成立的买点信号。

图4-5　今世缘-日线图

实战注意事项：

（1）在空中加油形态中，长阳线快速上涨的K线突破形态出现时，长阳线的实体必须高于前期调整时的高点，即长阳线当日的收盘在前期调整时的高点之时，方为有效突破。

（2）如果在长阳线快速上涨的K线突破形态出现时，长阳线只是当日创出的高点，高于调整时的高点，但收盘却在高点之下，意味着盘中压力依然较大，为瞬间突破。若是长阳线上影线较长时，应谨慎参与。只有在量价健康的状态下，上影线并不太长时，方可在次日突破时再买入。

（3）长阳线快速上涨的K线突破形态出现时，如果留下一个向上的跳空缺口时，若不出现涨停，往往这一缺口短期内会回补，除了在大盘突破性转为牛市时，短期内不会回补这一缺口。

（4）长阳线快速上涨的K线突破形态，只是一种K线的买入形态，只有同时符合量价买点的要求时，才能构成买点。

4.3　MACD买入形态

4.3.1　双线缓慢向上分离：MACD止跌回升形态

双线缓慢向上分离是利用MACD双线向上分离的状态，判断股价缓慢止跌回升状态的方法，由于MACD在股价缓慢回升时，表现得相对迟缓，这种MACD止跌回升形态，在空中加油形态的止跌回升状态中，有时表现或许不明显，所以只是一种买入状态的辅助。

形态要求：

双线缓慢向上分离时有两种形态：一种是双线在金叉状态下，出现向上的缓慢远离；另一种是DIFF线在DEA线上方，DIFF线向下运行时未与DEA线交叉即出现双线向上远离，双线向上远离时的角度较为平缓。

如图4-6所示，八方股份（603489）在A区域出现空中加油形态后，在B区域的缓慢止跌回升过程中，MACD表现为金叉后双线缓慢向上分离，可确认为止跌回升形态。其后出现明显放量上涨时，方为买点。

图4-6 八方股份-日线图

实战注意事项：

（1）双线缓慢向上分离是MACD双线缓慢回升时的一种征兆，此时MACD柱呈红柱状态，出现持续变长，只是红柱变长的速度不会太快，也就是未出现红柱大幅变长。

（2）双线缓慢向上分离只是MACD止跌回升时的一种技术买入形态，只能用来辅助证明空中加油形态的止跌回升形态，且不一定会出现，具体买点应参照止跌回升形态的量价买点要求，符合时方可买入。

（3）双线缓慢向上分离是MACD缓慢上涨的一种形态，在空中加油形态中，这种双线回升是在0轴以上，若是在0轴以下或附近时，说明此时并非多头趋势，不符合操作要求。

4.3.2 DIFF线快速向上翘起：MACD突破形态

DIFF线快速向上翘起，是MACD突然启涨时的一种形态，如果出现在空中加油形态中时，若是在缓慢回升过程中出现，往往是股价快速突破时的一种MACD上攻形态。因此，在利用MACD辅助判断空中加油突破形态时，是一种助涨的MACD突破形态。

形态要求：

DIFF线快速向上翘起出现时，多数是空中加油调整期间，MACD双线形成相距较近、几近黏合状态下的DIFF线突然向上翘起，与下方的DEA线之间形成明显的抬头向上远离DEA线的行为，在此期间DEA线已形成至少平行或略上行状态，MACD红柱也会突然变长，K线突然表现为长阳线的向上突破形态。

如图4-7所示，基蛋生物（603387）在A区域出现空中加油形态后，C区域K线出现快速突破B区域高点时，MACD表现为DIFF线突然向上翘起的远离，红柱突然明显变长，可确认为快速突破形态。但由于是以一字涨停出现，所以无法参与。

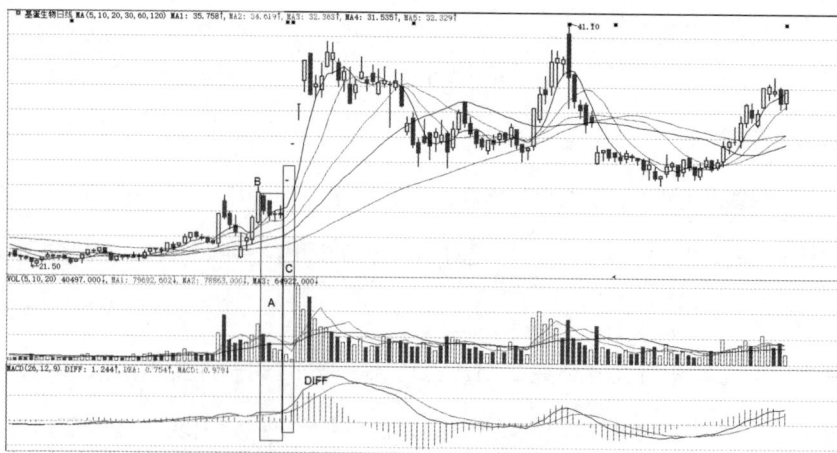

图4-7　基蛋生物-日线图

实战注意事项：

（1）DIFF线快速向上翘起出现在空中加油突破形态时，往往是之前的短线调整期间，MACD双线形成相距较近的震荡走势时，DIFF线突然出现向上翘起，同时MACD红柱会出现明显变长时，方可从形态上辅助确认突破形态的成立。

（2）DIFF线快速向上翘起属于一种MACD突然启动的上攻形态，但如果确认这种形态有效时，还必须通过量价买点要求来判断，所以只是从技术形态的层面辅助判断空中加油突破形态是否成立。

（3）如果DIFF线快速向上翘起出现时是在MACD金叉后出现，则这种DIFF线的突然向上翘起或相对不明显，但此时可通过双线向上发散的形态来确认是否为MACD突破形态时的助攻形态。

4.4 均线买入形态

4.4.1 MA5缓慢转上行：均线止跌回升形态

当空中加油形态出现止跌回升时，均线同样会形成明显的止跌回升形态，因为如果是在短线快速调整中，均线也出现了一定的调整，则MA5必然会出现震荡向下或向上的状态，一旦止跌回升时，MA5也会随着股价的缓慢回升，出现缓慢止跌后的转上行。

因此，MA5由下行转略上行的状态，就是空中加油形态止跌回升时的均线止跌回升买入形态。

形态要求：

MA5缓慢转上行出现在空中加油形态时，往往是股价在调整的过程中，MA5由下行或平行震荡状态，转为缓慢向上运行的状态，向上的角度不会过大，而其他均线呈多头排列。

如图4-8所示，振江股份（603507）在A区域出现空中加油形态，并在右侧缓慢回升时，MA5处在平行状态下，转为缓慢向上运行的状态，可确认为空中加油止跌回升时的均线形态，同时又满足温和放量的买点要求，可轻仓参与。

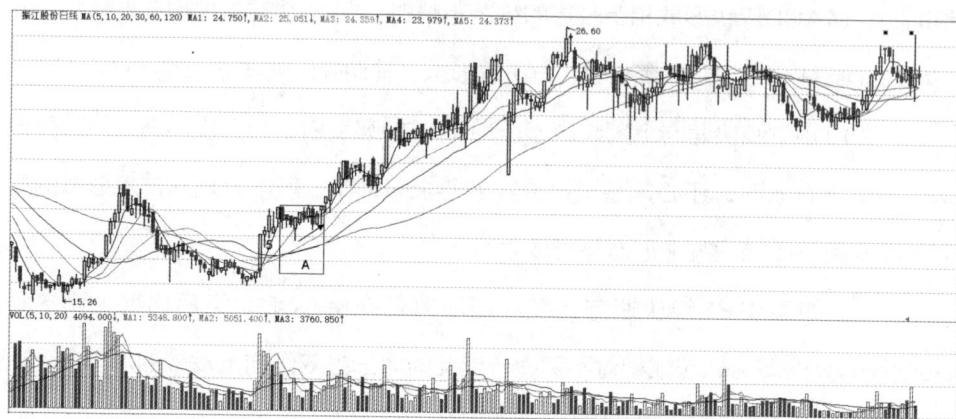

图4-8　振江股份-日线图

实战注意事项：

（1）MA5缓慢转上行出现在空中加油形态期间，只有MA5出现短期调整，所以，一旦MA5转上行，与其他均线恢复多头上涨排列时，则意味着形成均线止跌回升的买入形态。

（2）MA5缓慢转上行出现时，必须确保其他均线处于向上发散的多头排列，否则这种MA5的缓慢转上行，只是短线企稳的征兆。

（3）MA5缓慢转上行只是以均线止跌回升形态辅助判断空中加油止跌回升时的技术形态，不能以此单独作为买入股票的依据，必须符合量价止跌回升买点要求时，方可买入。

4.4.2　MA5引领各均线上行：均线突破形态

MA5引领各均线上行，是标准的股价快速上涨的一种均线形态，属于均线多头排列状态下最为强势的一种形态。因此，这种MA5明显引领其他均线向上运行的状态一旦形成，就意味着一轮加速上涨行情开始了，所以是判断空中加油突破形态时的一种均线强势突破的买入形态。

形态要求：

MA5引领各均线上行的状态出现时，是MA5在空中加油形态的调整中，当MA5出现平行小幅震荡或是转为小幅下行中，一旦MA5恢复上行时，出现明显向上的角度要与下方的MA10形成乖离，即向上出现快速远离，并且各均线呈向上发散运行的均线多头排列，即为均线突破形态。

如图4-9所示，翔港科技（603499）在A区域出现空中加油形态后，B区域K线突破A区域高点时，MA5表现为平行状态下突然转上行，恢复了引领其他各均线上行的多头排列，所以可确认为突破形态，同时表现为明显放量上涨，可确认为买点。

图4-9 翔港科技-日线图

实战注意事项：

（1）MA5引领各均线上行属于均线多头排列下加速上涨的形态，所以一旦出现在空中加油突破形态中时，属于一种强势突破的均线助涨形态。

（2）MA5引领各均线上行出现时，最为明显的是MA5向上远离下方MA10的状态，角度会明显大于其他均线之间的远离发散状态，所以判断起来很容易。

（3）在利用MA5引领各均线上行的均线突破形态判断行情时，只是在空中加油突破形态中的一种均线辅助判断，所以即使单独使用这种形态判断行情时，也必须符合量价齐升的买点要求时，方可买入股票。

4.5 CCI买入形态

4.5.1 天线附近的小幅震荡上行：CCI止跌回升形态

天线附近的小幅震荡上行是空中加油止跌回升形态中CCI的一种表现形态，因为空中加油是股价上涨趋势成立初期的一种主力快速洗盘的征兆，在此期间CCI也是在超买区内出现缓慢上行的状态，不管在空中加油期间，CCI是否跌破天线，止跌回升时必须回到超买区的。因此，超买区的小幅震荡上行是空中加油中CCI指标的止跌回升形态。

形态要求：

天线附近的小幅震荡上行出现时，不管CCI在空中加油期间是否跌破天线+100，在止跌回升中，CCI必然会在天线+100附近缓慢上行。

如图4-10所示，中通客车（000957）在A区域出现空中加油形态，K线止跌缓慢回升时，CCI虽然跌破天线，但保持在天线附近呈震荡缓慢上行，可以确认止跌回升形态成立，因为A区域右侧的K线表现为阴量阴线，所以，应在其后CCI突破天线回升中明显放量上涨突破时再买入。

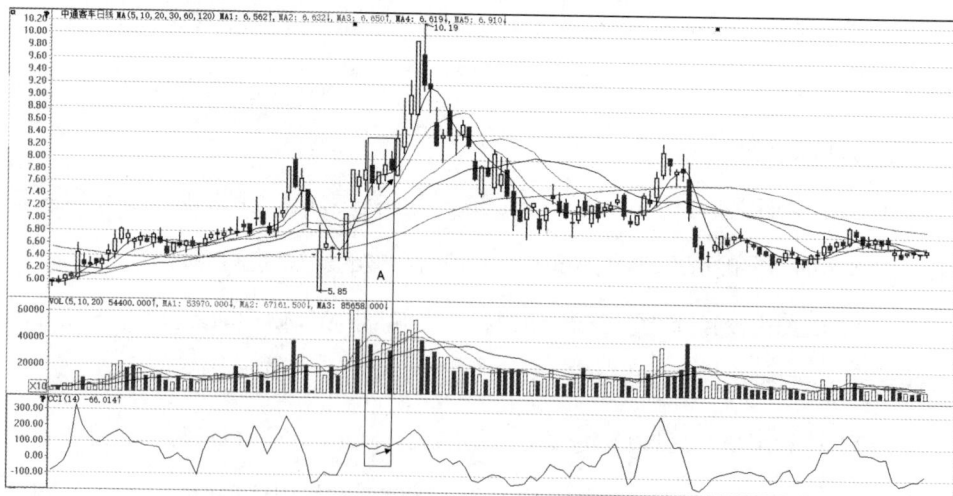

图4-10 中通客车-日线图

实战注意事项：

（1）天线附近的小幅震荡上行出现时，必须确保是在形成空中加油形态的止跌回升时，方可根据CCI的这种止跌回升形态来确认为轻仓参与的技术指标买入形态。

（2）根据CCI在天线附近的小幅震荡上行判断止跌回升形态时，不可直接作为买入股票的依据，只有符合量价止跌回升的买点要求时，方可买入股票。

（3）虽然CCI在天线上方的小幅震荡上行，或是小幅跌破天线后止跌回升到天线之上时缓慢震荡上行，均属于CCI在空中加油止跌回升形态时的表现，但CCI不可向上距离天线过远。

4.5.2　超买区的大角度上行：CCI快速突破形态

超买区的大角度上行，是空中加油突破形态中CCI的一种快速突破征兆，这是因为一旦形成空中加油的突破形态，就说明股价开始加速上涨，所以CCI必然会在超买区域内形成大角度上行，因为所有股价快速上行中，CCI都是保持大角度上行的，尤其是强势状态的加速上涨，CCI又必然在天线以上的超买区。

因此，一旦出现CCI在超买区的大角度上行，就意味着出现空中加油的快速突破。

形态要求：

超买区的大角度上行出现时，必须确保CCI在天线+100之上的超买区，或是大角度由常态区突破天线，进入超买区，且向上的角度至少要保持在水平60°的角度向上运行。

如图4-11所示，美诺华（603538）在A区域出现空中加油形态后，B区域股价快速突破A区域高点时，CCI表现为大于60°水平角度向上运行，并突破天线进入超买区，所以，可确认股价进入了突破形态的强势状态，同时量价表现为持续放量上涨，可确认为买点。

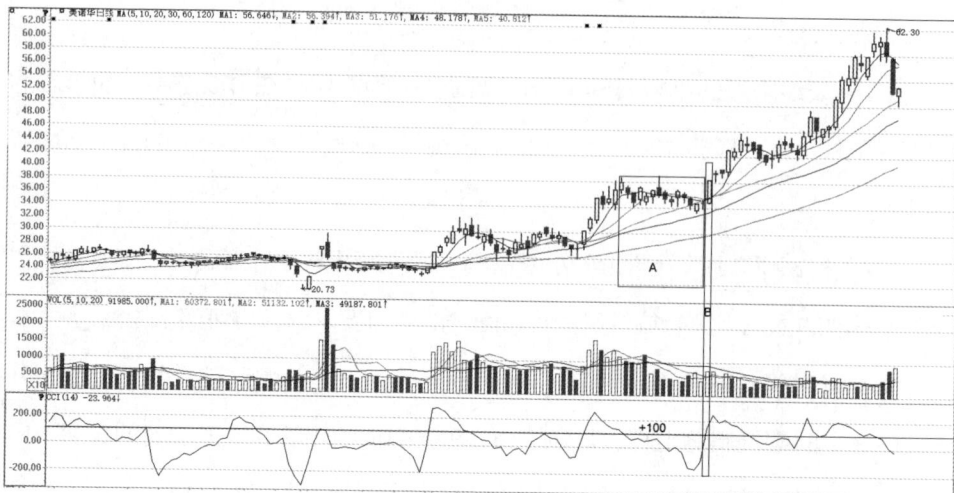

图4-11　美诺华-日线图

实战注意事项：

（1）CCI在超买区的大角度上行出现时，必须是空中加油出现突破形态时CCI表现出大角度上行时，方可确认为空中加油突破形态的成立。

（2）虽然在辅助判断空中加油突破形态时，其他指标也可以辅助判断，但相对来说，CCI指标在超买区的大角度上行是空中加油快速突破形态时较为明显的征兆。所以在判断时，应主要观察CCI。

（3）通过CCI辅助判断空中加油突破形态时，CCI必须在突破天线进入超买区时，保持60°的水平大角度，方可确认为快速突破形态的成立，但在判断买点时，应符合量价买点要求时方可买入。

4.6　买入实战要点

4.6.1　K线为主、技术指标为辅去判断

K线为主、技术指标为辅去判断，是指在判断空中加油买入形态时，无论是止跌回升买入形态，还是突破买入形态，应首先以K线表现出形态予以确

认，因为空中加油形态主要是一种K线短期快速调整的形态，其他指标的判断只能是一种辅助判断，这样得到的观察结果，才能确保空中加油买入形态的成立。

具体要求：

K线为主，就是在判断股价上涨成立初期出现回调的空中加油形态时，或是止跌回升的买入形态时，甚至是突破买入形态时，应主要从K线的止跌回升或突破来判断买入形态；然后再通过观察技术指标进行辅助判断，如MACD、MA、CCI等其他任意一个指标所表现出的止跌回升或突破形态，进行确认买入形态。

如图4-12所示，掌阅科技（603533）在A区域出现空中加油形态后，B区域判断回升与突破时，应首先从K线上观察，观察B区域的K线明显突破A区域的高点时，再来观察技术指标的强势表现，如MACD双线表现为持续向上远离，或是通过MA5突然加大向上远离下方的均线状态，即可确认B区域回升与突破的成立。这时再通过量价表现来确认买点，如A区域右侧与B区域构成持续放量上涨，所以，B区域为突破形态的突破买点。

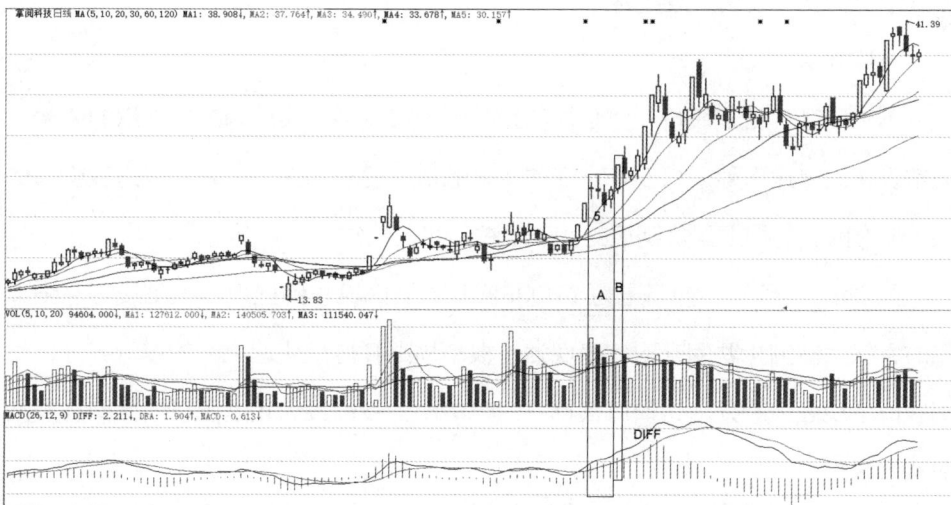

图4-12 掌阅科技-日线图

实战注意事项：

（1）在K线为主、技术指标为辅去判断的原则下，K线的判断是为了确保空中加油形态成立后，所表现出的止跌回升或突破形态的可靠，其他指标的辅助判断，则是为了进一步印证这一买入形态的成立，所以，只要其他指标表现出助涨时，均可确认买入形态成立。

（2）在根据K线为主、技术指标为辅去判断空中加油买入形态时，至少要有一个技术指标形成助涨的强势状态时，方可确认买入形态的成立。

（3）K线为主、技术指标为辅去判断，只是对买入形态的判断，买入股票时，还必须符合量价买入要求时，方可买入股票。

4.6.2　强势回升或突破时再操作

强势回升或突破时再操作，是指在根据空中加油形态判断买入形态时，应尽量选择那些强势回升形态或突破形态类的股票，再根据量价买点的要求来具体操作。这样做的目的是提升操作的安全性，因为毕竟在缓慢回升形态中，回升的状态缓慢，未来仍然存在一定的变数。所以，应尽量选择出现加速上涨形态的股票来操作更安全，成功系数更高。

具体要求：

强势回升，就是股价在空中加油止跌回升形态中，表现为加速上涨的股票，通常表现为快速涨停，只要符合提前买入的量价要求，即可买入，或是股价形成突破形态时，再根据量价明显的买点要求，买入操作。

如图4-13所示，神马电力（603530）在A区域左侧出现一根阳线的空中加油时，随后右侧止跌回升时，表现为一根小幅高开持续快速上涨的量价齐升，说明股价出现强势回升，这时可根据分时走势图上股价线大角度上行的区间放量及时买入股票。

因为强势回升与快速突破是股价短期结束空中加油整理时，强势回升形态或突破形态中，量价买点极强的表现。所以，无论是强势回升或快速突破出现时，一定要及时结合量价要求来判断买点，以抓住买入时机。

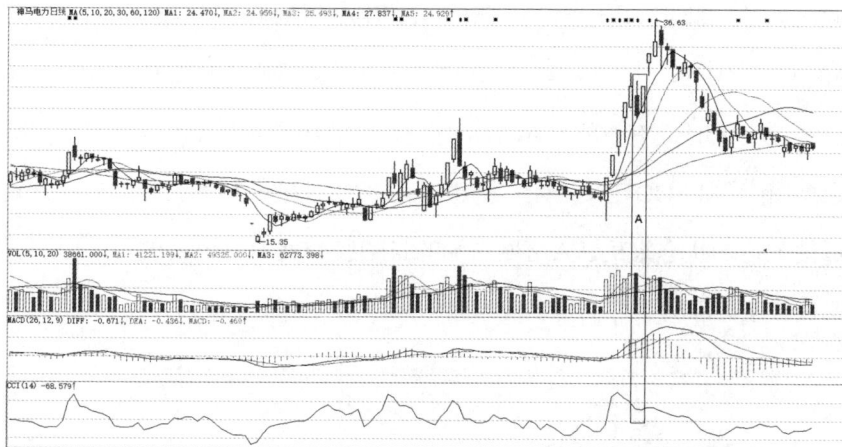

图4-13　神马电力-日线图

实战注意事项：

（1）强势回升或突破时再操作是指在空中加油的买入形态中，表现更为强势的加速回升与突破调整高点时的买入形态，不仅要在K线形态上符合要求，其他任意一个指标也必须形成强势状态，这种强势回升或突破买入形态才更为可靠。

（2）强势回升或突破时再操作，是强中择强交易原则下的一种操作策略，因为在空中加油形态形成后，只有更强势的上涨，才能证明洗盘已经结束，买入股票更安全。

（3）强势回升或突破出现时，最明显的K线形态就是涨停阳线，所以只要符合提前买入的量价要求时，就要果断执行买入操作。

4.6.3　确保技术指标未背离

当空中加油形态出现后，判断买入形态时，无论通过哪一种技术指标来判断，必须坚持一个原则：一定要确保技术指标未背离。因为技术指标在背离状态下，其走势与K线运行的方向相反，技术指标的走向难以真实反映出股价趋势。

具体要求：

在技术指标的背离中，主要是MACD背离与CCI背离，只要在判断空中加油买入形态期间，一旦出现这两个指标中任意一个发生具体走向与K线走向呈相反运行的状态时，即应终止使用这一指标，改用另一指标或MA来判断。

如图4-14所示，欧普照明（603515）在A区域出现K线形态的空中加油整理，当快速突破时，下方的MACD指标与CCI指标均未与K线走势背离，所以，可以根据B区域MACD死叉不死，或是C区域CCI跌破天线即震荡回升中突破天线继续震荡上行的状态来确认A区域右侧的长阳线突破为有效突破买入形态，同时符合明显放量上涨的买点信号，应果断买入。

图4-14 欧普照明-日线图

实战注意事项：

（1）在通常情况下，技术指标大多数时候不会与K线走势形成背离，尤其是空中加油形态出现的上涨趋势成立初期。因为这一时期，大多数的技术指标刚刚形成多头趋势。

（2）如果是空中加油形态出现前，股价即表现为持续的强势上涨，则在空中加油期间，股价在超买状态下，容易引发技术指标的背离，但在此期间属于一种背离式上涨，是强势股加速启动时的明显标志，此时的空中加油时间极短，只是主力通过一两根K线进行快速洗盘。

（3）如果在空中加油买入形态中出现某一些技术指标的背离时，应放弃这一指标的判断，换作其他指标来辅助判断，如MA。

第 5 章

买点信号：量价齐升是判断股价持续上涨的重要依据

买点是所有投资者操盘时非常重要的一环，因为只有会买，才会为未来的盈利打下良好的基础，所以，当买入形态成立后，一定要符合量价齐升的买点要求，而且这种量价齐升所形成的买点越坚实，后市股价加速上涨的概率越高。但是要明白，仅仅靠这种量价齐升的买点信号，无法直接买股，只有买入形态的确认，才能为股价未来的可持续性上涨打下基础。

因此，在实战中，买入形态与买点判断缺一不可，且实战判断与分析必须是同步进行的。

5.1 两种量价形态

5.1.1 买入形态与买点信号的关系

根据空中加油战法买入股票时，一定要明白一个道理，买入形态只是技术指标所表现出的技术形态形成强势买入状态，这种强势可以是缓慢的止跌回升，也可以是强势的回升与突破，但这只是形成股票转强的可买前提，并不能根据买入形态就买入股票，因为只有量能形成强势的买点信号时，才说明市场以真金白银的事实，证明股价的强势状态。

买入形态与买点的相互关系：

（1）买入形态属于技术指标在运行过程中表现出的股价变强的趋势，说明股价已经出现由弱势走强的征兆，但如果没有持续缓慢的放量上涨，止跌回升形态就难以持续；没有明显放量上涨的以量破价，股价就难以实现快速突破。因为决定股价强势的根本，是市场供需关系的变化，这一变化最终会在买入量的变化中，对股价向上产生作用，所以买点信号是对买入形态的转强确认。

如图5-1所示，酒鬼酒（000799）A区域形成上涨初期后，符合选股要求，其后的观察中，B区域出现空中加油形态，C区域又出现缓慢回升与突破形态，MACD表现为双线持续上行，可确认C区域符合突破买入形态的要求。因为是上涨初期出现的空中加油调整，所以，必须在技术指标支持上涨的同时，量价也支持上涨，才能证明股价突破形态后的强势能够持续，所以，C区域持续放量上涨时才是买点信号。

（2）如果只有量价买点的信号，虽然也能够反映出股价的趋势转强，但如果技术指标不支持这种量价强势特征，说明股价只是短线的强势，难以持续。因此，买入形态虽然是买入股票的前提，同时也是必要的基础，因为没有买入形态形成股价转强的趋势，短期的量价变化，通常表现为持续反复随着量能的改变而波动，无法步调一致地形成持续上涨的强势。因此，在买入股票时，买入形态与量价买点信号缺一不可。

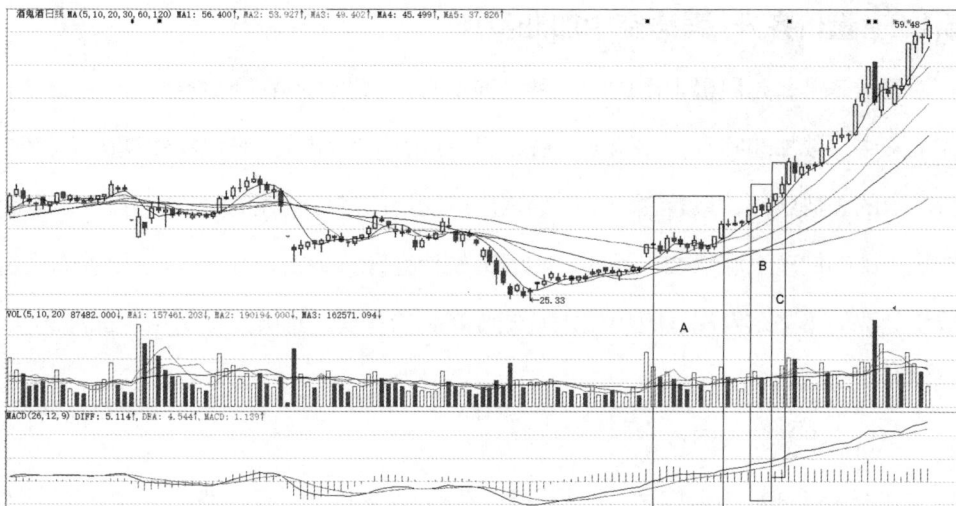

图5-1　酒鬼酒-日线图

如图5-1中C区域只是观察到量价持续放量上涨的买点，如果MACD或均线未表现为明显的多头上涨趋势，则股价极有可能会出现短时上涨后的大幅震荡回调的弱势，所以买点固然重要，买入形态同样重要，是对买点后的股价趋势保持强势的保障。

实战注意事项：

（1）根据空中加油战法买入股票时，一定要明白买入形态属于技术指标提示的空中加油快速洗盘结束时的强势征兆，是否能够构成这种强势，只有符合量价买点的要求时，才能构成买入时机。

（2）在选股阶段，之所以强调选股的目的，就是为了日后寻找到短线调整结束类的空中加油形态股票。买入形态的判断，从操作步骤上来看，正是选股后的第二个阶段。只有形成技术指标的买入形态后，才能判断量价的买点信号，再决定是否买入。

（3）在空中加油战法中，买入形态的判断，是为了确认空中加油是否出现止跌回升或突破的结束，所以，买入形态是买入股票时必不可少的基础，只有在买入形态成立的情况下，形成量价买点信号，才是真正的买点时机。

5.1.2　量价齐升：强势空中加油买点

量价齐升，是股价上涨时的一种经典形态，因为股价在完成空中加油后的加速上涨中，或加速回升，或强势突破，没有成交量的配合，难以在短期内快速保持股价的强势状态，只有在一个交易日内或短期内形成明显的量价齐升，才能呈放量上涨的健康上涨状态。因此，明显的量价齐升，是主力快速完成洗盘时，完成快速洗掉不坚定筹码、收集到相对低位筹码的表现，也就是强势空中加油的买点征兆。

量价齐升具体表现：

在空中加油形态形成后，一旦回升或突破，量价齐升的表现主要是：K线为持续阳线或涨停阳线，成交量为红色的阳量柱；突破或加速回升时，这种阳线阳量的量价齐升必须明显，即阳线明显上涨、阳量柱明显要长。这时，意味着股价加速上涨中得到量能支持，应果断买入。

如图5-2所示，南都物业（603506）在A区域出现空中加油形态后，A区域的止跌回升与突破时，表现为持续阳线上涨的阳量柱明显变长，为持续量价齐升的征兆，说明为强势空中加油买点，应果断买入股票。

图5-2　南都物业-日线图

实战注意事项：

（1）量价齐升是股价上涨时量价表现出的形态，是指K线为上涨阳线的同时，成交量为红色的阳量柱。

（2）当股价短期趋势快速转强时，必须形成较明显的量价齐升时，也就是成交阳量明显放大时，这种强势特征才会明显，所以空中加油突破形态期间的量价齐升必须明显。

（3）由于在空中加油止跌回升形态中的量价齐升表现不明显，所以只能证明股价的止跌回升，无法证明快速上涨的强势。但如果是股价出现快速涨停时，虽然成交量不会明显放大，此时的量价齐升看似不明显，但实际上是量价的强势，所以也是强势特征。

5.1.3　无量上涨：弱势空中加油买点

当空中加油形态形成后，一旦止跌回升时，往往这种无量上涨出现时，说明量能较小，股价上涨的幅度或大或小均可，但越是股价的大幅上涨，越能突显量能的不足。甚至是突破时，一旦出现无量上涨，就是量能未跟上股价的上涨速度，成交量未明显放大，这说明前期主力的洗盘不充分，未能实现快速洗盘、快速收集到足够的筹码，意味着这种回升或突破只是一种假回升或短时突破，难以持久，其后必然会继续回落整理。

因此，无量上涨是一种弱势空中加油形态的买点征兆，应谨慎参与。

无量上涨具体表现：

无量上涨不是没有成交量，而是K线在上涨的同时，成交阳量未能有效地放大，整体形成缩量上涨，量能较之前处于较低的水平状态。

如图5-3所示，绝味食品（603517）A区域出现空中加油形态后，B区域的回升与突破时，虽然为两根看似要长于之前阴量的放大状态，但与A区域之前上涨的量能比较，并未放大，说明是低量状态的无量上涨，意味着A区域的调整结束后，表现为弱势空中加油买点，其后大概率表现为C区域的继续震荡调整，所以在操作时，这类买入形态下的无量上涨出现时，应谨慎买入。

图5-3　绝味食品-日线图

实战注意事项：

（1）无量上涨的最明显标志就是缩量上涨，或是量能柱始终保持当前较低的水平，呈阳量柱，K线为阳线，呈上涨状态。

（2）在观察无量上涨时，主要观察K线在上涨的同时，成交阳量柱没有明显的放量，即可确认为无量上涨。

（3）在空中加油形态中，一旦买入形态期间出现无量上涨时，意味着主力在通过前期洗盘时，未能充分清洗掉浮筹，收集到足够的低位筹码，所以后市难以持续加速上涨。

（4）如果在无量上涨中，K线表现为涨停阳线或一字涨停板时，则属于一种强势状态，不能以无量上涨来对待。

5.2　三种买点信号

5.2.1　明显放量上涨：加速回升与强势突破买点

明显放量上涨，是股价在加速上涨时一种明显的量价齐升状态，是指随着股价的明显上涨，成交阳量也出现明显的放量状态，是量能配合下的一种股价加速上涨的征兆。一旦在空中加油形态中形成回升或突破买入形态期间，量价呈明显放量上涨时，意味着形成加速回升或强势突破买点，应果断买入股票。

具体要求：

明显放量上涨出现时，K线为一根上涨阳线，成交量为一根明显要长于之前量柱水平的阳量柱。一旦这种明显放量出现在空中加油形态的止跌回升或突破时，即可确认为强势突破或加速回升买点。

如图5-4所示，可立克（002782）在A区域出现空中加油形态后，B区域出现长阳线突破C区域高点时，MACD表现为死叉不死后的双线快速向上分离，可确认强势突破形态的成立。同时B区域的阳量柱明显要高于之前的量柱，与A区域前上涨时期的量柱相当，为明显放量上涨，说明股价出现加速回升或强势突破买点，应果断买入股票。

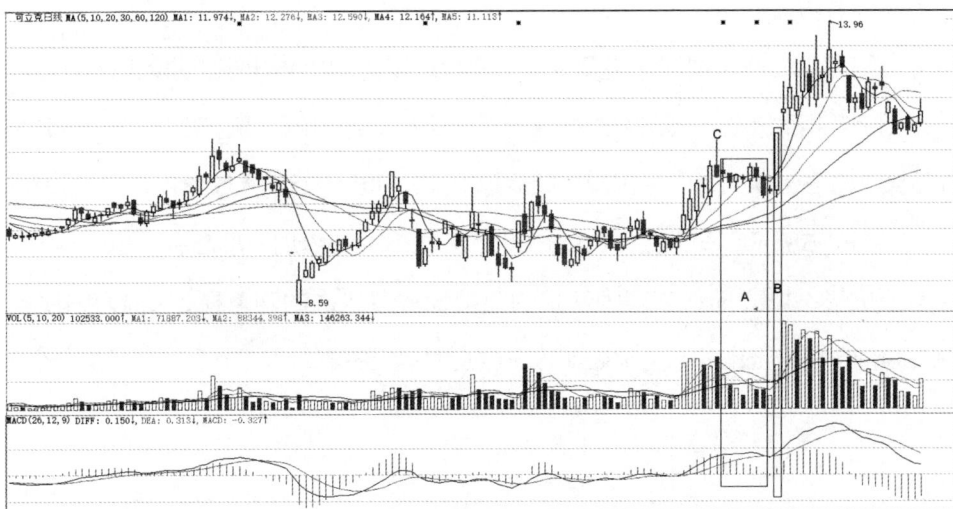

图5-4　可立克-日线图

实战注意事项：

（1）明显放量上涨是股价快速上涨时的征兆，但必须满足空中加油形态止跌回升形态成立，或突破形态形成时出现，才是明显的强势买点。

（2）判断明显放量上涨时，K线为上涨阳线，成交量为一根阳量柱，要明显高于之前的量柱水平，但不能过长，甚至是达到天量阳量，否则会成为巨量上涨，其后极易出现回落。

（3）在空中加油突破形态中，明显放量上涨出现时，允许量柱较长，因为突破时必须以量破价，尤其是前期高点的量能较大时，但必须能够持续大量阳量时方可，所以，此时的买点应在下一个交易日依然保持大阳量上涨。

（4）如果日线图上明显放量上涨中的量能不大时，K线为涨停阳线，则同样为加速回升或强势突破形态，应根据提前买入要求买入股票。

5.2.2　持续放量上涨：强势突破买点

持续放量上涨，是指股价在持续上涨中，成交量也保持持续放量状态。由于这种量价形态代表股价在持续上涨中不断得到量能的支持，一旦在空中加油突破形态中出现时，意味着这种突破是强势突破，所以为坚实的量价突破买点。

具体要求：

持续放量上涨出现时，必须至少有两根或以上的K线和两根或以上的阳量，K线呈持续上涨状态，成交阳量柱保持在一个相对放量的大量状态即可。当空中加油突破形态出现时，一旦出现持续放量上涨，即应果断买入股票。

如图5-5所示，司太立（603520）A区域出现空中加油形态后，B区域在回升与突破形态成立时，表现为两根明显持续放量状态的阳量柱，K线为阳线上涨，为持续放量上涨的强势突破买点，应及时买入股票。

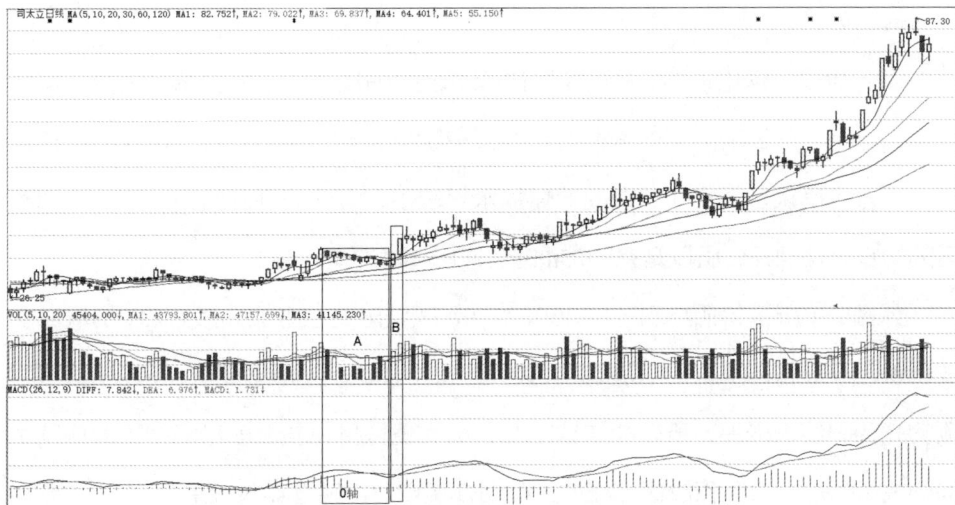

图5-5　司太立-日线图

实战注意事项：

（1）在持续放量上涨中，K线至少要有两根或以上的阳线呈上涨状态；同时至少有两根或以上的成交阳量柱呈大量状态即可。

（2）持续放量上涨的量价买点，大多出现在空中加油突破形态成立期间，是一种在量能配合下稳健的突破形态，在判断时，只要两根阳量未形成明显缩量时，即可确认为突破时的量价买点。

（3）如果持续放量上涨出现在空中加油止跌回升形态期间，量柱水平必须要明显高于之前下跌时的阴量柱，或是其中一根阳量柱明显缩量时，股价为涨停阳线时，也能证明为加速回升，可根据提前买入要求，果断买入股票。

5.2.3　温和放量上涨：止跌回升买点

温和放量上涨，是指成交量在小幅放大的情况下，股价出现上涨。因为这种量价形态中的成交量较小，所以通常出现在空中加油止跌回升形态中，代表股价结束前期快速调整后的缓慢回暖，是空中加油止跌回升形态的量价买点。

具体要求：

温和放量上涨出现时，K线保持持续小幅的阳线上涨，成交量为阳量，量柱较短，但呈后一根略高于前一根的小幅放量状态，至少要有两根阳量柱和两根阳线时，方可确认。由于在此期间的量能水平较小，意味着刚刚结束空中加油调整后的初步止跌回升，所以是空中加油形态初步成立的轻仓买点。

如图5-6所示，伯特利（603596）在A区域出现空中加油形态后，B区域形成止跌回升形态，CCI为大角度突破天线，符合止跌回升形态要求，因为B区域右侧的光头阳线未涨停，所以非加速回升，成交量保持在与之前量能相近的持续小幅的放量状态，为温和放量上涨的止跌回升买点，可轻仓买入股票。

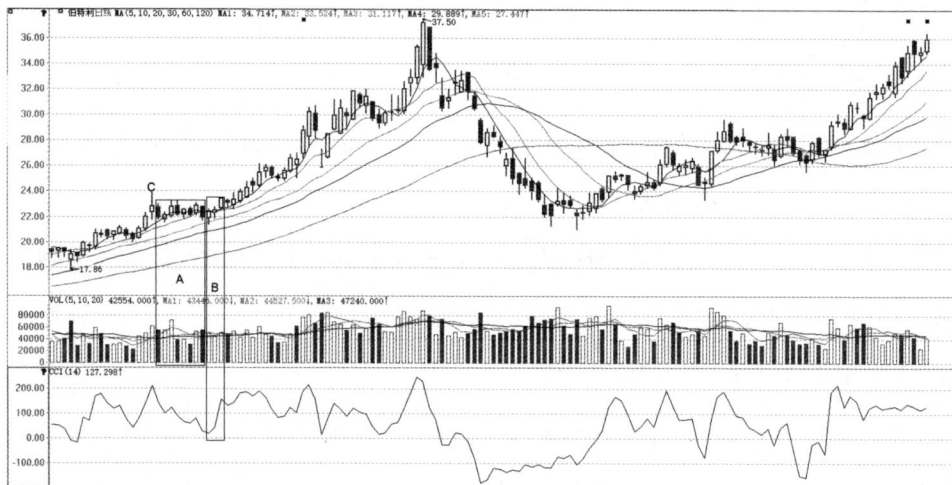

图5-6　伯特利-日线图

实战注意事项：

（1）在判断温和放量上涨为买点时，首先必须确认空中加油形态出现调整后的止跌回升形态，如果是阴量后大幅缩量下出现的温和放量上涨，阳量柱通常较短，呈后一根量柱略高于前一根量柱的情况，只要股价保持阳线上涨时，即为温和放量上涨。

（2）如果在温和放量上涨中，阳量柱未明显缩量，甚至是小幅放量时，不管后一根是否略高于前一根，只要两根量柱水平相近时，应为持续放量上涨形态，同样是买点。

（3）在空中加油止跌回升战法中，因为操作的目标股均为中小盘股，所以止跌回升时出现的温和放量上涨，与主力建仓时期的小阳量温和上涨是有区别的，整体量柱水平较高。只有那些盘子略大的中盘股，才会出现阳量柱极短的温和放量上涨，这时就需要持续三根后再买入，或是出现明显放量上涨时再买入。

（4）空中加油止跌回升形态中出现的温和放量上涨，多数是主力在结束洗盘时的蓄力，后市极易出现加速上涨，出于不错过牛股的目的，温和放量上涨时应轻仓买入。因为这种温和放量上涨的出现，也极有可能是主力未能完全消化盘中压力，其后会继续深跌洗盘，所以不能重仓买入。

5.3　提前买入信号

5.3.1　日线图信号：强势突破或加速回升初期的量价齐升

在提前买入股票时，日线图上必须保持股价短期的强势，而这种强势特征，在空中加油形态中就是股价在强势突破或加速回升初期时，表现为量价齐升。因为只要在加速回升或强势突破初期，日线图出现这种强势状态，即初步符合提前买入的要求，所以在看盘期间，一定要学会如何捕捉这种日线图强势突破或加速回升初期所表现出的量价齐升初期的特征。

具体要求：

日线图上出现提前买入信号时，一是必须确保为加速回升初期，判断时可通过K线的快速上涨，如跳空高开高走或高开低走，或是强势突破初期，即K线在回升过程中接近前期调整时的高点位置时，表现出K线快速上涨；二是要在保持股价快速上涨的同时，成交量柱也表现出持续变长。

如图5-7所示，引力传媒（603598）在A区域左侧出现一根阴线阴量的短时空中加油形态后，右侧的阳线当日明显是快速探底后的快速止跌回升与突破调整高点，日线图上表现为阳线阳量的量价齐升，符合加速回升与强势突破的要求，也就是提前买入时的日线图要求。此时，应及时观察分时图上的量价表现来确认是否符合提前买入的要求。

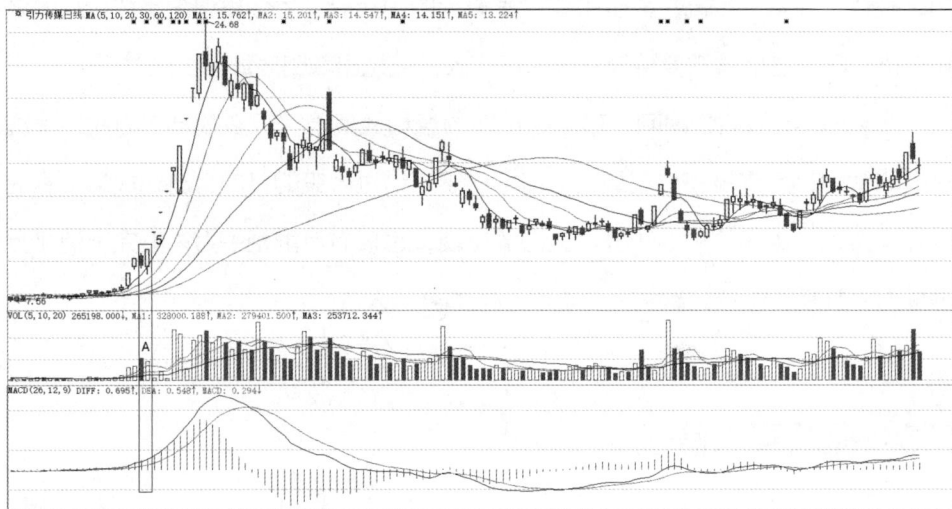

图5-7 引力传媒-日线图

实战注意事项：

（1）在判断提前买入信号时，日线图最先发出量价齐升征兆，而这一征兆通常出现在止跌回升中的加速回升，或突破初期的强势突破，由于是强势初期，所以在观察时，应在日线图上表现出这种强势征兆时，即观察分时图的情况予以确认。

（2）在观察日线图上提前买入信号判断量价齐升时，只要发现K线为阳线持续向上运行，同时成交阳量柱也呈持续变长时，即可确认。

（3）由于提前买入股票的关键在于对时机的把握，所以，在具体判断时，要想及时捕捉到提前买入时机，就要同时观察当日分时图的信号，因为加速回升或强势突破时，股价经常会出现快速涨停，操作必须果断及时。

5.3.2　分时图信号：股价线大角度上行的区间放量

根据空中加油形态提前买入股票时，在日线图上形成空中加油形态时，一旦出现止跌回升或突破时，若表现为加速回升或强势突破的量价齐升时，就要及时观察分时图，只要是分时图上出现股价线大角度上行的区间放量，就说明股价启动加速回升或强势突破，应果断提前买入股票。

具体要求：

分时图提前买入的信号，为股价线以至少保持60°水平角度的向上运行，即可确认为大角度上行；区间放量是分时图上的一种放量形态，是分时量柱在股价线大角度上行期间，量柱集中明显较长。

如图5-7所示，A区域右侧的当日表现出量价齐升时，应及时观察当日的分时走势图的情况，即图5-8所示的引力传媒2019年12月24日分时走势图。观察发现，股价线在整个上午均表现为略下跌后在昨日收盘线下方的横盘整理，处于缩量状态。但到了午后开盘的B区域，股价线形成明显放量状态的大角度上行，但在此期间为突破昨日收盘价初期，不应买入，而应在A区域股价线突破昨日收盘线后，依然保持区间放量状态下的大角度上行时，果断提前买入股票。

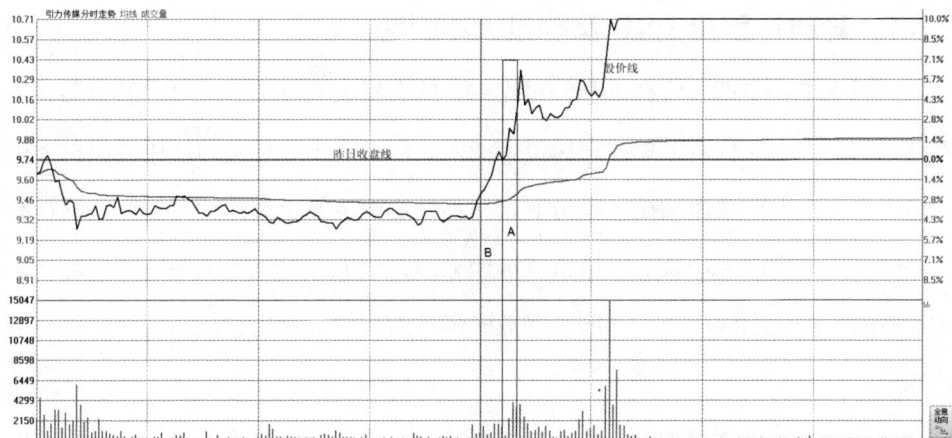

图5-8　引力传媒-2019年12月24日分时走势图

实战注意事项：

（1）当分时图上出现股价线大角度上行的区间放量买入信号时，必须确保日线图上形成空中加油的止跌回升或即将突破形态，并形成量价齐升时，方可提前买入股票。

（2）在分时图上出现股价线大角度上行的区间放量买入信号前，往往是短期强势的表现，是分时图上股价线在高开高走状态或平开高走状态下，最容易出现，所以越是接近涨停时买入越是安全。

（3）根据分时图股价线大角度上行的区间放量买入股票时，一定要提防股价在大幅低开下形成的股价线大角度上行的区间放量，因为这种形态要证明短期强势，必须确保股价线突破昨日收盘线，且由于低开距涨停价较远，必须持续放量，或持续有超级大单出现，方可令股价封涨停，难度较大，所以这时最好不要提前买入。

5.4 三种量价异动买点

5.4.1 异动1：巨量上涨，量能过大易回落

巨量上涨，是指股价在上涨的过程中，成交量突然爆出明显极大的量能，虽然这表明盘中出现较多的短线跟风资金涌入，但不能排除是主力在逢高借机大量卖出，因为主力在洗盘后拉升股价时，是不会让更多的资金在相对低位共同持有筹码的，这样难以保证其后股价持续加速上涨，一上涨可能引来短线卖出盘，说明潜在的上涨压力依然较大，所以多数时候主力会借机卖出，然后再寻找低位继续洗盘。

因此，一旦在突破形态中出现巨量上涨时，表现量能过大，股价短线容易出现回落，属于量价买点异动的情况，应谨慎参与。因为突破形态无量难以突破，但量过了头同样容易出现短期的真上涨假突破。

具体要求及应对策略：

巨量上涨出现时，K线表现为明显的大幅上涨，多为中阳以上的阳线；成交量则表现为一根明显要高于之前所有量柱水平的大阳量，甚至达到阳量柱向上到达显示区域顶部的天量阳量。一旦巨量上涨出现在空中加油突破形态时，往往证明量能出现过头，应采取迟一步的操作，只要能够持续大量的量价齐升时，方可买入股票。

如图5-9所示，久其软件（002279）在A区域出现空中加油形态及止跌回升后，B区域突破C区域高点时，K线为涨停阳线，成交量为一根明显要远高于之前所有量柱的阳量，为巨量上涨，说明量能过大，其后容易出现回落，应拒绝当日交易，而次日转为震荡回落，应放弃操作。

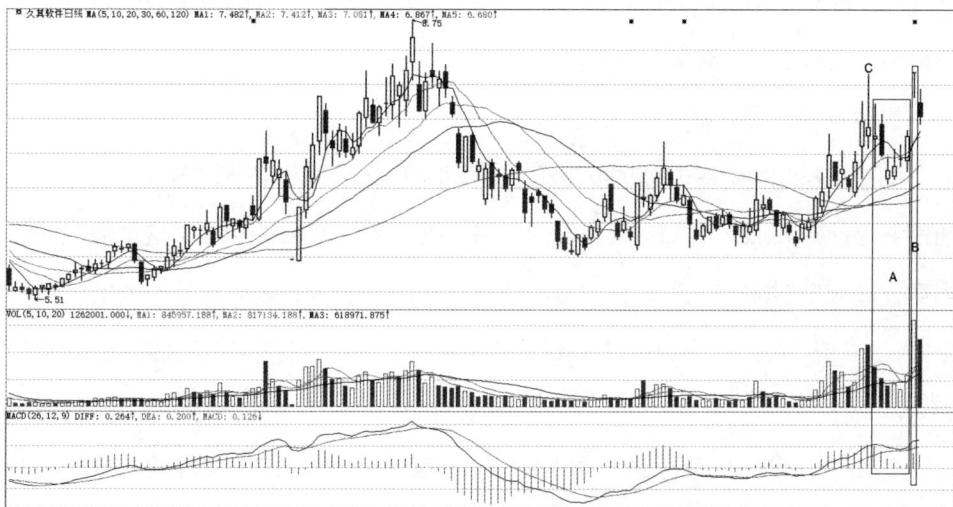

图5-9　久其软件-日线图

实战注意事项：

（1）巨量上涨出现时，多数会出现在空中加油突破形态期间，因为在此期间多数时候要以量破价，所以最容易出现这种量能过大的异动买点，买股时应引起注意。

（2）当巨量上涨出现时，如果未达到天量阳量，则应观察阳量柱的长度，通常高于近期所有的量柱，即表现为巨量，此时K线往往为较长的中阳以上的阳线上涨，即可确认为巨量上涨。

（3）巨量上涨出现时，即使在判断上难以确认，也应采取迟一步买入的策略，直到下一个交易日，能够依然保持这种大量状态的量价齐升时，即形成持续放量上涨时，方可买入。

5.4.2　异动2：缩量上涨，量能太小难突破

当形成空中加油突破形态时，如果量价表现为缩量上涨时，只要不是强势突破形态，则表明量能太小，主力的这种突破未吸引到市场的跟风资金参与，其后的加速上涨难以出现，也就意味着此时的突破是短期假突破的概率极高，所以不应参与，这属于量价异动突破的买点。

具体要求及应对策略：

缩量上涨出现在空中加油突破形态期间，K线表现为常态的阳线上涨，突破前期调整前的高点，但成交量表现为阳量，处于明显缩量的状态。这种情况一经出现，即应暂时放弃买入，直到量能能够出现明显放大，起码保持当前的大量水平时，方可买入。若当日无法放量，则只有下一个交易日出现明显放量时方可买入。

如图5-10所示，信立泰（002294）在C区域出现高点后形成空中加油形态，A区域突破C区域高点时，成交量柱明显仍然处于调整时的小量状态，为缩量上涨，说明突破时未得到量能的支持，难以实现真正突破后的强势，所以，不应买入股票，只有其后震荡下跌中回升时形成明显放量上涨时，方可买入股票。

图5-10 信立泰-日线图

实战注意事项：

（1）缩量上涨出现时，往往是空中加油形成突破形态时，才是慢一步操作的时机，因为止跌回升初期，同样表现为缩量上涨，只是股价缓慢回升的初期，后续只要保持温和放量上涨状态，即可轻仓参与。

（2）缩量上涨出现时，空中加油突破形态不能形成强势突破，也就是缩量上涨中的K线不能为涨停阳线或一字涨停板，这种缩量上涨是因为快速涨停导致的无法成交所引发的大举缩量，是强势的表现。

（3）缩量上涨中，股价在上涨时，对缩量的判断，不只是量柱明显缩短时才是缩量上涨，只要是量能保持在小量状态时，就应确认为缩量上涨。

5.4.3 异动3：放量滞涨，堆量不涨要变盘

当一只股票出现空中加油形态后，如果其间表现为股价在放量状态下出现滞涨，一方面说明在此期间在高换手的情况下得到充分洗盘，但同时也形成了较大的隐患，量大股价不涨，则必然有妖：要么主力通过高换手快速洗盘吸筹，要么是维持股价在高位区隐藏性卖出，这时则意味着即将变盘，因为空中加油形态出

现时，往往说明主力已经过了建仓，手中拥有足够的筹码，此时无须再继续大量吸筹，只要在上涨途中洗掉浮筹即可。所以，这种放量滞涨的堆量出现，多数时候意味着变盘，不应贸然买入。

具体要求及应对策略：

放量滞涨出现时，往往空中加油形态的调整并不大，成交量柱却表现为持续放量或保持大量状态，或阴量或阳量均可；甚至是形成一个小山一样的堆量；K线保持在实体较长的状态，允许有影线，但实体保持在一个相近的水平，呈震荡状态。一旦出现放量滞涨的堆量状态，不要轻易买入，只有其后表现出明显的向上变盘时，方可参与，但操作时一定要快。

如图5-11所示，天齐锂业（002466）中A区域出现空中加油形态期间，K线震荡滞涨，成交量保持在大量水平，为放量滞涨，在此期间的总换手率达到近80%，而B区域突破形态出现时，虽然看似表现强劲，为持续放量上涨，但两个交易日的换手率为8.63%和7.19%，与A区域相加达到95%以上，这种堆量情况下的突破，如果观察一下120日均线会发现，刚好是B区域突破形态期间遇到了上方的120日均线，而突破长期均线时，如未表现为持续涨停时，在高换手的堆量状态下，则意味着即将变盘。

图5-11　天齐锂业-日线图

所以，这类放量滞涨的堆量不涨或突破买点，不应过早买入，待其后股价真正突破120日均线转为明显强势特征时，再买入也不迟，否则极易在高位接盘，因为一旦向下变盘，意味着承受较大亏损。

实战注意事项：

（1）放量滞涨出现在空中加油形态中时，往往是在股价小幅调整后出现，或是直接在上涨到一定程度后形成堆量状态的震荡滞涨，这时不要轻易买入股票。

（2）放量滞涨出现时，大多数时候是在盘子略大的中盘股，或是某些大盘股身上出现，前期的上涨趋势初成后的涨幅往往较大，首次回调出现时，会以长时间的震荡来消化前期的涨幅，所以后市的再上涨，往往在时间上相对较长，做中线的朋友可在此期间介入，短线者勿匆忙买入。

（3）若是小盘股在空中加油形态中出现这种放量滞涨时，一定要引起注意，因为小盘股主力前期吸筹阶段即已完成建仓，堆量不涨的出现，极有可能是上市公司业绩出现突变，主力在维持高位大举卖出逃离。

5.5 实战要点

5.5.1 止跌回升：轻仓参与

在根据量价买点判断空中加油买入形态是否成立时的具体操作期间，一定要注意根据不同的买点，控制好仓位。尤其是在空中加油止跌回升形态出现时，如果形成温和放量上涨的买点时，一定要轻仓参与。

轻仓参与的原因：

在空中加油止跌回升形态期间，尽管满足了温和放量上涨的量价买点要求，但由于在此期间的回升力度不够强烈，未来不排除股价继续下跌的主力洗盘出现，所以买入必须轻仓。但也可以不买入，只是股价在恢复加速上涨时，表现的方式不同，不是所有的股票在加速上涨时都表现得十分直接，尤其是主力在洗完盘后，会采取以少量资金的向上试盘，发现再无压力后，才会放心大胆地拉升，或是主力想略休息调整一下，也会暂缓快速拉升。因此，此时的轻仓参与，也是为了不错过牛股，因为其后一旦快速上涨，则很难参与其中。

如图5-12所示，三维通信（002115）在A区域出现空中加油形态及止跌回升时，B区域的止跌回升买点明显为两阳夹一阴的温和放量上涨买点，这时一定要轻仓参与。因为量能过小，难以确保其后的再震荡回落，重仓买入后很容易造成短线亏损。

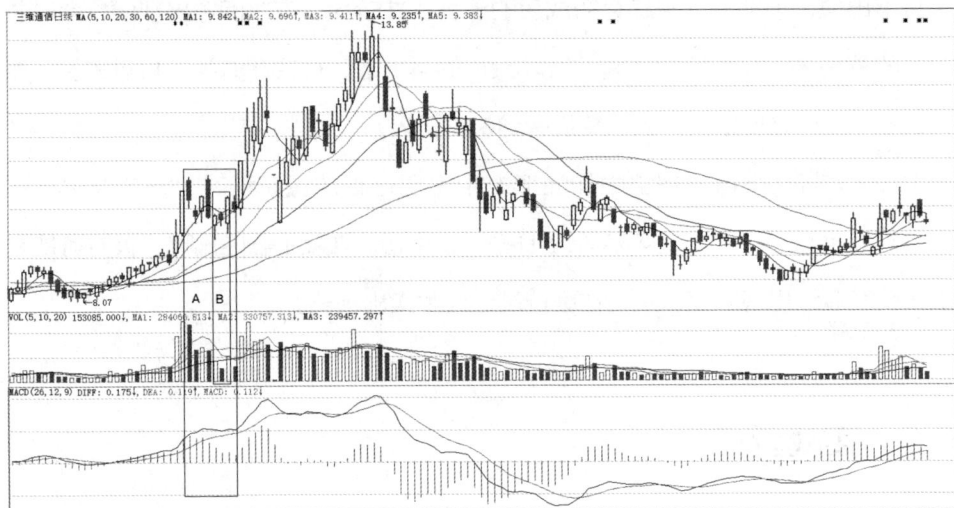

图5-12　三维通信-日线图

实战注意事项：

（1）当空中加油止跌回升形态出现期间，一旦量价满足温和放量上涨时，轻仓参与的目的主要有两个：一是不错过牛股；二是以防出现突然变盘。

（2）空中加油止跌回升时的轻仓参与，主要由温和放量的量价买点决定，因为买点不够强，所以首先应控制好风险。但如果是买点强时，形成明显放量上涨或持续放量上涨，则意味着出现加速回升，这时就不应轻仓，直接重仓出击。

5.5.2　量价突破：重仓参与

在实战中，当空中加油突破形态期间，一旦出现明显放量上涨或持续放量上涨的量价突破时，就意味着股价短线调整后的上涨空间已经打开，其后股价的上涨已短时没有压力，因为突破了高点，所以应采取重仓买入的方式参与，以完成安全地投入，短期获取大的收益。

具体要求：

量价突破，是指形成空中加油的突破形态期间，量价买点表现为明显放量上涨或持续放量上涨，甚至是形成缩量状态的快速涨停阳线的强势突破，此时一定要重仓果断买入股票。

如图5-13所示，佛燃能源（002911）在A区域出现空中加油后，B区域形成突破形态期间，成交量为明显放量上涨的量价突破，应果断重仓买入。

图5-13　佛燃能源-日线图

实战注意事项：

（1）在量价突破买点出现时，必须在空中加油的突破形态期间，股价向上突破前期调整的高点时，依然保持明显的量价齐升状态时，方是重仓买入的最佳时机。

（2）如果在量价突破出现时，符合空中加油突破形态的提前买入条件时，应根据提前买入股票时的日线图与分时图要求，采取重仓买入股票。

（3）在根据量价突破买入空中加油突破形态的股票时，一定要时刻留意巨量上涨的突破，这种突破最容易形成短时的冲高突破，其后往往容易快速回落。

5.5.3　提前买入：日线图和分时图同时放量上涨

根据空中加油战法实战过程中，如果提前买入股票时，一定要同时根据日线图和分时图上显示的量价形态要求，两个周期图上同时出现放量上涨时，方可及时抓住时机，提前买入股票。

具体要求：

提前买入股票时，日线图和分时图同时放量上涨，日线图上表现为阳线的持续上涨中的阳量柱持续变长，即可确认为量价齐升的放量上涨；分时图上只要股价线形成大角度上行期间，分时量柱明显较多、较长，或是只有数根极长的量柱，即为分时图上区间放量的放量上涨形态。

如图5-14所示，中宠股份（002891）中A区域形成空中加油形态后，B区域出现加速止跌回升与快速突破的阳线，当日线图呈阳线阳量的放量上涨时，应观察当日的分时图走势，即图5-15所示的中宠股份2020年5月26日分时走势图，发现当日股价在A区域小幅高开后即震荡走高，至B区域时，突然转为股价线大角度上行的量能持续放大，为分时图放量上涨形态，在涨幅超过3%后，依然保持这种分时图放量上涨时，就应果断提前买入。因为在此期间图5-15中日线图上B区域尚未完全形成突破，但分时图的短时强势已经证明这种强势回升与突破，所以应提前买入。

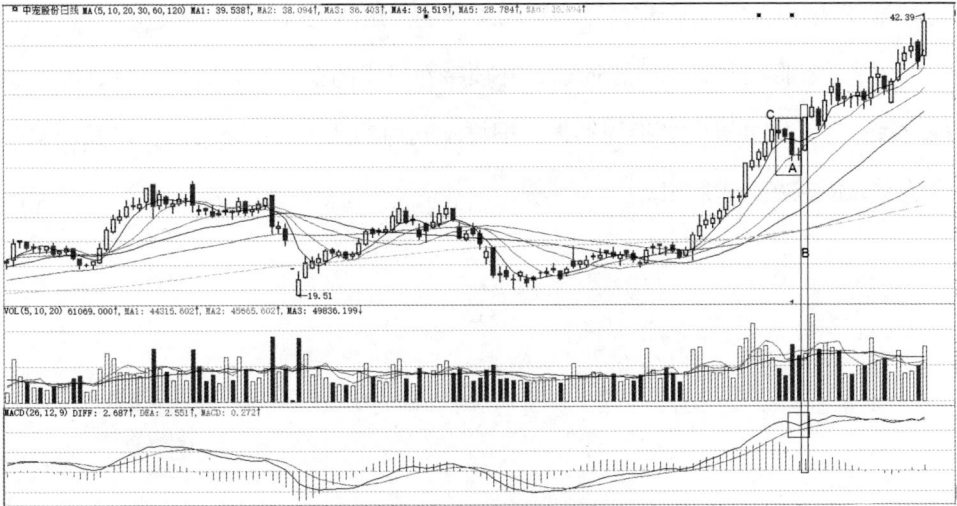

图5-14　中宠股份-日线图

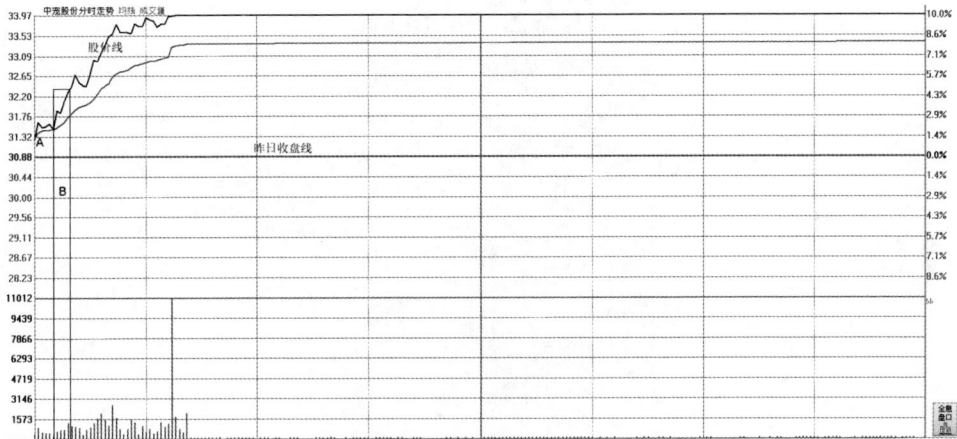

图5-15　中宠股份-2020年5月26日分时走势图

实战注意事项：

（1）在提前买入股票时，当日线图和分时图同时放量上涨之际，一定要确保为空中加油形态中的加速回升或强势突破形态，方可提前买入股票。因为买股时的买点是对买入形态成立的确认，同时买入形态也是买点是否可信的基础。

（2）提前买入股票时，日线图上的放量上涨主要是阳线阳量的量价齐升初期，而分时图上的放量上涨，则表现为股价线大角度上行的区间放量。

（3）提前买入时，虽然观察时的顺序为日线图在前，分时图在后，但在实战过程中，一定要同时切换周期图，根据不同周期图上的形态要求，以及放量上涨状态，把握好买入时机。

第 6 章

持股信号：判断是否持股的技术特征

在实战中，在恰当的买入时机买入一只股票，并不意味着你就可以高枕无忧地实现获利，即使买到加速上涨的股票，你还必须学会如何在持股中观察股价的强弱波动和趋势是否发生改变。也就是说，你必须要通过正确的判断，拿得住股票，并且在危机到来时学会卖出股票，才能最终实现短期的大幅获利。

6.1　持股看盘的四个关键

6.1.1　技术指标的运行方向

根据空中加油战法买入股票后，在持股看盘中，技术指标的运行方向是看盘的重要内容之一，因为空中加油战法属于买入加速上涨类股票，所以，在技术指标中，尤其是短期指标线的运行方向，往往关乎着股价的短期趋势方向。

具体要求：

（1）技术指标的运行方向，主要是指短期指标线的运行方向，如MACD中的DIFF线，MA中的MA5。

在如图6-1所示的沃特股份（002886）中，如果A区域空中加油形态期间买入股票，在B区域的持股过程中，MA5与DIFF线这两个短期指标线始终保持向上运行时，基本可以保持持股。

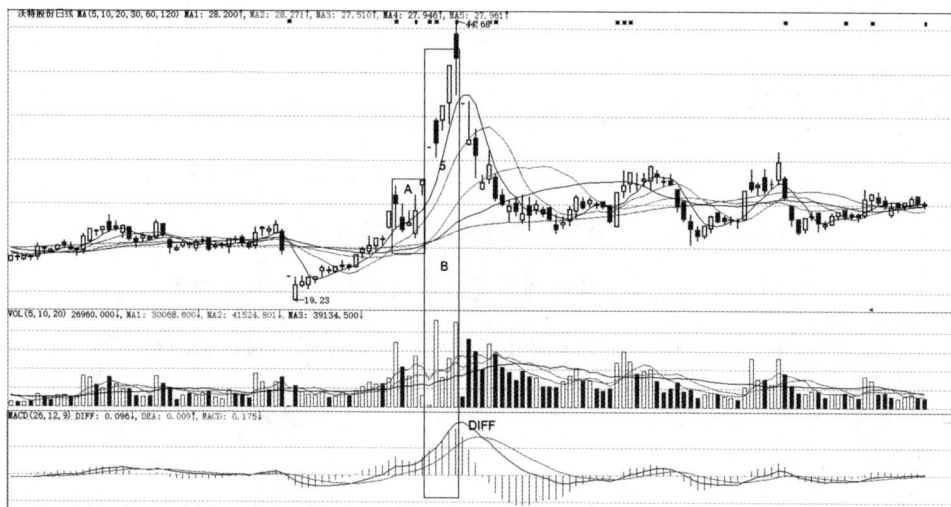

图6-1　沃特股份-日线图

（2）在观察技术指标的运行方向时，一定要时刻留意，技术指标是否与K线形成顶背离，在背离状态下，一旦K线与技术指标同步下行时，往往是短期趋势变弱的时候。如图6-1B区域持股中，MA5与DIFF线均与K线同步上行，未发生顶背离。

综合以上两点内容可确认，当短期指标线与股价同步上行时，为持续上涨状态。所以，短期指标线的运行方向是持股看盘的关键之一。

实战注意事项：

（1）技术指标的运行方向，多数是指短期指标线的运行方向，因为短期指标线意味着股价的运行方向，但不能忽视顶背离式上涨，所以，在观察技术指标的方向期间，一定要观察是否形成背离，一旦形成，应以背离结束为卖出股票的技术依据。

（2）只有当不背离的情况出现，短期技术指标线的运行方向是向上运行时，才是坚定持股的状态，但这只是一方面，还要通过观察K线与MA5的位置，以及是否为健康的量价整理状态，压力位与支撑位的判断来最终确认。

6.1.2　K线与MA5的状态

根据空中加油战法买入股票后，在持股看盘中，K线与MA5的状态同样是比较重要的内容，因为在强势股的加速上涨中，只有K线能够始终站在MA5上方，或是围绕在MA5周围，MA5与K线始终保持向上运行，才能证明股价的短期强势。所以，必须时刻留意K线与MA5的状态变化，以确定是否要继续持股。

具体要求：

属于强势的K线与MA5状态，通常是K线在MA5上方，沿MA5持续快速向上运行，但若是在震荡上行时，K线会始终保持在MA周围不远的位置，与MA5一同向上运行。相反，当MA5出现上行渐缓甚至下行时，或是K线向下远离MA5时，说明加速上涨可能结束。因此，在看盘中，必须时刻留意K线与MA5的状态变化。

如图6-2所示，安奈儿（002875）在A区域空中加油形态时买入股票，其后至C区域的B段走势中，K线始终位于MA5上方向上运行，为健康的上涨状态。因此，持股看盘的另一个关键就是K线与MA5的状态。

图6-2　安奈儿-日线图

实战注意事项：

（1）K线与MA5的状态是持股看盘中一个重要的内容，主要观察股价与MA5的位置，因为在强势状态下，股价总是在MA5上方沿MA5持续向上运行，或是股价时刻围绕MA5保持震荡上行的状态，因此，是坚定持股的MA5与K线的一种形态。

（2）在持股观察K线与MA5的状态时，一定要留意出现K线跌破MA5向下远离MA5的情况，因为一旦这种趋势持续时，保持大阴量状态，则是短线走弱的征兆。因此，持股看盘的关键，不仅要能够判断出股价的强势，同样也要能够判断出股价的弱势。

（3）K线与MA5的状态，只是持股看盘的一个关键内容，同时要对其他方面也进行观察，方可确认股价的强弱程度。

6.1.3　量价是否为健康的上涨或整理状态

在持股看盘的过程中，量价是否为健康的上涨或整理状态，同样是观察的一个重点内容，因为健康的上涨状态的量价，必须为量价齐升，而上涨状态的整理状态，同样不能爆出大的成交量，因为既然是健康的整理，必须不会跌幅较大，且量能呈缩减状态。

因此，如何有效识别出健康上涨的量价状态与整理状态，是看盘的一大关键。

具体要求：

（1）日线图健康的量价上涨状态就是量价齐升，所有不符合K线持续或震荡上涨中阳量保持大量的状态，均为不健康的上涨状态，且一旦下跌即出现明显缩量。

如图6-3所示传艺科技（002866）在日线图上，A区域的空中加油形态时买入股票，B区域的持股期间，K线始终在MA5上方同MA5一起上行，下方成交量多为阳量放量状态，一旦出现阴线，阴量即表现为缩量，这种状态就属于日线图健康的量价齐升上涨状态。

图6-3 传艺科技-日线图

（2）健康的量价整理状态，明显的为股价一下跌就缩量，一上涨又会放量，或是处于横盘震荡状态，或保持日线上缩量的分时图小量状态。

在图6-3中的C区域，即为图6-4中表现的当日分时走势图，股价在C区域高开冲高的过程中，进入A区域，股价震荡下跌，成交量明显出现持续缩量，一旦进入B区域，股价线一出现上涨，成交量即刻又出现持续放量，所以，开盘至B区域期间为健康的量价整理状态。结合图6-3中日线图上的表现，应安心持股。

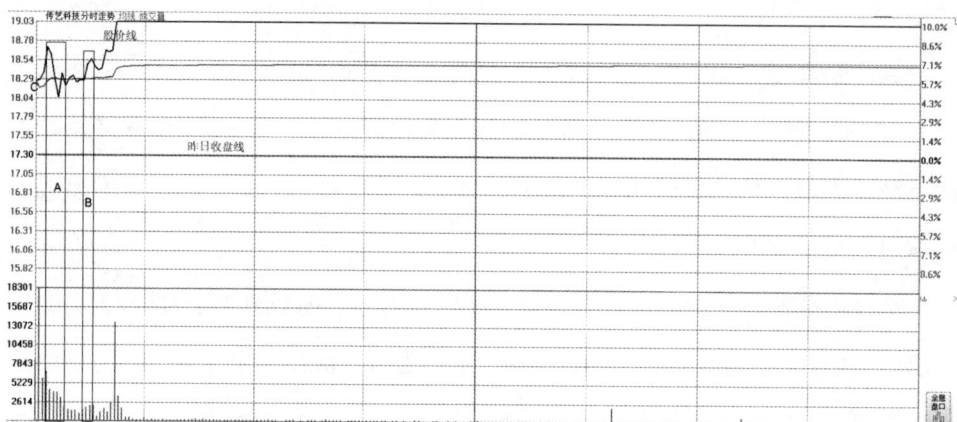

图6-4 传艺科技-2020年1月13日分时走势图

实战注意事项：

（1）在持股看盘的过程中，观察量价是否为健康的上涨或整理状态时，应结合日线图上的量价变化，观察分时图上细微的股价波动中量能的具体变化来确认是否为健康的量价状态。

（2）只有始终保持健康的量价上涨或整理状态时，方可继续持股。一旦量价状态发生恶化，变为不健康时，往往就是终结持股的时机，或是减仓时机，应具体根据量价卖点要求，以及减仓要求进行判断和操作。

（3）健康的上涨量价状态就是量价齐升，健康的量价整理状态是在日线图整体缩量的情况下，分时图股价一上涨即放量，一下跌即缩量，但不容忽视的是横盘小幅震荡时的整体缩量整理状态。

6.1.4　压力与支撑的判断

在持股看盘过程中，压力位与支撑位的判断同样是十分重要的内容，因为股价在上涨中一遇到压力位，必然会受到压力，难以继续上涨，只有突破压力位后才能恢复继续上涨。而支撑位就是股价回调到前期低位高点时，只有能够支撑住，股价才会恢复上涨，否则会因为无法支撑继续走弱。因此，学会压力位与支撑位的判断，以及压力与支撑的相互转换，才能更好地判断持股的强弱，决定是否继续持股。

判断压力位与支撑位的方法：

压力位就是前期的高点位置，股价在加速上涨中，只有突破前期高点，依然保持上行状态时，方能说明突破压力位。支撑位就是股价在加速上涨中，一旦向下跌至前期筹码密集区或突破上涨点时，只有获得前期筹码的支撑时，才会恢复上行，否则本来为支撑位的区域，就会转为压力区，促使股价继续下跌。

如图6-5所示的实丰文化（002862），如果在A区域空中加油形态时买入股票，其后F区域出现震荡走低时，一定要引起注意，因为当前已上行到前期下跌时的整理平台B区域，所以，B区域既会成为上涨的压力位，B区域聚集筹码多，一旦股价到此面临前期筹码解套出局，压力会大增，不利于其后的再上涨；同时也能够成为支撑位，B区域筹码若坚决看多持筹，则卖压极小，会支撑股价不再下跌。

如F区域期间的D区域与C区域低点，均尚未跌破B区域的低点E区域，即出现快速止跌回升，说明B区域低点对股价形成支撑，所以应坚定持股。其后的H区域突破后再上涨时，一旦股价震荡走低，又均未跌破B区域高点即止跌回升，同样说明B区域高点对股价形成支撑，仍应继续持股。其后的支撑与压力判断，仍然以这种方法，观察股价在之前高点或筹码聚集区域低点时的反应来判断压力与支撑，以决定是去是留的操作。

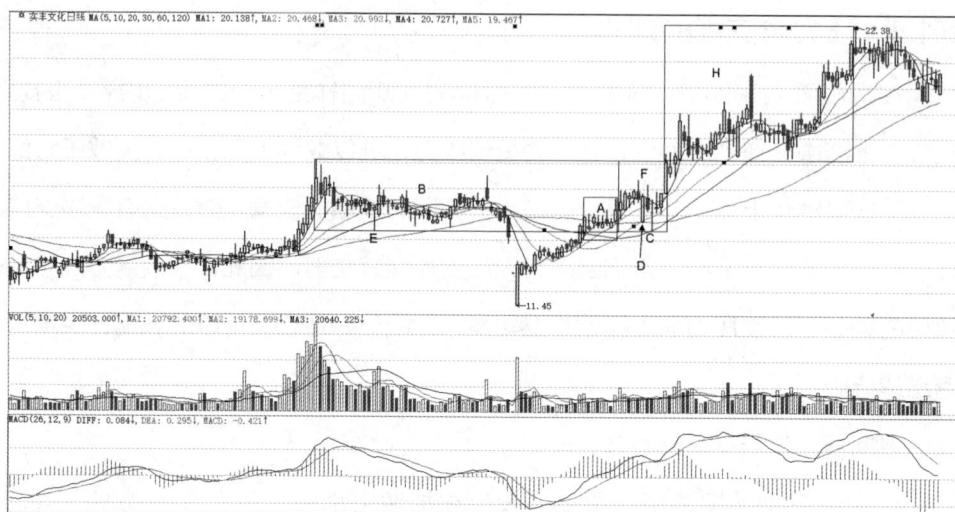

图6-5　实丰文化-日线图

实战注意事项：

（1）在判断压力与支撑前，首先要学会寻找到压力位或支撑位，压力位就是前期高点，尤其是前期高点聚集的筹码较多时，即成交量较大时，说明股价持续上涨的压力更大，这时会通过以量破价的方式快速突破，或是震荡甚至回调，用时间来换取上涨的空间。

（2）在判断支撑位时，支撑位是前期筹码密集区，通常表现为前期上涨途中筹码聚集较多的整理平台，只有股价遇到这一平台时获得支撑，才会表现为恢复上涨，否则就会继续下跌，寻找低价位新的支撑。

（3）压力与支撑可以相互转化，如股价突破压力位后，通常不会轻易再跌回压力位，一旦跌回时，就成为再次寻找低位支撑的过程。因此，在空中加油战法的持股看盘中，主要是判断压力位是否能够突破，以及股价略回调后，支撑位是否能够支撑住，所以，压力与支撑的判断是持股看盘的关键。

6.2　坚定持股的五种技术形态

6.2.1　股价沿5日均线上行的多头排列

在持股看盘中，一旦发现股价沿5日均线上行的多头排列出现时，就一定要保持坚定的持股信心，不要因为股价可能出现短时的一点儿波动，而轻易卖出股票，因为股价沿5日均线上行的多头排列是股价短线最强势的上涨状态。

形态要求：

股价沿5日均线上行的多头排列期间，K线必须保持在5日均线的上方，沿5日均线持续向上运行，各均线形态保持5条均线向上发散的多头排列状态。

如图6-6所示，盐津铺子（002847）在A区域空中加油形态期间买入股票，其后的B区域、C区域、D区域中，均表现为K线沿MA5向上运行的均线多头排列，且其间的E区域和F区域中，MA5只是出现上行渐缓的略平行，所以均应坚定持股。

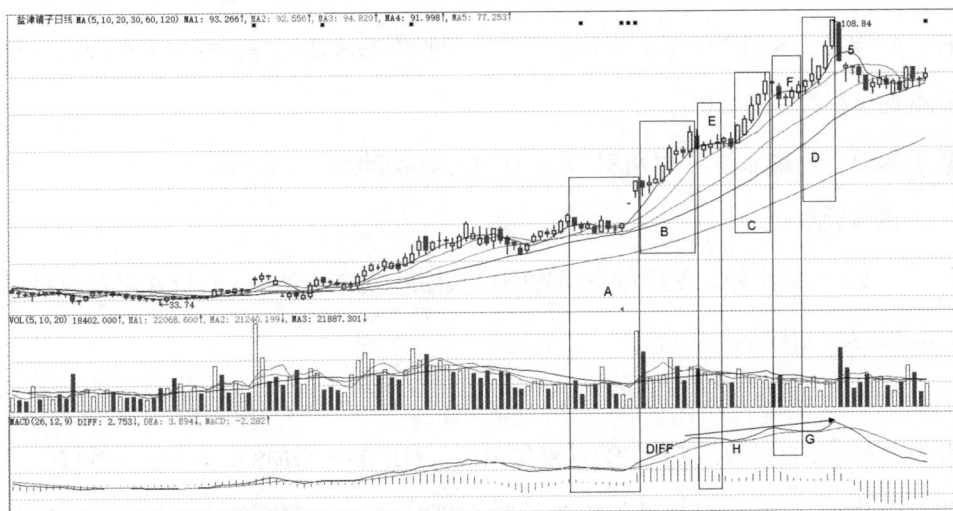

图6-6　盐津铺子-日线图

实战注意事项：

（1）在股价沿5日均线上行的多头排列形态中，最为强势的状态是K线保持在5日均线上方、向上远离5日均线的MA5与K线同步向上运行，这往往是加速上涨的最强势状态。

（2）如果在股价沿5日均线上行的多头排列形成时，K线下方出现接近或跌破MA5，然后又快速冲高上涨时，表明股价只是在当日开盘表现为相对弱势，其后恢复持续上涨，所以也是持股看盘中坚定持股的信号。

（3）当发现持股出现股价沿5日均线上行的多头排列时，虽然K线处于MA5偏上方时，越能证明强势，但不能忽视均线多头排列，因为只有在多头排列下，才能确保股价短期的持续加速上涨。

6.2.2　缩量涨停与一字涨停

缩量涨停与一字涨停是两种快速涨停的日线图表现形态，虽然说量价齐升才是股价上涨的标志，但是在涨跌停板制度之下的A股市场，之所以会出现缩量涨停或一字涨停，就是受到这种涨停制度的限制，所以，这种量能未明显放大的涨停，同样是一种短时的量价齐升，只是由于股价的快速涨停，导致未充分成交所造成的日线图上的缩量。

因此，缩量涨停与一字涨停是一种股价短线强势的持股特征。

具体要求：

（1）缩量涨停，是指成交量为明显大幅缩减的阳量柱，股价通常表现为实体较短的光头阳线。

如图6-7所示的道恩股份（002838），若是在A区域空中加油形态期间买入股票，其后的D区域，明显为光头涨停阳线，对应的下方E区域出现明显的缩量，为缩量涨停，是股价快速涨停所造成的，应坚定持股，甚至符合条件时可在盘中做加减法仓位管理的T+0。

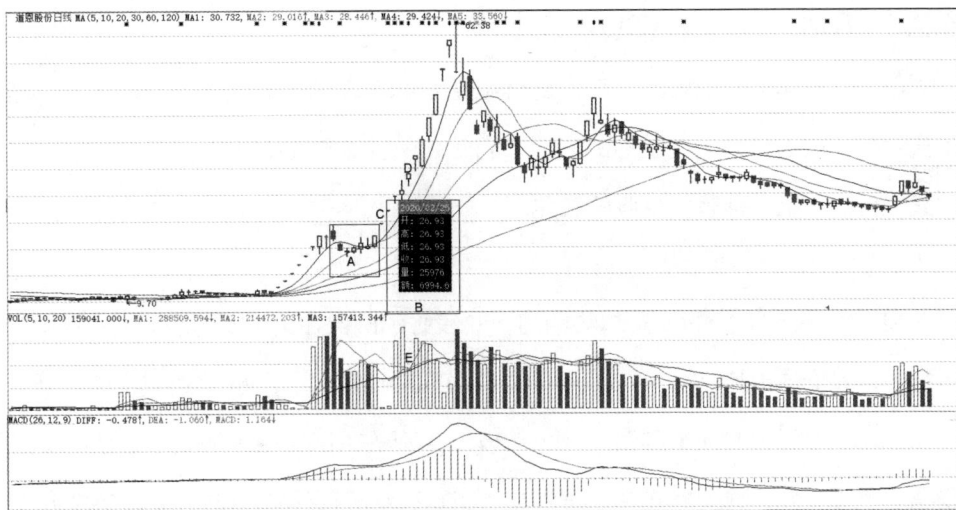

图6-7　道恩股份-日线图

（2）一字涨停，是指股价当日开盘时直接以涨停价开盘，并一直维持这种状态至收盘，日线图上为一根红色的一字线。

如图6-7中的B区域，即对应K线中C区域2020年2月25日的情况，从对话框中可以发现，当日开盘价、最高价、最低价、收盘线均为涨停价26.93元，且K线为一根一字红线，为一字涨停线，应坚定持股。

实战注意事项：

（1）在缩量涨停形态中，往往阳线实体并不长，因为过长的阳线意味着开盘价与收盘价的差距较大，股价直接拉涨停时，时间长，必然会出现持续放量。所以这一形态大多表现为早盘的高开快速涨停。

（2）在一字涨停形态中，不允许其间出现快速打开涨停又快速封涨停的情况发生，一旦发生，则必须确保量能瞬间并未爆出大量，方可按照缩量涨停对待。

（3）由于在一字涨停中，成交量均在涨停状态下，不明真相的持股者少量卖出股票，或是在早盘集合竞价阶段竞价成交的量，同样为大幅缩量状态。因此，如果其间量能未大幅缩量，量能较大时，应谨慎持股，其后极易打开涨停，甚至出现大幅回落。

6.2.3　0轴之上的MACD双线上行

0轴之上的MACD双线上行，是MACD指标表现为明显强势的一种特征，属于技术指标的运行方向向上时的表现。因此，一旦MACD表现为多头趋势状态的双线上行时，是一种坚定持股的征兆。

具体要求：

MACD双线上行的多头趋势期间，双线必须确保在0轴以上持续或震荡向上运行，且股价的走势与MACD双线的走势必须为同向向上，即不发生背离。

如图6-8所示的元隆雅图（002878），若是在A区域空中加油形态期间买入股票，其后在B区域的持股中，发现MACD双线一直保持在0轴以上，持续向上震荡发散运行，为健康的MACD多头上涨趋势，应始终坚定持股。

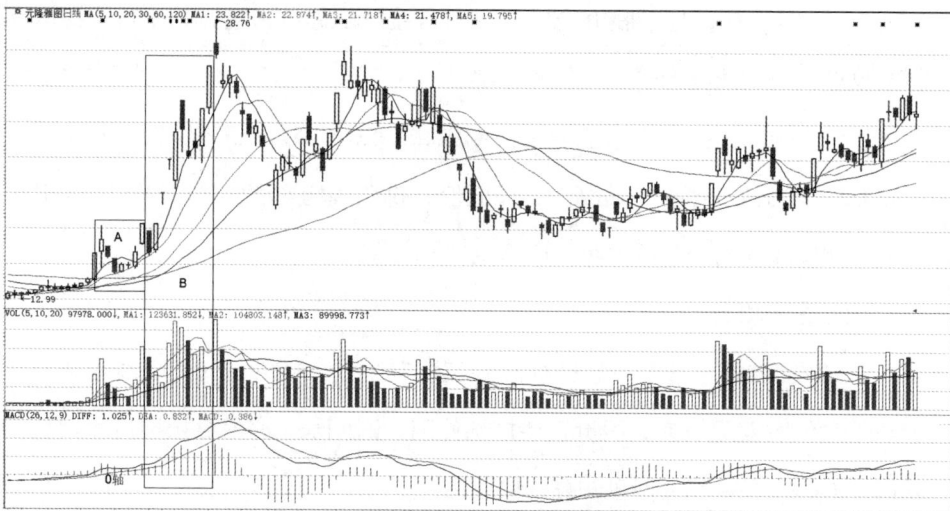

图6-8　元隆雅图-日线图

实战注意事项：

（1）在0轴之上的MACD双线上行中，必须确保未发生MACD顶背离，因为在顶背离期间，MACD双线持续或震荡向下运行。

（2）当0轴之上的MACD双线上行出现时，标准的上涨趋势是MACD双线持续向上运行，如果是震荡上行时，则DIFF线不会跌破下方的DEA线，因为空中加油形态后的股价属于加速上涨阶段，而强势上涨是不允许出现短时大幅回落的。

（3）在0轴之上的MACD双线上行中，必须确保MACD双线在0轴以上运行，否则这种股价的持续上涨就属于弱势反弹，难以持续上涨。

6.2.4　突破天线的CCI持续上行

突破天线的CCI持续上行，是CCI在强势上涨阶段所表现出的一种超强特征，因为股价在强势上涨阶段，除非发生CCI顶背离，必须都是CCI向上突破天线+100后，保持在天线之上的超买区持续上行，同样是一种坚定持股的特征。

具体要求：

突破天线的CCI持续上行出现时，必须确保CCI向上突破天线+100，由常态的震荡区进入超买区，且CCI保持持续向上运行。如图6-9所示的同兴达（002845），若是在A区域空中加油形态期间买入股票，其后的B区域，CCI始终保持在突破天线后的持续上行状态，所以其间应安心持股。

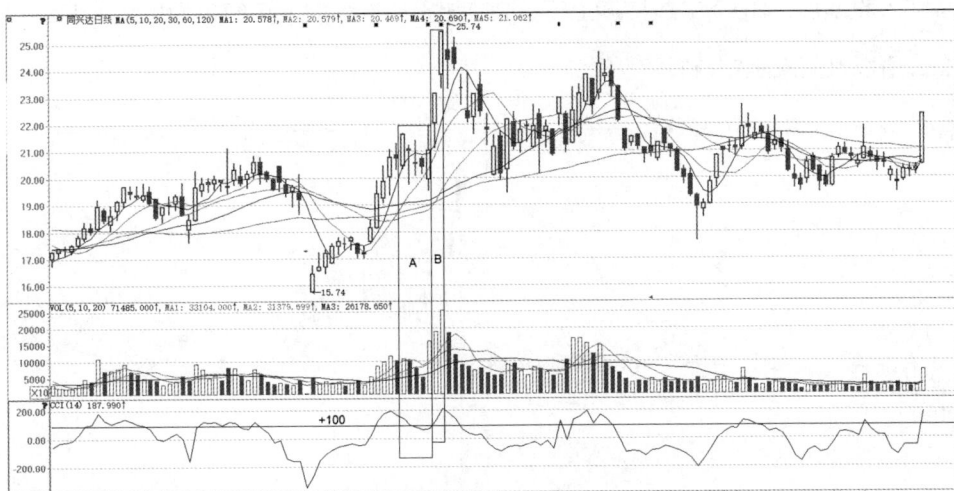

图6-9　同兴达−日线图

实战注意事项：

（1）当突破天线的CCI持续上行出现时，必须确保CCI向上有效突破天线+100，也就是CCI进入强势的超买区，必须确保CCI突破天线后持续向上运行。

（2）在判断CCI突破天线后的持续上行期间，可通过观察其他辅助指标，如MA5是否保持持续上行，或是量价是否保持健康的上涨状态或是整理状态，方可继续持股。CCI突破天线后若是保持震荡上行时，量价必须为健康的上涨或整理状态时，方能确保股价的强势。

6.2.5　持续顶背离

持续顶背离，是指在空中加油形态结束后，股价表现为持续向上运行，但技术指标却表现为持续向下运行的顶背离状态。这种情况一经出现，说明股价开启了一段背离式上涨的持续强势上涨行情，所以必须坚定持股。

具体要求：

持续顶背离出现时，判断顶背离的指标通常为CCI或MACD，必须是K线在持续向上运行时，CCI或MACD双线保持持续向下运行的状态。

图6-10新天药业（002873）中显示的是CCI指标，当A区域根据空中加油形态买入股票后，B区域K线持续上行，CCI却出现持续向下运行，为持续顶背离状态，所以其间应坚定持股。

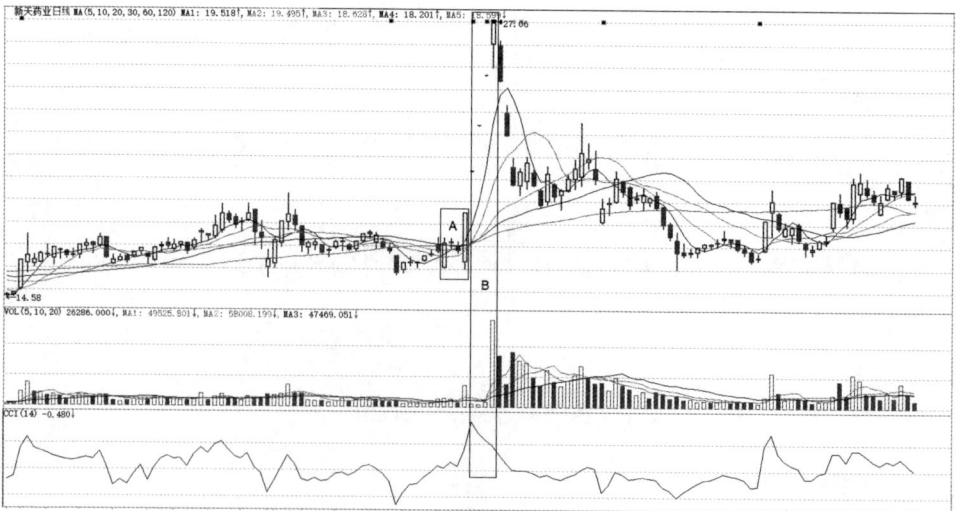

图6-10　新天药业-日线图

实战注意事项：

（1）根据持续顶背离确定持股时，需要注意的是，应尽量选择技术指标在顶背离状态下，持续下行时为最佳，在此间尽量不要出现指标的震荡下行，越是这种技术指标持续下行、K线持续上行的顶背离，越能说明股价的短期强势。

（2）如果在持续顶背离中，技术指标表现为震荡向下运行时，必须确保这种震荡幅度较小，尤其是MACD指标，主要表现为DIFF震荡向上的高点，必须后一个低于前一个时，方可确认。但如果是双线这种震荡下行的幅度略大时，往往说明盘中股价震荡上行的幅度也会略大，这时很难通过指标趋势来判断是否顶背离结束，操盘时最容易引发失误。

（3）在技术指标持续顶背离出现后，一旦盘中震荡状态加剧时，即使结合量价卖点来判断是否持股，也很容易出现判断失误，但失误了不要懊悔，因为已经实现获利，所以卖出后千万不可再买回来。

6.3　量价整理的四种形态

6.3.1　日线图强势整理：股价在MA5上方的缩量震荡

股价在MA5上方的缩量震荡是日线图上的一种强势整理状态，属于健康的量价整理形态，是指反映股价波动的K线，无论如何上下波动，均保持在MA5上方，形成缩量整理状态，这也就意味着股价上涨过程中的短时间歇，或充分化解压力。因为即使是股价强势上涨，也难以时时刻刻都处于持续向上运行的状态，所以这种K线在MA5上方缩量震荡的强势整理通常整理的时间较短，属于强势的量价形态，应坚定持股。

具体要求：

股价在MA5上方缩量震荡的强势整理期间，K线必须保持在MA5上方，允许其间出现短时的跌破MA5，但必须很快又回升到MA5上方，且始终保持明显的缩量状态。

如图6-11所示，视源股份（002841）在A区域空中加油形态期间买入股票，在其后的1、2、3、4、5区域内，K线虽为小阴线，但始终保持在MA5上方小幅震荡，且成交量均表现为明显缩量状态的小阴量，为上涨期间日线图上正常的短线波动，股价始终在MA5上方呈缩量震荡，为坚定持股的日线图强势量价整理状态。

图6-11　视源股份-日线图

实战注意事项：

（1）股价在MA5上方的缩量震荡的强势整理出现时，往往股价的波动不会太大，但由于K线始终位于MA5上方，所以属于一种强势整理，但必须形成缩量状态，方可安心持股。否则一旦形成大阴量，往往意味着短期趋势突然变弱。

（2）股价在MA5上方的缩量震荡的强势整理期间，大多数时候K线会表现为十字星或实体较短的类十字星，即使是阴线，实体也不会过长。越是强势的短时整理，K线越是会表现为开始的阴量缩量，一旦结束整理，即会转为阳量持续放大的股价上涨。

（3）股价在MA5上方的缩量震荡的强势整理时间越短，说明主力筹码越集中，所以必须安心持股。如果股价恢复强势时，达到加仓条件时，可进行强势整理结束时的加仓操作，但必须遵守加减法仓位管理的原则。

6.3.2 日线图弱势整理：股价围绕MA5的缩量震荡

股价围绕MA5缩量震荡属于日线图上健康的弱势整理，是指股价在持续上涨的过程中，如果股价在MA5附近出现缩量的震荡整理时，说明这种状态看似是股价处于偏弱的整理，但由于明显的缩量出现，所以，并不会对股价的短期强势造成影响，是一种安心持股的量价健康整理状态。

具体要求：

股价围绕MA5缩量震荡的弱势整理出现在日线图上，K线无论如何上下波动，都会保持在MA5附近，不会向下远离，一旦远离过大即会止跌回升，又回到MA较近的位置，成交量可阴可阳，必须呈明显的缩量状态。

如图6-12所示，裕同科技（002831）在A区域空中加油形态时买入股票，其后的1、2、3、4区域内，K线或阴或阳，始终保持在MA5周围，且成交量始终表现为小阴量呈缩量状态，为健康的股价围绕MA5缩量震荡的弱势整理，虽然表现弱势，但属于健康的整理状态，应坚定持股。

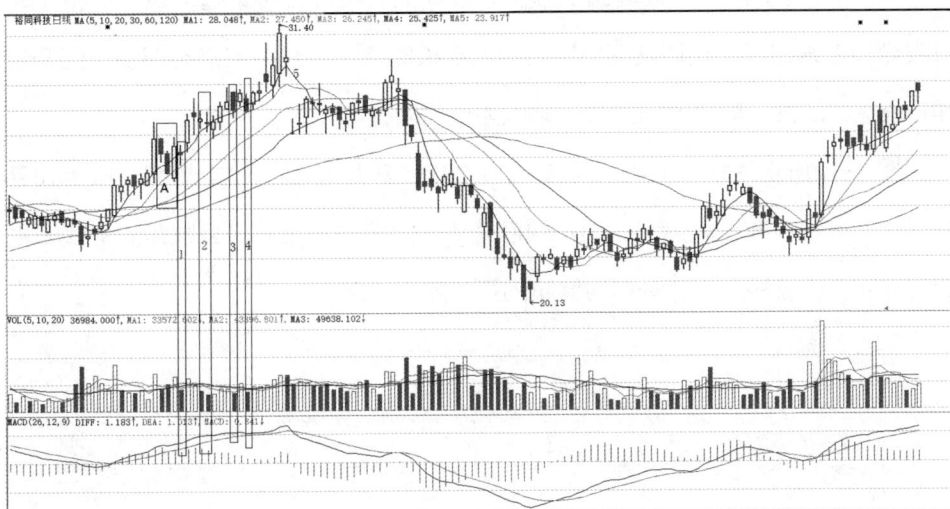

图6-12 裕同科技-日线图

实战注意事项：

（1）股价围绕MA5缩量震荡的弱势整理属于日线图上一种健康的量价整理

状态，所以，主要观察缩量震荡中MA5对股价的支撑作用，尤其是K线在MA5下方附近时，必须确保未出现大幅向下远离MA5，或一旦远离过远即会快速止跌回升到MA5附近时，方可继续持股。

（2）股价围绕MA5缩量震荡的弱势整理期间，通常K线保持在MA附近偏下方的位置，或是在MA5附近忽上忽下的震荡期间，形成明显的缩量，但在观察时，最好能结合分时图上的量价形态观察，只要分时图为健康的量价形态时方可安心持股。

6.3.3　分时图强势整理：昨日收盘线上方的缩量震荡

当分时图上股价处于强势整理状态时，通常表现为股价线位于昨日收盘线上方的横盘震荡或小幅震荡，只要整体上保持缩量状态，即可确认为健康的分时图强势整理，就应安心持股。

具体要求：

（1）当分时图上出现健康的强势整理期间，股价线必须是多数时间位于昨日收盘线上方即可，允许其间出现短时的跌破昨日收盘线，但必须很快又回升到昨日收盘线上方，如果时间过长，则强势整理极有可能演变为弱势。

图6-13所示为华孚时尚（002042）2020年6月19日分时走势图，股价在平开后，一度跌破昨日收盘线，但很快回升到昨日收盘线上方，且收盘股价线一直保持在昨日收盘线上方，基本为健康的强势整理状态。

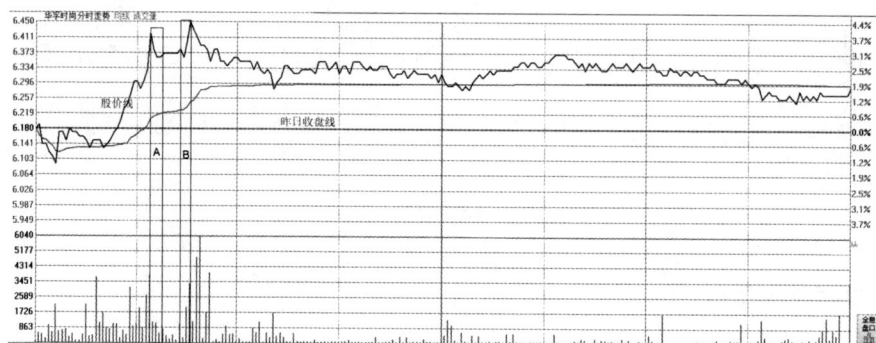

图6-13　华孚时尚-2020年6月19日分时走势图

（2）股价线在昨日收盘线上方缩量震荡期间，可以表现为横盘缩量状态，也可以表现为水平小幅震荡，这时一下跌就缩量，一上涨即放量，只要整体为缩量状态即可。

如图6-13中A区域股价线一下跌即明显缩量，B区域一上涨即放量，A～B区域为水平小幅震荡的整理，其后至收盘，股价线一直保持缩量横盘震荡的状态。

综合以上两点内容，可确认在整个交易日内，华孚时尚一直保持分时图健康的强势整理状态，若买入这只股票，日线图上也保持健康的量能，就应安心持股。

实战注意事项：

（1）股价线在昨日收盘线上方的缩量震荡出现在分时图上时，如果确认为缩量震荡，不能只观察分时量处于均衡的小量状态即确认，应同时观察，日线图上的量柱较短时，方可确认，因为分时量柱长期较短只是量能均衡的表现，难以确保日线图上为缩量。

（2）股价线在昨日收盘线上方的缩量震荡出现时，如果同时又保持在开盘价之上时，则更能证明这种强势整理，因为即时股价保持强于昨日与当日开盘，所以强势整理的时间更短，如达到加减法仓位管理要求时，可在盘中做T+0交易。

（3）当股价线在昨日收盘线上方的缩量震荡出现时，允许其间出现股价线短时跌破昨日收盘线的行为，这种情况通常出现在水平震荡状态下，是主力向下试探昨日收盘线的支撑，所以必须瞬间跌破后又快速回升到昨日收盘线上方震荡，方能确认为强势整理。

6.3.4　分时图弱势整理：围绕昨日收盘线的缩量震荡

股价线围绕昨日收盘线的缩量震荡，是分时图上一种健康的弱势整理状态，因为股价线处于昨日收盘线附近，或略下方的位置，所以是弱于昨日收盘价的，但缩量震荡又意味着盘整，因此是安心持股的一种健康的分时图弱势整理状态。

具体要求：

分时图上出现围绕昨日收盘线的缩量震荡期间，若为健康的弱势整理时，则股价线保持在昨日收盘线附近，或是处于昨日收盘线下方不远的位置，表现为横盘震荡，或水平小幅震荡，只要整体处于缩量震荡状态即可，但必须确保日线图的量能同时处于缩量状态，方可确认为健康的分时图弱势整理，应坚定持股。

图6-14所示为世联行（002285）2020年6月19日分时走势图，在整个交易日内，股价在小幅高开后即回落到昨日收盘线附近，并围绕在昨日收盘线附近，小幅水平震荡，成交量整体保持缩量状态，为健康的分时图弱势整理状态，一旦买入股票后的持股中出现这种形态时，只要在日线图上保持缩量状态，即可安心持股。

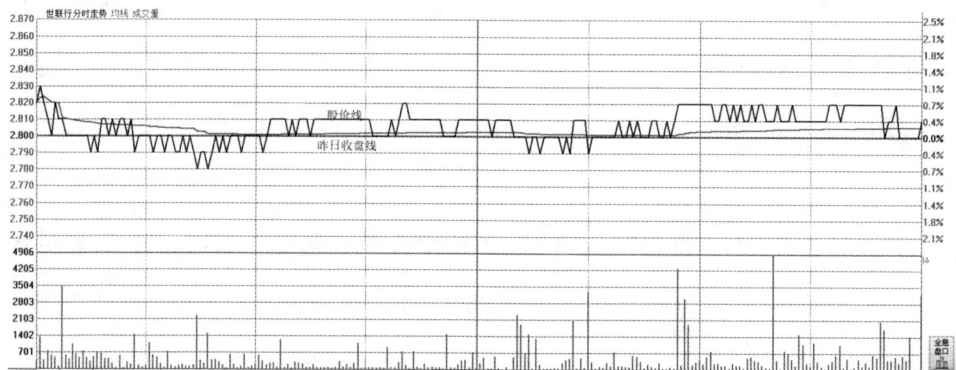

图6-14 世联行-2020年6月19日分时走势图

实战注意事项：

（1）当分时图上的股价线围绕昨日收盘线的缩量震荡出现时，必须确保日线图上也处于缩量状态，方为健康持股的分时图弱势整理状态。

（2）在判断股价线围绕昨日收盘线的缩量震荡是否为健康的弱势整理时，分时量的小量状态的均衡只是一个方面，只要整理的分时量并不大即可，尤其是在股价线小幅水平震荡期间，只要一下跌即缩量，一上涨即放量，即表明这种缩量震荡是健康的量价状态。

（3）股价线围绕昨日收盘线的缩量震荡出现时，允许股价线是位于昨日收盘线下方不远处形成横盘或小幅震荡，但必须确保日线图上为明显缩量状态时方可继续持股。

6.4　实战要点

6.4.1　DIFF线高位钝化：谨慎持股

DIFF线高位钝化要小心，是指在持股过程中，一旦发现股价在持续上涨中，技术指标MACD中的快线DIFF向上运行到显示区域的顶部上沿，出现平行运行状态时，就说明DIFF线出现高位钝化，是一种股价严重的超买现象，因为在此期间DIFF线无法准确反映出运行方向，所以应引起注意，通过观察CCI的运行方向，以及量价表现的情况，及时卖出股票，或实施减仓操作。只有CCI依然持续上行的量价齐升状态，方可继续持股。

DIFF线高位钝化的应对方法：

DIFF线高位钝化是DIFF线上行到显示区间的顶部上沿时平行的状态，这时一定要通过CCI是否大角度下行形成量价齐跌，方可卖出股票；或是CCI依然保持上行，量价表现为量价齐升时，应坚定持股，直到形成卖点时再卖出股票。

如图6-15所示，星网宇达（002829）在A区域股价上涨的高位区，DIFF线在上行到顶部时，表现为持续平行，为DIFF线高位钝化，因为此时量价表现为量价齐升，所以应观察CCI来确定是否继续持股。在图6-16中DIFF线高位钝化后的B区域，CCI形成大角度下行的阴线阴量的量价齐跌，应果断中止继续持股，卖出股票。

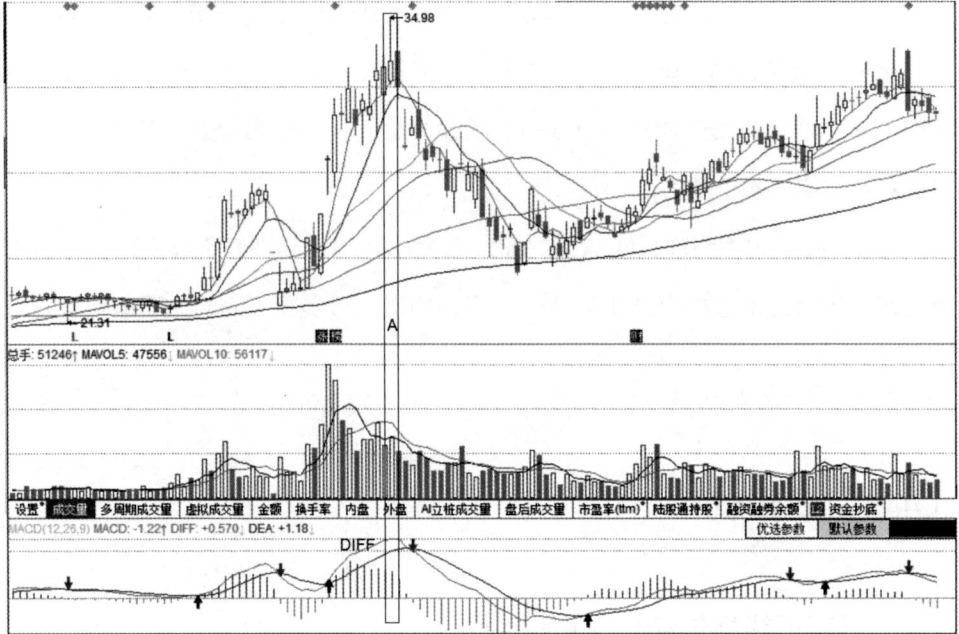

图6-15　星网宇达-日线图-MACD显示（同花顺）

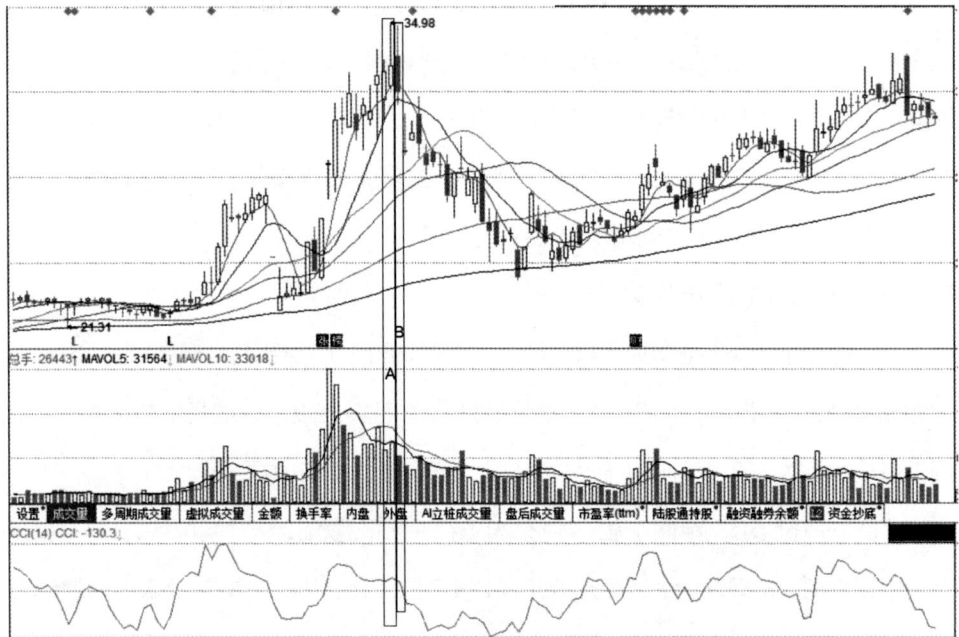

图6-16　星网宇达-日线图-CCI显示（同花顺）

实战注意事项：

（1）DIFF线高位钝化出现时，主要是在以同花顺为代表的炒股软件中显示得更为明显，因为在以大智慧为代表的炒股软件上，指标显示区域相对大一些，所以在判断时，只要发现DIFF线在顶部高位区出现水平运行时，即可确认为DIFF线高位钝化。

（2）当DIFF线高位钝化出现时，通过指标判断股价方向时，优选CCI，因为CCI数值可无穷大或无穷小，不受区间限制，只要CCI不在背离状态下与股价反向运行时，即可根据运行方向及量价状态来确定是否要继续持股。

（3）在DIFF线高位钝化期间，卖出股票时的终极标准只有量价卖点，所有符合量价卖点要求时，都应结束持股，卖出股票。但要注意顶背离时的技术指标状态与量价卖点的具体要求。

6.4.2　CCI顶背离：变弱要卖出

CCI顶背离，主要是在持股过程中，当股价经过持续上涨后，CCI指标在进入超买区的高位后，出现CCI向下、股价向上的顶背离时，就一定要小心持股，因为股价在高位区的顶背离，虽然意味着涨势并未结束，但通常这种顶背离持续的时间短，所以必须引起注意，一旦形成明显的量价卖点时，即应果断离场。

CCI高位区顶背离的应对方法：

CCI顶背离出现时，如果顶背离表现为CCI持续下行、K线持续上行的背离式上涨，应坚定持股；如果CCI背离表现为K线震荡上行、CCI高点震荡走低时，一定要在符合量价齐跌卖点要求或CCI顶背离卖点时清仓出局，若只是表现为较大阴量阴线下跌，也应卖出大部分股票，待其后形成明显卖点时再卖出股票。

如图6-17所示的纳尔股份（002825），若在前期买入这只股票，在A区域，CCI表现为震荡高点在不断降低，K线却在持续震荡走高，形成CCI顶背离，这时就要引起注意，一旦在其后的B区域，发现CCI大角度跌破天线+100时，量价明显表现为阴量阴线的量价齐跌，说明股价已经快速变弱，应中止持股，果断卖出。

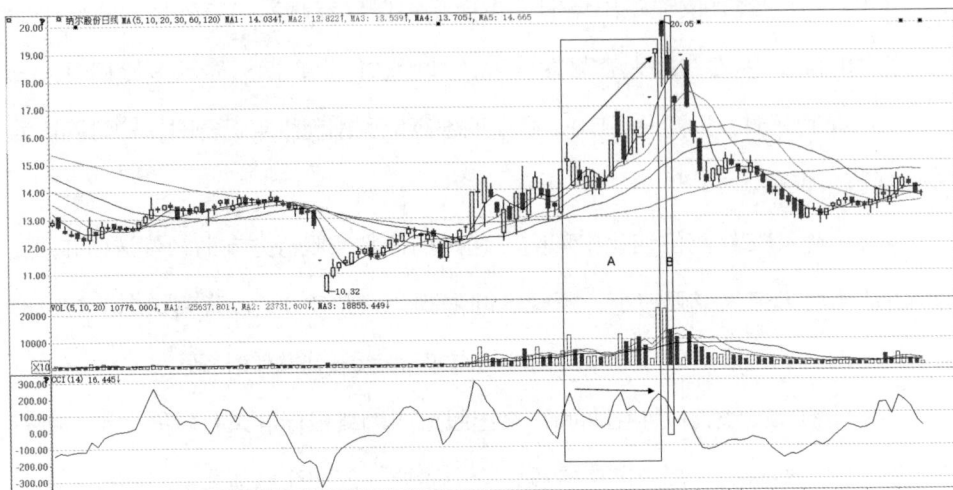

图6-17 纳尔股份-日线图

实战注意事项：

（1）CCI顶背离出现时，只要这种CCI顶背离不是发生在股价加速上涨初期，就要引起注意，因为这种情况表明股价在高位区震荡上行中筑顶，代表股价上涨分歧加大，所以应以卖出为主来进行操作。

（2）当CCI顶背离出现后，一旦CCI跌破天线后依然保持下行时，或是CCI在背离状态下形成K线与CCI同步大角度下行时，也应以卖出股票为主。

（3）只有CCI在顶背离状态下，一直保持在天线以上时，在背离状态下又恢复CCI与K线同步向上时，方可继续持股。

6.4.3 缩量跌停：提前卖出

在根据空中加油战法实战时，在持股的过程中，一定要时刻提防缩量跌停的出现，因为在涨跌停板制度下，一旦跌停，就意味着股价的短期趋势出现快速的变弱，虽然缩量跌停并未形成量能的大量释放，却是因为股价的快速跌停所导致的卖出者无人接盘造成的，一旦其后开板，必然会引发大量的卖出筹码，所以一定要在股票跌停前果断卖出。

缩量跌停的应对方法：

缩量跌停出现时，一定要在日线图形成量价齐跌初期，根据分时图的区间放量下跌形态出现时，果断卖出股票，即使即将跌停也应及时挂单卖出。

如图6-18所示，天津普林（002134）在日线图的A区域，表现为一根阴线，成交量虽然表现为阴量缩量状态，但一定要引起注意，因为此时日线图虽未跌停，但明显为量价齐跌状态，这时一定要观察当日的分时图。即图6-19中A区域表现为大幅低开后股价线横盘期间的放量状态，这种情况虽然不如股价线大角度下行的区间放量，表现得快速弱势，但同样是弱势即将向下变盘的征兆，所以一经形成，即应果断卖出。

图6-18　天津普林-日线图

到了B区域，股价线震荡缓慢下跌中，再次明显放量，为弱势的征兆，所以B区域同样为卖出时机。如果到了其后股价进一步走弱时，即使再看好这只股，也应短线在C区域或D区域，即股价在跌停前或是跌停后打开跌停板时，果断清仓出局。

因为此时图6-19的日线图上，已经形成缩量跌停，所以，必须根据分时图的情况提前卖出。

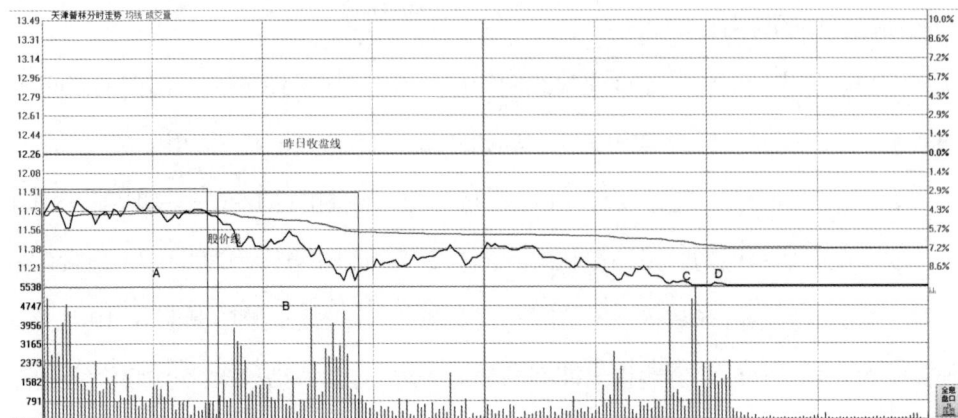

图6-19　天津普林-2020年2月26日分时走势图

实战注意事项：

（1）缩量跌停出现时，往往是股价在大幅低开低走中出现跌停，如果只从日线上观察，阴量不大，但开盘明显是在之前阴线的下方。所以在持股期间，一定要时刻留意分时图上的变化，尤其是开盘即变弱的情况。

（2）缩量跌停大多数会出现在早盘30分钟内，是大幅低开后以跌停收盘，极少上演由跌停板快速拉至涨停板的天地板情况发生，所以即使偶尔打开跌停板，持股者也应果断卖出，而不要抱有任何希望。这种情况，往往会短时爆出巨量下跌。

（3）如果持股出现持续缩量跌停的一字跌停时，一旦打开跌停时，也应果断离场，因为长时间未打开跌停，盘中已积累了大量恐慌卖盘，所以打开跌停的当日，股价依然表现为明显放量下跌，甚至继续跌停。

6.4.4　巨量上涨：涨停也要卖

在持股看盘过程中，一定要在股价保持持续上行时，留意巨量上涨的出现，因为巨量上涨属于一种量能过大的上涨，由于股价在高位区时，主力控盘能力极强，此时无须大量推动股价上涨，巨量上涨的出现，只能说明主力是在大量吸引市场跟风资金买入的同时，在暗中大举卖出股票，所以才导致量能过大，因此必须引起注意。

巨量上涨的表现及应对方法：

巨量上涨表现为一根较长阳线的同时，成交量呈明显极长的阳量柱。一旦巨量上涨出现，原则上只要出现，就要先期在涨停板上果断卖出股票，因为其后一旦转跌，往往是极为迅速的，即使主力在洗盘，也会以十分凶悍的方式出现，所以短期获利出局是最好的操作方法。若是此时涨幅不大，其后一旦上攻时可再买回来，或是直接重新选股操作。

因为短线操盘的关键，不在于获利幅度的大小，关键在于资金如何在更安全的前提下实现短期获利。

如图6-20所示的久其软件（002279），若是在B区域空中加油形态中买入股票，到A区域时，虽然当日出现T字涨停板，但全天却明显爆出了巨量，量柱远高于之前所有的量柱，为巨量上涨，这时可以根据当日分时图的情况来操作，即图6-20中A区域2020年6月18日分时图，就是图6-21中的情况，发现当日股价是直接以涨停价开盘，A区域内快速打开后又快速封板，且其间的量能很大，所以当其后再开板到B区域又封板时，应果断在涨停价上卖出股票。若是未在早盘卖出，则应在经过其后的回调后，于上午收盘再次封板时，看到图6-20中已经形成巨量上涨，那么也应在午后开盘后，直接在涨停价上卖出股票。这样就避免其后主力凶悍洗盘所带来的短线亏损。由于当前涨幅不大，所以若是其后出现止跌回升时，可再买回来，但期待一定不能过高，因为当前股价已接近前期8.75元高点时的压力。

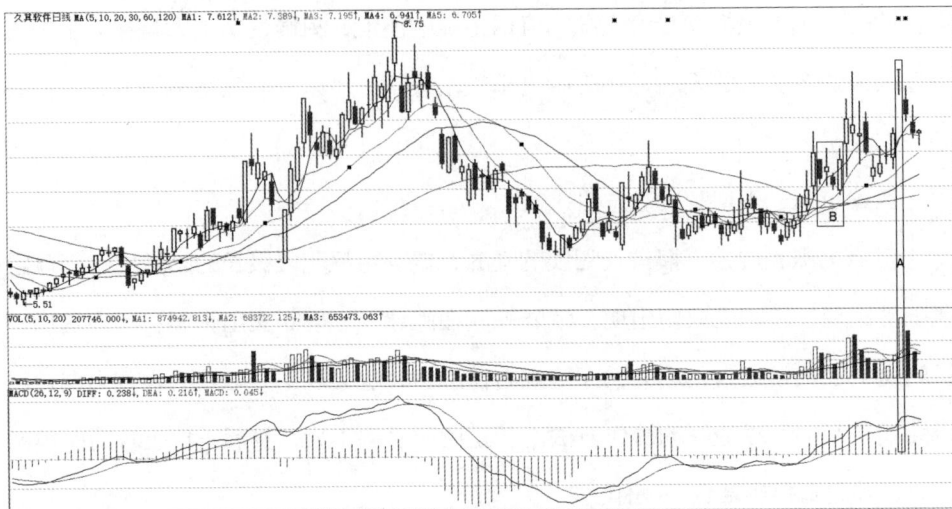

图6-20 久其软件-日线图

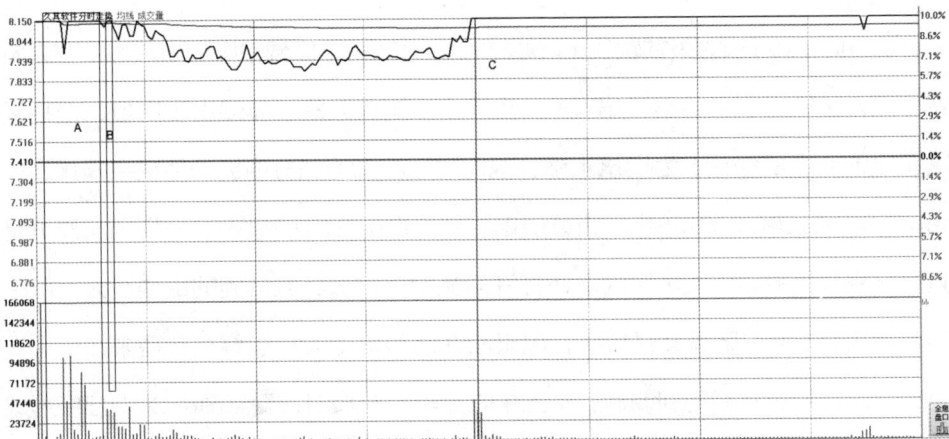

图6-21 久其软件-2020年6月18日分时走势图

实战注意事项：

（1）在持股过程中，巨量上涨只是股价即将转跌前的征兆，并不意味着股价会即刻转跌，但起码代表盘中筹码出现较大分歧，所以其后短期内必然出现快速下跌，因此一定要留意其后的量价变化，以便及时做出反应。

（2）巨量上涨出现后，形成明显的量价卖点时，应坚决卖出股票。但若是卖点不明显时，起码也应卖出大部分仓位的股票，以锁住利润，待其后确认转跌时再清仓出局。

（3）巨量上涨是上涨末端经常出现的一种量价异常表现，其后表现为股价震荡加大，量能也会保持大量，所以高位放量滞涨属于顶部量价卖点形态。

6.4.5　大幅缩量上涨：转弱即卖出

大幅缩量上涨，是指在持股的过程中，成交量明显缩减，股价上涨，表明为主力筹码集中，但同时也说明盘中散户参与度不高，均看空这只股票，导致成交量未能有效放大，其后主力会继续快速拉升股价，以吸引市场资金的参与，实现高位出货。所以，在大幅缩量上涨出现后，一旦形成量价齐跌的短期趋势变弱时，应即刻卖出股票。

大幅缩量上涨的形态要求及应对方法：

大幅缩量上涨出现时，必须在股价阳线上涨的同时，成交量为一根明显大幅缩减的阳量柱。其后，只有股价在上涨中形成明显的量价卖点或不明显的卖点时，方可全仓卖出股票。

如图6-22所示的宜昌交运（002627），若是前期买入这只股票，在A区域股价持续上涨中，成交量却出现明显的持续大幅缩量，且其间股价未涨停，这时就一定要引起注意，因为大幅缩量上涨意味着市场资金买入不足，其后B区域一旦形成大量状态的高位震荡滞涨，并在B区域尾声形成明显放量下跌时，说明股价已经快速转弱，应果断中止持股，卖出股票。

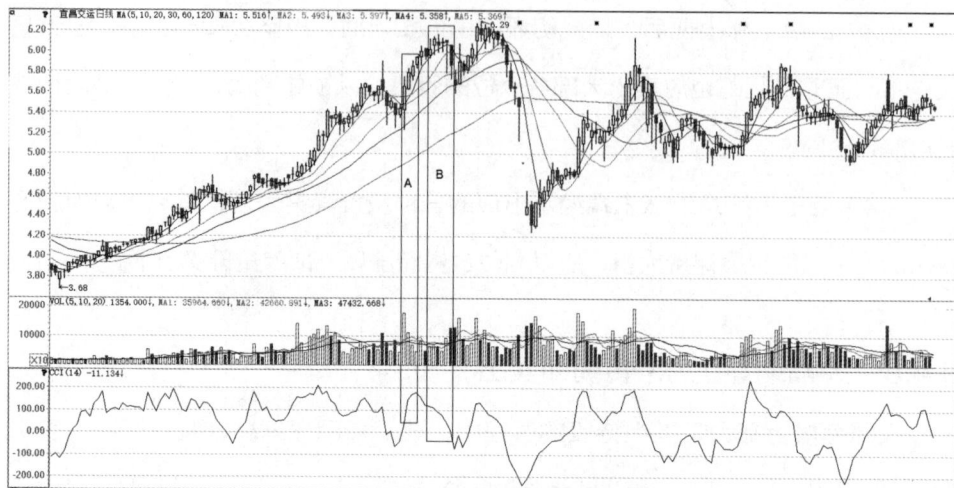

图6-22　宜昌交运-日线图

实战注意事项：

（1）大幅缩量上涨出现时，往往是股价在持续上涨的高位区，呈现明显的股价上涨中的成交量大幅缩减，若只是大量状态的小幅缩量，则不能确认为大幅缩量上涨。

（2）在大幅缩量上涨出现时，若是判定为股价即将结束上涨时，K线不能为一根涨停阳线，因为快速涨停时，成交量也会出现大幅缩减。这种情况属于强势上涨的状态，不能轻易卖出股票。

（3）当大幅缩量上涨出现后，一定要等到股价在继续上涨中形成量价卖点时方可卖出股票，因为量价卖点的出现，意味着短期趋势已经变弱，所以，再持股已经很难实现获利，一定要卖出。

第7章

卖出形态：顶部转弱的卖股征兆

投资者在持股观察中，除了要观察股价是否为健康的上涨或整理，另一个看盘的关键，就是及时发现股价是否出现顶部转弱的迹象。在操盘中，一定要首先学会如何识别一只股票的技术顶，这样才能及时捕捉到股价是否出现上涨乏力的转弱征兆，再通过量价变化寻找卖出时机。

7.1 K线卖出形态

7.1.1 倒V形顶

倒V形顶又称尖顶，由多根K线组成，先是出现阳线的持续上行，然后出现快速的持续下行，K线形态上形成一个倒立的英文字母V的形状，所以叫作倒V形顶。倒V形顶是股价在上涨过程中经常出现的一种顶部快速转弱的K线形态，一经出现，往往意味着一轮快速上涨行情已经结束。

形态要求：

在倒V形顶中，是发生在持续上涨的过程中，先是K线出现阳线的持续上行，然后又遇顶出现快速的阴线下跌，倒V形顶由多根K线组成，最少要有三根K线时，方可成立。但卖出股票时，必须在倒V形顶右侧，为阴线和较大阴量的量价齐跌时，方可卖出。

如图7-1所示的和胜股份（002824），若前期买入股票，发现进入A区域，K线在阳线持续上涨中，突然转为阴线快速下跌，形成了一个倒立的V形顶，在此期间DIFF线已运行到高位区，呈震荡状态，同时表现为大阴量状态的量价齐跌，所以，尽管MA5只出现上行渐缓的迹象，也应当及时卖出股票，因为顶部K线卖出形态符合卖点要求。

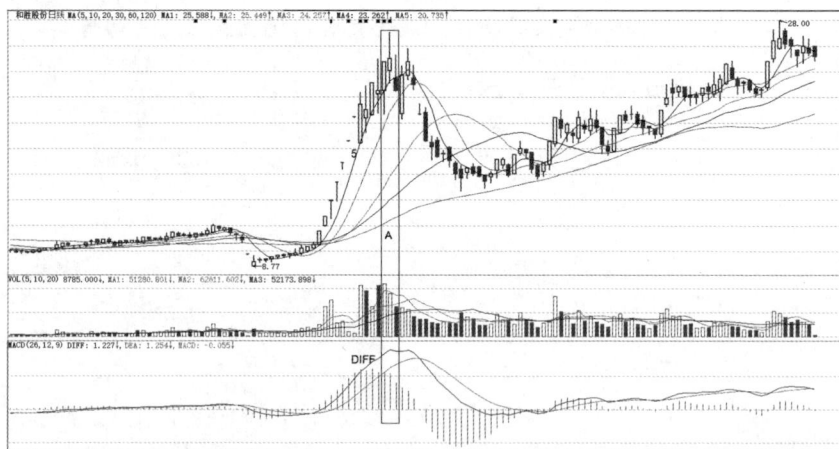

图7-1　和胜股份-日线图

实战注意事项：

（1）倒V形顶如果是由三根K线组成时，若是呈第一根阳线，第二根为顶部的十字星或实体较短、影线较长的K线，第三根为阴线时，则构成黄金之星形态，同样是一种K线顶部形态。

（2）倒V形顶出现时，往往股价短期转弱的杀伤力较大，但卖出股票时，必须结合成交量的情况来判断，因为倒V形顶右侧为下跌阴线，所以，只要右侧的成交量表现为当前较高水平的大阴量柱时，即为卖出时机。

（3）在倒V形顶中，如果右侧为多根下跌阴线，只要构成持续阴量下跌，就应果断卖出股票，而不是非要等到倒V形顶成立后，再判断量价卖点来操作。或是顶部为明显的十字星，成交量为大阴量柱时，也要果断卖出股票。

7.1.2　乌云盖顶

乌云盖顶，是由两根K线组成的一种K线顶部形态组合，前一根为阳线呈上涨趋势，后一根为再创新高的阴线，由于这种形态就像天空突然出现一片乌云，将整个天空给覆盖了，所以叫作乌云盖顶，是股价顶部转跌的征兆，因为大雨将来时，天空都会出现一片乌云。

形态要求：

乌云盖顶期间，前阴后阳两根K线实体必须保持在一个相近的水平，允许两根K线存在一定长度的上影线，但后一根K线实体至少深入前一根阳线实体的一半以上时，方可确认。如果在乌云盖顶形态中，后一根阴线实体长于前一根阳线时，形成明显的放量下跌时，应以类乌云盖顶对待，同样是一种股价快速转跌的征兆。卖出股票时，则应根据阴线当日的量能判断，必须达到大阴量时才是卖点信号。

如图7-2所示，国恩股份（002768）在持续上涨的A区域，先是出现一根长阳线，然后出现一根创新高后大幅低收的阴线，两根K线实体相当，且阴线实体向下深入阳线实体一半以上，形成乌云盖顶卖出形态，并且在阴线当日形成大阴量，所以，持股者应在当日收盘前一定要卖出股票，具体卖出时机，应根据当日分时图上的情况，符合提前卖出要求时，应提前卖出，不要非等到乌云盖顶形成后再来决定操作。

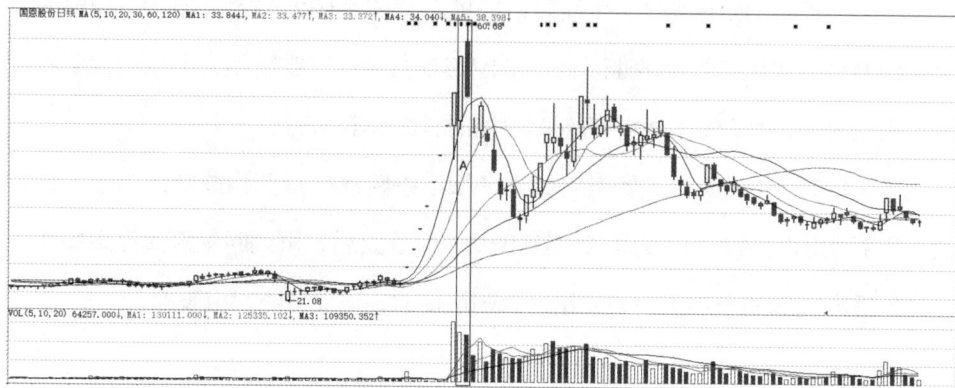

图7-2　国恩股份-日线图

实战注意事项：

（1）乌云盖顶只有出现在持续上涨的高位区时，阴线当日创出起码阶段性新高点时，才是股价见顶回落的信号。

（2）如果在乌云盖顶形态中，前一根为实体较长的阳线，但后一根未形成长短相近的阴线，反而出现一根上影线极长的十字星，或是实体极短、影线极长的K线，无论阴阳均可，而成交量却为明显的大阴量放大状态，甚至是巨量时，虽然不能确认为乌云盖顶，但同样应果断卖出股票。

（3）乌云盖顶出现时，从顶部转弱的强度看，右侧的阴线向下深入阳线实体的比例越大时，即远大于一半时，往往更能说明趋势的快速转弱，但卖出时一定要结合阴线当日的阴量状态来确认，且符合提前卖出要求时，应提前卖出。

7.1.3　倾盆大雨

倾盆大雨，同样是由前阳后阴两根K线组成的一种K线顶部形态，与乌云盖顶不同的是，后一根阴线要低于前一根阳线高点，且阴线低点低于阳线低点，由于这种形态一旦出现在持续上涨的高位区时，就像原本还是晴朗的天空，顷刻之间却由上向下下起了大雨，所以叫作倾盆大雨，是股价顶部转跌的一种K线形态。

形态要求：

倾盆大雨形成期间，为前阳后阴两根K线，实体在相近水平，后一根阴线高点不能超过前一根阳线实体最上方，且阴线实体最下方必须跌破阳线最低点，即后一根阴线呈低开低收向下坠的状态。只要阴线当日为大阴量，即可卖出股票。

如图7-3所示，崇达技术（002815）在持续上涨的A区域，先是出现阳线上涨，但其后却出现一根低开冲高回落低收的阴线，且收盘在阳线实体之下，两根K线实体相当，形成倾盆大雨卖出形态。且阴线当日的成交量为一根略缩量但保持在大量水平的大阴量，持股者应终止持股，及时卖出股票。若当日分时图符合提前卖出要求时，应果断提前卖出，不一定非要等到倾盆大雨形成时再操作。

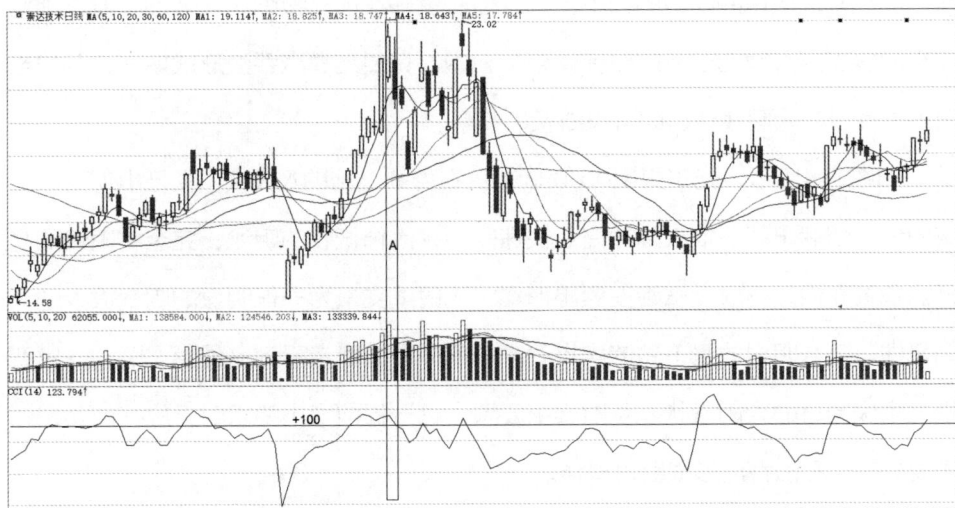

图7-3 崇达技术-日线图

实战注意事项：

（1）在倾盆大雨形态中，两根K线的实体必须保持在长短相近的状态，但允许存在上影线或下影线，但后一根阴线实体必须在前一根阳线实体的下方，且阴线最下方必须吞没阳线实体下方。

（2）从倾盆大雨形态的强弱程度来看，后一根阴线越是向下远离阳线实体时，越是意味着趋势的弱势，但在判断卖点时，必须确保阴线当日起码为大阴量柱，若是放量大阴量或巨量大阴线时，则应果断卖出股票。

7.1.4　看涨吞没

看涨吞没，同样是由两根K线组成的一种K线顶部形态，为前阳后阴两根K线，是指阴线将前一根阳线实体完全吞没的形态，所以，看涨吞没是乌云盖顶形态的加强版，这也就意味着，看涨吞没事实上是乌云盖顶形态中转弱迹象强化和放大的一种形态。

形态要求：

在看涨吞没形态中，为前阳后阴两根K线，前一根阳线保持上涨，后一根阴线出现高开或快速冲高后的创下新高，但收盘却在前一根阳线实体的下方，即第二根阴线高点必须完全将阳线实体包裹在内。只要是看涨吞没形成期间，阴线当日的成交量为大阴量柱，即可果断卖出股票。

如图7-4所示，光正集团（002524）在持续上涨的A区域，先是出现一根上涨阳线，随后出现一根大幅冲高后快速回落并大幅低收的阴线，完全将阳线的高低点包裹在内，形成看涨吞没卖出形态，同时成交量为一根明显的阴量放大的大阴量柱，符合明显放量下跌的卖点要求。所以，持股者看到这种形态时，一定要根据阴线当日的大阴量状态及时卖出股票。符合提前卖出要求时，应提前卖出，不要非等到看涨吞没形成时再操作。

图7-4　光正集团-日线图

实战注意事项：

（1）看涨吞没从整个形态上看，上面与乌云盖顶完全一样，只不过是在看涨吞没中，阴线向上深入阳线实体的幅度极大，大到已经将整个阳线的实体全都包裹住，所以，在看涨吞没中，后一根阴线是要远长于前一根阳线的。

（2）看涨吞没只是一种K线顶部形态，确认卖点时，只要是成交量柱起码表现为大阴量柱，即可卖出股票，如果是为放量大阴量或巨量大阴量时，则更应果断卖出。

（3）在把握看涨吞没的卖出时机时，原则上只要符合提前卖出股票的形态时，即应提前卖出。但也可以根据看涨吞没形态中，一旦阴线跌破阳线实体最下方的当日开盘价，依然保持量价齐跌时，或是当阴线深入阳线一半以上时，即表现出较大阴量时，即应按照乌云盖顶的最佳时机卖出股票。

7.1.5　三只乌鸦

三只乌鸦，是由三根K线组成的一种K线组合形态，三根K线均为阴线，可长可短，但实体保持在一个相近的状态，呈节节向下的状态。由于这三根阴线就像站在枝头的三只乌鸦，而乌鸦又预示着不吉祥，所以，这种形态是一种股价在顶部成立时持续转弱的征兆。

形态要求：

在三只乌鸦形态中，三根K线必须均为实体相近的阴线，允许K线存在一定长度的影线。标准的形态呈后一根实体在前一根实体之下，事实上只要三根K线呈节节向下的状态，即可确认为三只乌鸦，或是持续下行的三根实体相当的阴线。但三只乌鸦形成卖点时必须确保其间为三根较长的阴量柱。

如图7-5所示，帝欧家居（002798）在持续上涨的A区域，股价在创出新高后，在B区域接连出现三根持续下行的实体较短的阴线，形成三只乌鸦卖出形态，同时成交量表现为三根持续大量状态且明显放量的阴量，为持续阴量下跌卖点，持股者应果断终止持股，及时卖出股票。

图7-5 帝欧家居-日线图

实战注意事项：

（1）在空中加油战法实战中，只有出现在快速上涨的高位区形成的三只乌鸦，才是顶部转弱的征兆，且其间三根阴量柱不能大幅缩减，但可以呈现持续小幅缩量的状态。

（2）三只乌鸦出现时，往往之前为阳线上涨，一般会创出阶段性新高，且在根据三只乌鸦判断是否为顶部时，这三根阴线不能形成上下相距极近的震荡状态，否则极有可能只是盘中的小幅震荡整理，尤其是在阴量大幅缩减的情况下出现。

（3）当三只乌鸦形态出现时，如果三根阴线的实体相差较大，如最后一根阴线实体过长，虽然不可以确认为三只乌鸦形态，但属于类三只乌鸦形态，只要量价满足持续放量下跌，即应卖出股票。

7.2　MACD卖出形态信号

7.2.1　MACD高位区大角度死叉

MACD高位区大角度死叉，是指股价在上涨过程中，一旦MACD运行到指标显示区域的顶部高位区，出现MACD死叉时，形成大角度向下的死叉时，就意味着股价趋势形成由上涨快速转下跌的见顶回落，所以是一种MACD见顶回落的卖出形态。

具体要求：

MACD高位区大角度死叉形成期间，是上方DIFF线在向下与DEA线形成死叉的交叉前后，DIFF线向下形成日线图至少在30°以上的角度时。但卖出股票时，必须确保形成量价齐跌卖点。

如图7-6所示，永和智控（002795）在持续上涨的A区域，股价创出新高，呈快速下跌状态，下方MACD运行到高位区，呈MACD高位死叉后，DIFF线向下的角度突然达到接近45°的大角度下行，形成MACD高位区大角度死叉卖出形态，且其间形成阴线下跌中的成交阴量明显放大的量价齐跌卖点，持股者应果断卖出股票。

图7-6　永和智控-日线图

实战注意事项：

（1）MACD高位区大角度死叉出现时，主要有两种表现形态，即DIFF线与DEA交叉前形成大角度下行，或是DIFF线在与DEA交叉后形成大角度下行，两种情况的性质是一样的，均为股价见顶回落时的MACD卖出形态。

（2）MACD高位区大角度死叉只是一种MACD见顶回落的卖出形态，判断卖点时，还必须根据量价卖点的要求确认，卖出股票。

（3）MACD高位区大角度死叉出现时，如果确认为股价见顶回落的卖出形态，必须确保MACD未发生顶背离，否则就难以确保MACD是见顶回落的卖出形态。

7.2.2　DIFF线高位钝化期间的CCI大角度下行

DIFF线高位钝化期间的CCI大角度下行，是指股价在持续上涨的过程中，当MACD运行到指标显示区域的顶部高位区时，DIFF线到达顶部上沿，出现平行状态的高位钝化期间，CCI指标形成大角度下行时，就说明严重超买状态已快速恢复常态，股价上涨的动能出现快速变弱，所以是股价见顶回落时的MACD顶部转跌时借助CCI辅助验证的一种卖出形态。

形态要求：

DIFF线高位钝化期间的CCI大角度下行出现时，首先必须形成DIFF线向上到达显示区间顶部上沿的平行状态，然后CCI出现至少不小于60°水平角度的快速下行。但在卖出股票时，只要符合CCI大角度向下的大阴量下跌卖点要求，即可卖出股票。

如图7-7所示，比亚迪（002594）在持续上涨的A区域，当股价在创出新高后形成震荡略下跌时，DIFF线上行到顶部高位区后，形成沿区间上沿平行的高位钝化，这时应及时观察图7-8中CCI的显示情况。

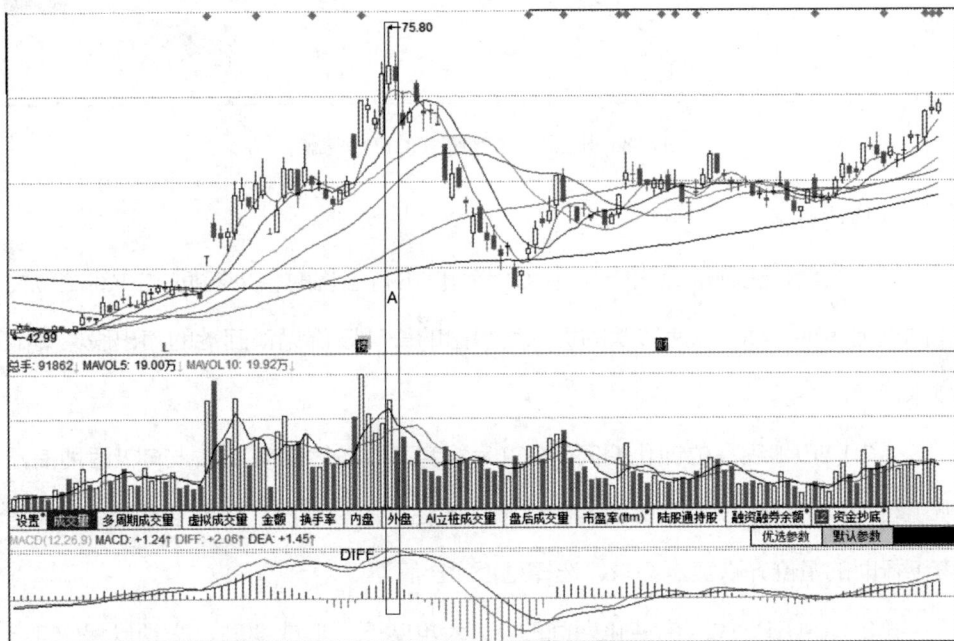

图7-7　比亚迪-日线图-MACD（同花顺）

如图7-8所示，在A区域DIFF线高位钝化期间，CCI明显形成大于60°角度的向下运行，为CCI大角度下行。因此，可确认A区域形成DIFF线高位钝化期间的CCI大角度下行的卖出形态，同时成交量表现为大阴量，所以，符合CCI大角度下行的卖点要求，持股者应果断终止持股，及时卖出股票。

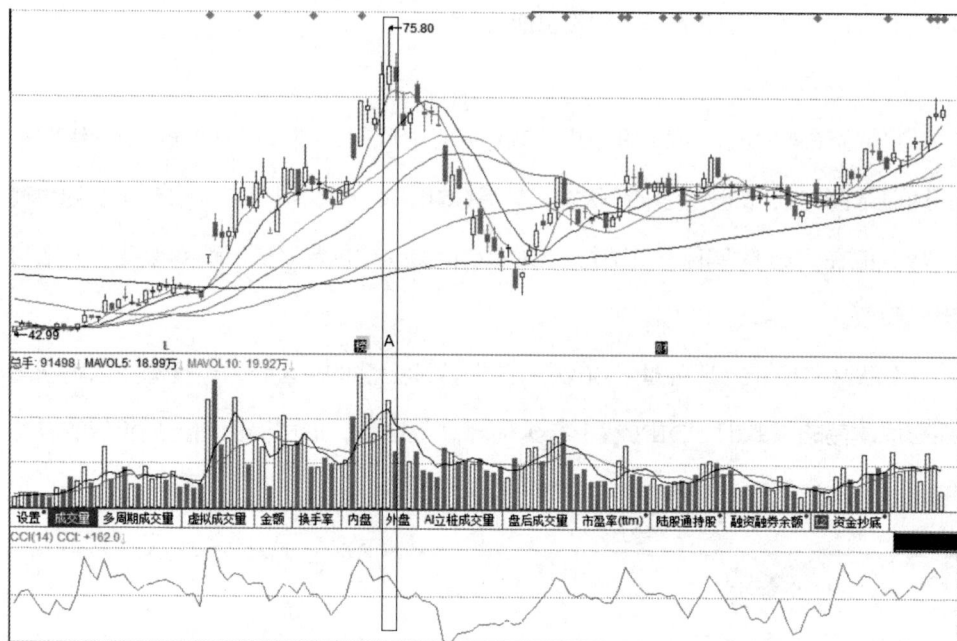

图7-8　比亚迪-日线图-CCI（同花顺）

实战注意事项：

（1）DIFF线高位钝化期间的CCI大角度下行出现时，是根据DIFF线高位钝化的迟钝表现，CCI快速转跌的提示所得出的一种股价见顶回落的卖出股票时的技术顶部形态。

（2）DIFF线高位钝化期间的CCI大角度下行虽然是MACD与CCI两种指标所组合形成的技术顶部回落的卖出形态，但在卖出股票时，依然要按照CCI大角度下行时的量价齐跌卖点要求，选择是否卖出股票。

（3）在DIFF线高位钝化期间的CCI大角度下行形成期间，必须确保CCI与K线走势未形成顶背离，否则就不能以CCI指标的大角度下行来判断股价的顶部转弱形态。

7.2.3　高位区MACD双线向下发散

高位区MACD双线向下发散，是指当股价在持续上涨的过程中，MACD指标也运行到显示区域的顶部高位区，出现MACD双线向下发散运行的状态时，就意味着股价已经结束上涨走势，转为快速向下运行，所以是股价见顶回落的MACD顶部转弱形态。

形态要求：

高位区MACD双线向下发散包括两种形态：一是DIFF线由上向下与DEA线交叉的高位死叉；二是双线在死叉后呈向下快速分散和远离的发散状态。但卖出股票时，必须符合量价齐跌的卖点要求时，方可卖出股票。

如图7-9所示，汇顶科技（603160）在持续上行的高位区，当股价创出新高后出现阴线回落震荡时，MACD在指标顶部高位区先是形成高位死叉，然后双线形成向下快速远离的发散状态，符合高位区MACD双线向下发散的卖出形态要求，同时形成大阴线大阴量的量价齐跌卖点要求，持股者应果断卖出股票。

图7-9 汇顶科技-日线图

实战注意事项：

（1）高位区MACD双线向下发散出现时，如果发生高位死叉，判断很简单，只要MACD双线发生在区间顶部区域的死叉，即可确认为高位死叉，但关键是判断双线向下发散的形态。

（2）当高位区MACD双线向下发散形成期间，判断双线向下发散时，通常这种向下发散呈双线向下的逐渐分散：一种是DEA线在上方平行略向下，DIFF线呈弧形快速向下远离DEA线；另一种是双线均向下，快速分离。

（3）在高位区MACD双线向下发散出现时，往往伴随着MACD绿柱的快速变长，但这只是一种辅助判断，真正形成卖点时，还必须符合量价齐跌的卖点要求，方可卖出股票。

7.3 均线卖出形态

7.3.1 短期均线死叉

短期均线死叉，是指当股价在持续上涨的过程中，一旦日线图上代表短期趋势变化的短期均线之间形成向下交叉的死叉时，往往就意味着股价上涨趋势已经结束，转为短期下跌走势，所以，短期均线死叉是空中加油战法中一种均线形态见顶回落的卖出形态。

形态要求：

短期均线死叉出现时，主要是指日线图上的5日均线由上向下与10日均线形成交叉的死叉。但并不是所有的短期均线死叉都会形成卖点，只有符合量价卖点要求的短期均线死叉，才是卖出股票的时机。

如图7-10所示，南兴股份（002757）在持续上涨的A区域，在股价震荡中，出现MA5向下与MA10形成的交叉，为短期均线死叉，如果只观察量价表现，很难确认为卖点，因为K线与成交量均形成两阴夹一阳的情况，但如果联系之前股价创新高时的走势，就会发现，在此期间，事实上已经形成了高位放量滞涨的卖点，所以持股者应及时卖出股票。

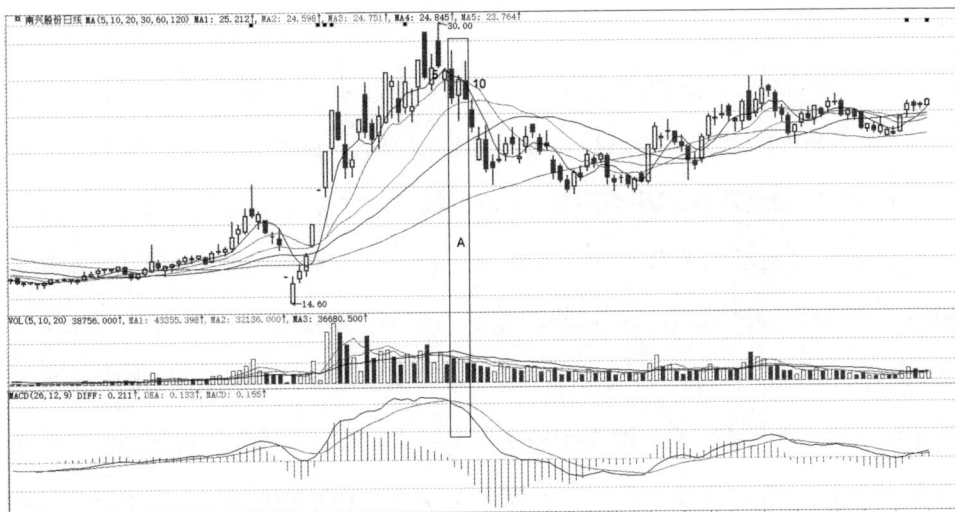

图7-10　南兴股份-日线图

实战注意事项：

（1）在空中加油战法中，短期均线死叉的出现，因为说明短周期内的收盘平均价已经出现由强转弱，所以是一种均线卖出形态，但不可否认的是，因为空中加油战法为短线操盘技术，所以即使股价短线走弱，并不能说明其后依然不会转强，因为短期均线死叉后，股价也可能会步入盘整，但其后的再上涨，则是另一段行情了。

（2）在根据短期均线死叉判断牛股顶部转弱时，应从日线图上着手观察，其他周期图上出现的短期均线死叉，虽然也是股价阶段性见顶回落的形态，但并不符合空中加油战法的卖出形态和卖点要求，所以不应作为判断股价见顶的依据。

（3）短期均线死叉只是当牛股快速上涨后见顶回落的征兆，但要确认卖点时，还必须形成量价齐跌卖点要求时，方可卖出股票。

7.3.2　MA5大角度下行

MA5大角度下行，是指5日均线在上行的过程中，突然转为大角度向下运行，这说明5个交易日的收盘平均线由强势上行转为快速下行，所以是牛股由上涨转为下跌时短线见顶回落的MA征兆，在5日均线战法中，同样属于一种卖出形态。

形态要求：

MA5大角度下行期间，5日均线是由最初的持续上行状态，突然转为以不小于60°水平角度的方式向下运行。但在卖出股票时，必须在MA5大角度下行期间，形成明显的大阴量大阴线下跌的量价齐跌时，方可卖出股票。

如图7-11所示的天汽模（002510），若是在A区域空中加油形态期间买入股票，在持续上涨中，在A区域略调整的回升中，MA5在转下行后变为以大于60°的角度运行，形成MA5大角度下行的均线卖出形态，同时出现大阴线大阴量的明显放量下跌卖点，应果断卖出股票。事实上，对这类股票的最佳卖点，应选择在B区域形成看似巨量上涨中的明显大阴线时，及时卖出股票，而不一定非要等到A区域MA5形成明显的转跌时再卖出。

图7-11　天汽模-日线图

实战注意事项：

（1）MA5大角度下行出现时，是代表最短周期收盘平均价的均线由强势快速转为弱势的MA形态，意味着短期牛股的见顶回落，因为空中加油战法属于短线操盘技术，所以一旦短线转弱时，就应果断获利出局。

（2）MA5大角度下行只是股价短线快速走弱时的MA5具体表现形态，所以在根据这种形态卖出股票时，必须符合量价齐跌的卖点时才是短线卖出股票的最佳时机。

（3）在短线调整行情中，也经常会出现MA5大角度下行后的弱势短线调整，但由于空中加油战法属于一种短线操盘技术，捕捉的只是股价加速上涨的小段落，必须在量价卖出形态符合卖点要求时坚决卖出股票，因为其后即使再上涨，也是另一段行情。

7.4 实战要点

7.4.1 技术顶不明显时，尊重量价判断卖点

在根据空中加油战法实战期间，卖出股票时，技术指标是否形成顶部卖出形态只是一种参考，因为所有的技术指标在极强状态下，都会出现不同程度的钝化表现，所以量价明显变化才是判断卖出股票的关键，只要确保技术指标在不背离的状态下，已经运行到高位区，量价齐跌，就成为判断卖点的重要依据。因此，当技术顶不明显时，一定要根据技术指标在高位区时的量价形态来判断卖点。

具体要求：

当股价在持续上涨中，一旦发现技术指标也随股价向上运行到显示区域的顶部高位区时，这时可以忽略技术指标的具体走向变化，只要发现技术指标已经运行到高位区，直接根据量价齐跌的卖点要求来决定是否卖出股票。

如图7-12所示，姚记科技（002605）在持续上涨中，进入A区域，MACD指标已经运行到顶部高位区，刚刚形成死叉，但双线向下发散尚不明显，且DIFF线向下大角度也未形成，MA也未出现上行渐缓，从均线和MACD观察，均尚未构成卖出形态，但K线却表现为持续下跌，成交量也表现为持续较大阴量，为持续阴量下跌的卖点，所以应尊重量价卖点的信号，及时卖出股票，而不应过于倚重技术指标的卖出形态是否形成明显顶部形态再来进行操作。

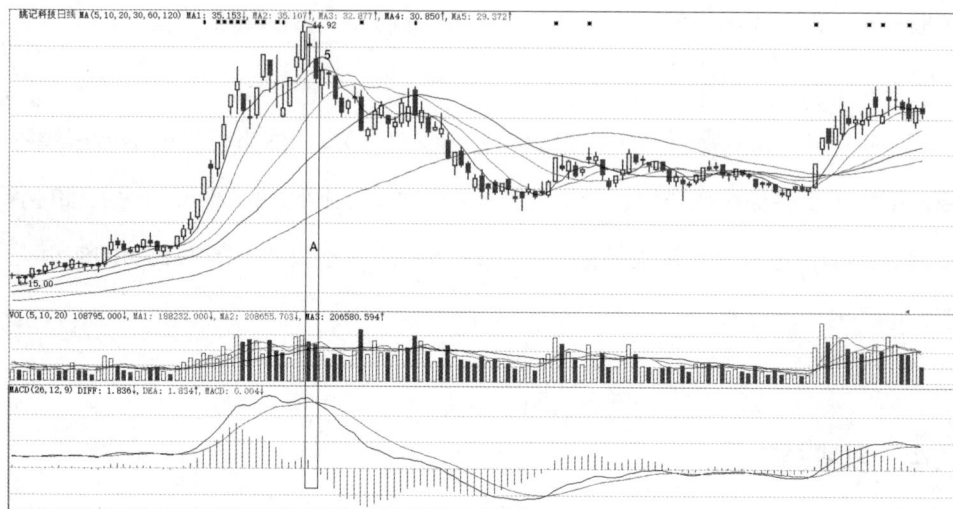

图7-12　姚记科技-日线图

实战注意事项：

（1）在根据技术指标高位运行期间卖出股票时，技术指标的顶部回落形态，固然能够很好地提示出股价见顶回落的趋向，但许多时候，因为技术指标在超买状态下，极易发生钝化，所以，技术指标形成的盘整甚至向下，往往难以准确判断出趋势的短期变化，必须在股价高位区，通过量价变化来判断卖点。

（2）当技术指标高位运行期间，量价的卖点判断，主要表现为量价齐跌，最明显的形态为明显放量下跌、持续阴量下跌、高位放量滞涨，但不能忽视大阴线大阴量式的量价齐跌。

7.4.2　判断卖出形态时，确保未处于顶背离状态

在实战中判断卖出形态时，尤其是利用技术指标判断时，一定要确保这一指标未发生顶背离，也就是与股价的上涨走势呈相反运行的状态。因为股价在顶背离期间，一直保持上涨，在此期间的技术指标走向无法真实反映出股价走向变化。所以，必须确保未形成顶背离时，顶部形态方可成立，否则就应换作其他指标来判断顶部形态。

顶背离状态的应对方法：

顶背离期间，K线表现为持续或震荡向上运行，技术指标呈持续或震荡下行。具体的指标包括MACD和CCI，但在判断是否顶背离时，当技术指标震荡下行时，应观察DIFF线或CCI震荡下行中震荡高点是否在持续走低，一旦出现顶背离，判断顶部形态时应以顶背离结束时，技术指标与K线同步向下时为趋势转跌的顶部成立，或是直接通过其他指标的观察来判断顶部形态。

但在卖出股票时，一定要结合量价卖点进行确认。需要注意的是，顶背离时的量价卖点往往不是十分明显，只要形成较大的阴量下跌即可，但若是在顶背离期间形成明显的量价卖点时，也应果断卖出股票。所以在常态下利用技术顶判断卖出形态是否成立时，应确保所参考的技术指标未发生背离，否则就应根据顶背离结束时技术指标与K线同步向下的量价齐跌，选择卖出股票。

如图7-13所示，埃斯顿（002747）在持续上涨中，B区域出现K线震荡上行、MACD双线震荡下行的顶背离，这时就不应以MACD顶部形态来判断卖出形态，应根据股价在其后的震荡中，当C区域出现明显的K线小幅震荡走高即转为阴线放量下跌时，MACD双线也出现明显向下发散时，果断卖出股票。

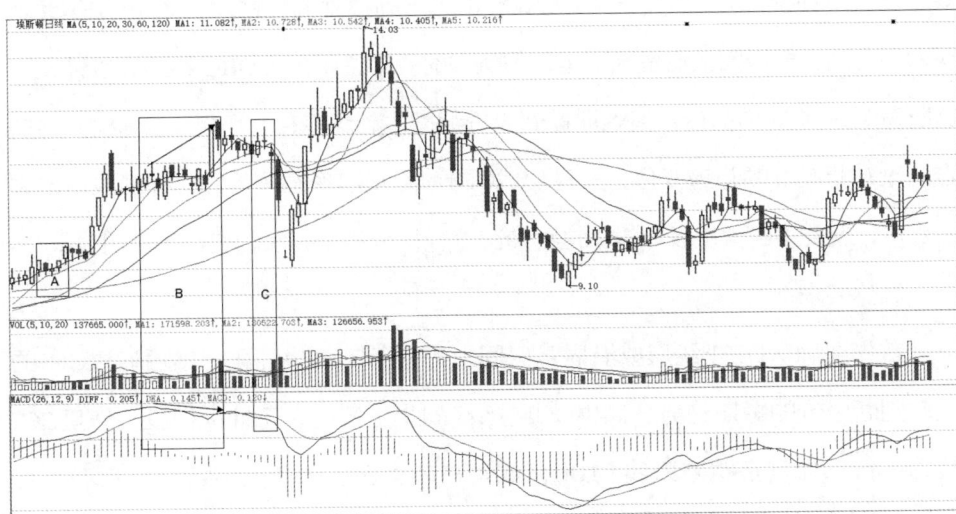

图7-13　埃斯顿-日线图

实战注意事项：

（1）在持续股中通过技术指标判断卖出形态时，一定要时刻留意是否发生技术指标的顶背离形态，如果发生顶背离时，可放弃对这一指标的参考，改用其他指标来判断是否形成顶部形态，如MACD背离时可以改用CCI，或是均线。

（2）在实战中，如果发生技术指标的顶背离，也可以通过顶背离结束来判断卖出形态，但由于空中加油战法属于短线操盘，对于股价震荡上涨、技术指标震荡下行的顶背离状态，在判断是否结束时较为困难，所以，对背离技术掌握不够熟练的投资者，建议尽量不要通过背离来判断顶部形态。

（3）若是在判断顶部形态时，发现出现顶背离，一定要结合背离形态期间的量价卖点形态来综合判断卖出时机。但有一种顶背离，如CCI顶背离跌破天线，或MACD顶背离跌破0轴，属于趋势变弱的征兆，此时原则上是不管阴量下跌中的量大与量小，均应果断卖出。

7.4.3　DIFF线高位钝化，通过CCI走向判断顶部

当股价在上涨过程中，一旦MACD也运行到顶部高位区后，如果DIFF线表现为上行到指标区间上沿呈水平运行的状态时，即说明出现DIFF线的高位钝化，这时再观察MACD指标，很难捕捉到股价细微的趋势变化，所以，应通过CCI的走向来判断股价的趋势变化，一旦形成CCI顶部卖出形态转弱时，并形成量价齐跌卖点，就要果断卖出股票。在这种情况下，往往量价齐跌的卖点也不明显。

具体要求：

首先要确认DIFF线形成沿显示区间上沿平行的高位钝化，然后通过CCI的走向判断股价的短期趋势，如果CCI与K线同步上行时，可继续持股，一旦CCI转为下行，尤其是跌破天线+100，或是在超卖区呈大角度下行时，只要表现为阴量阴线的量价齐跌，不管这种放量下跌是否出现明显放量，均应果断卖出股票。

如图7-14所示，紫光国微（002049）在持续上涨中，进入A区域，DIFF线上行到区间顶部后，出现沿区间上沿平行，形成DIFF线高位钝化，这时观察下方CCI指标的走向发现，CCI已明显跌破天线+100，且依然保持下行状态，说明短期趋势已经变弱，而K线为持续阴线下跌，成交量为持续较大状态的阴量，符合持续阴量下跌的卖点要求，应果断卖出股票。

图7-14　紫光国微—日线图

实战注意事项：

（1）在实战中，虽然MACD对股价中长线趋势变化表现得较为准确，尤其是股价波段高低点的提示更准确，但MACD却经常会出现钝化，尤其是股价在超买或超卖的状态下，这种钝化经常出现，所以在根据MACD判断技术顶时，一定要留意这种DIFF线的高位钝化，只要出现，就应通过CCI的走向来判断短期趋势的细微变化。

（2）当DIFF线高位钝化出现时，如果CCI与K线保持继续向上运行时，可继续持股，这说明超买现象依然让股价保持强势。

（3）当DIFF线出现高位钝化时，即使CCI走向已转为下行，但只要尚未跌破天线，或是向下的角度并不大时，多数只是盘整，应持续观察，只有跌破天线后依然持续下行时，或是CCI形成大角度下行时，只要表现为当前相对较高水平的阴线阴量的量价齐跌，即应果断卖出股票。

第 8 章

卖点信号：量价齐跌是确认牛股转弱的终极标准

　　一只股票的买点与卖点虽然能从量价突变中找到买卖的时机，但卖股时不同于买股，因为股价在持续快速上涨中，技术指标经常出现钝化，甚至是背离的走势。所以，形成技术顶的卖出形态固然重要，但并不是必需的，只要是常态下表现为明显的量价齐跌的突变，也就是出现明显卖点信号时，就应果断卖出股票。

　　但是，在某些特殊情况下，一定要结合不同的技术指标所表现出的弱势状态，再配合量价形态的变化，最终确认卖点，这就是不明显的卖点信号。同时，还要学会如何提前卖出股票。只有学会这些，才能真正做到会卖。

8.1 量价形态与牛股顶部的关系

8.1.1 量价齐跌：牛股顶部转弱的信号

一旦上涨牛股形成顶部转弱时，必然是盘中持有大量筹码者在大举卖出股票，所以在短期大量卖出的情况下，才导致股价的快速转跌。因此，这种卖出的成交阴量在大量状态下的股价持续下跌，即明显的量价齐跌，就是牛股顶部转弱的信号。

具体要求：

量价齐跌构成牛股顶部转弱时，量能必须明显为大量的成交阴量，K线呈快速下跌状态，所以，牛股顶部转弱时的量价齐跌，主要表现为明显的放量下跌、巨量下跌和持续阴量下跌，这样才能形成明显的量价齐跌。

如图8-1所示，金发拉比（002762）在持续上涨的A区域，K线为持续阴线下跌，成交量为阳量状态下突然转为一根明显长于阳量的放大阴量，为明显放量下跌，说明牛股出现顶部快速转弱，所以，MACD虽然只是运行到高位区，未形成明显顶部形态，仍然是股价见顶转弱的卖出信号。

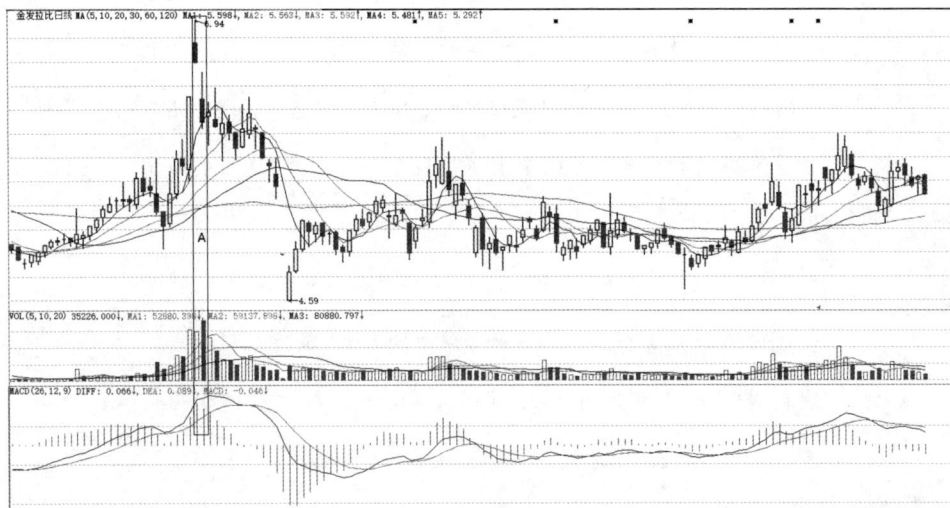

图8-1 金发拉比-日线图

实战注意事项：

（1）牛股顶部转弱时，由于股价的下跌通常极为快速，所以这种量价齐跌必须明显时，方会构成股价走势由上涨快速转为下跌。

（2）大幅上涨后的高位区，大阴量下跌，往往也是一种不明显的牛股顶部转跌的征兆，尤其是大阴量后持续阴量出现时，更能证明趋势的短期转弱。所以，在空中加油战法的具体操作时，大幅上涨后的大阴量下跌起码要卖出大部分仓位的股票。

（3）在实际操作中，多数投资者往往会忽略持续阴量下跌中看似大幅缩量的下跌，事实上只要能够持续这种状态，则阴量和股价下跌幅度累积到一起时，多数并不弱于单根阴线阴量的明显放量下跌，因此也是牛股转弱的明显信号。

8.1.2　放量滞涨：牛股筑顶的信号

当牛股在持续上涨的高位区筑顶时，说明主力维持股价在高位区大举卖出股票，因为要维持股价的高位震荡，甚至是短线快速冲高回落或探底快速回升，这样才能吸引散户高位跟风接盘，而主力此时又是以大量卖出股票为主，所以才会形成股价的高位放量状态。因此，一旦发现股价在高位区出现放量滞涨，即说明这只股票开始筑顶，其后即将转跌，所以是逢高卖出的征兆。

具体要求：

放量滞涨出现时，对于空中加油战法所操作的中小盘股来说，由于盘中量小，所以这种高位震荡的时间往往不会太长，但高位放量滞涨期间，K线实体必须保持在一个相近的位置，允许其间出现短时的冲高回落或探底回升，成交量可阴可阳，保持在当前较高水平或放量状态。

如图8-2所示的弘亚数控（002833），若是在B区域空中加油形态时买入股票，其后的持续上涨中，一旦进入A区域，尽管MACD只是表现为上方的DIFF线高位钝化，未形成明显顶部形态，但量价却表现为持续大量状态下的K线反复震荡滞涨，说明主力维持股价在高位大举出货，其后股价略震荡后转为弱势。因此，高位放量滞涨是牛股筑顶的信号，同样应逢高卖出股票。

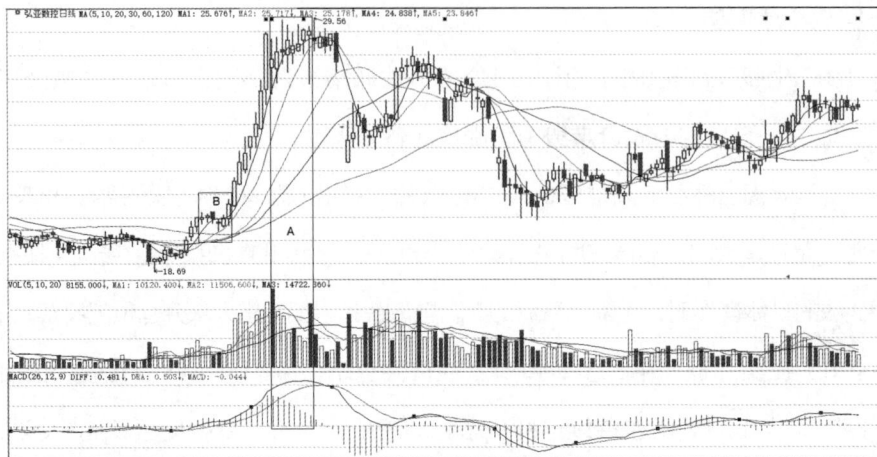

图8-2 弘亚数控-日线图

实战注意事项：

（1）放量滞涨只有出现在股价持续上涨的高位区时，才是股价快速筑顶转跌前的信号，如果是在相对低位区出现时，可能是洗盘的征兆，应等到形成量价卖点时再卖出股票，不可过早。

（2）放量滞涨出现时，成交量允许为阴量，也可以表现为阳量，保持在当前较高水平，或是明显放量状态。所以这种形态出现时，观察成交量柱的长短，是一种最为直观的判断，只要当前K线保持在一个相近的水平即可。

（3）在持股过程中，一旦出现高位放量滞涨时，千万不可犹豫，因为中小盘股的高位震荡时间不会太长，通常只有三五个交易日，甚至是更短，所以一经发现即应果断卖出股票。

8.1.3 缩量上涨：牛股即将见顶的信号

当牛股在持续上涨过程中，一旦出现缩量上涨，就意味着股价的上涨未得到市场资金的跟风买入，也就是市场资金并不看好股价的上涨，这种上涨通常为主力利用筹码自我表演的空涨，也意味着股价的上涨即将结束，所以是股价即将见顶的信号。因为一旦再次上涨时，依然未得到市场资金跟风，就会步入见顶甚至转弱的状态。

具体要求：

缩量上涨出现在持续上涨的高位区时，必须明显的量能为阳量的缩量，K线为阳线上涨，否则如果只是小幅缩量的情况，依然为当前的大量水平，不可视为缩量上涨。

如图8-3所示，中矿资源（002738）在持续上涨的过程中，进入A区域，K线为阳线小幅上涨，成交阳量柱表现为明显的持续缩量，为缩量上涨形态，说明股价上涨的动力出现不足，即将见顶回落，所以即使技术指标未形成明显的顶部形态，也应及时在其后股价转弱时卖出股票。

图8-3　中矿资源-日线图

实战注意事项：

（1）缩量上涨往往出现在持续上涨的高位区时，才是牛股即将见顶的征兆，但此时并未见顶或转跌，所以股价还会出现一定幅度的快速上涨，只有其后形成明显的顶部或顶部转跌时，方可卖出股票。

（2）在缩量上涨形态中，必须确保成交阳量出现明显的大幅缩量，否则若是小幅缩量，则为大量状态的量价齐升状态，不可确认为股价即将见顶。

（3）缩量上涨出现时，如果是涨停阳线，则为股价加速上涨的标志，不可以确认为即将见顶，因为这种大幅缩量是因为股价快速涨停所引发的难以成交，是股价短期强势的特征。

8.2 明显卖点信号

8.2.1 明显放量下跌：牛股快速转跌的清仓卖点

当牛股在持续上涨过程中，一旦出现明显放量下跌时，则说明盘中短时出现大量的卖盘，才导致股价的持续下跌，对于中小盘股票而言，往往是股价快速见顶转跌的信号，一经发现，即应果断卖出股票。

具体要求：

明显放量下跌期间，成交量为一根明显要长于之前阳量柱水平的阴量，K线大多数情况下表现为较长的阴线，或是上影线较长、实体较短的阴线，甚至是十字星，偶尔表现为上影线较长、实体较短的阳线。

如图8-4所示，多喜爱（002761）在持续上涨中进入A区域，K线表现为一根长阴线，意味着大幅下跌，成交量表现为一根明显远高于之前所有量柱水平的阴量柱，为明显放量下跌形态，说明股价已经出现快速转跌，因此，即使MACD未形成顶部形态，也应果断清仓出局，符合提前卖出要求时，要提前卖出。

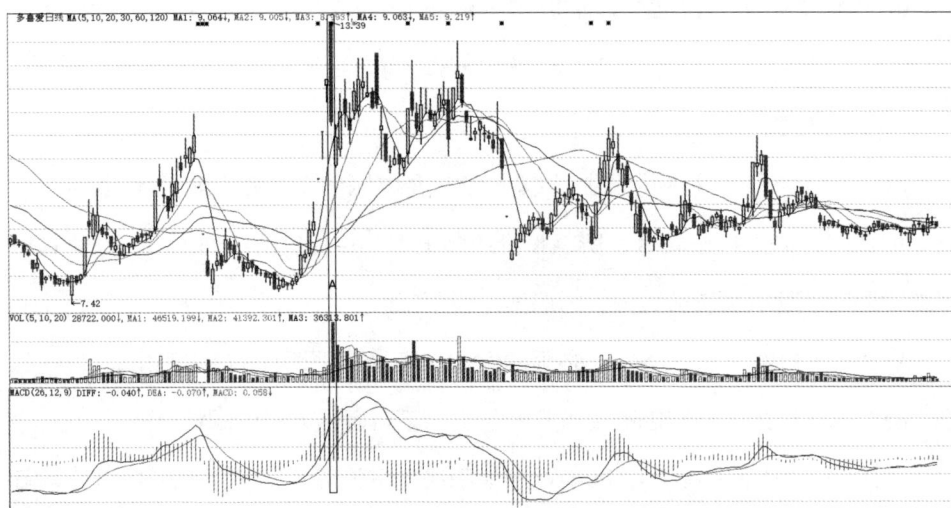

图8-4 多喜爱-日线图

实战注意事项：

（1）明显放量下跌出现时，主要的判断依据是成交量为阴量，量柱水平要明显高于之前的阳量，或是小幅高于之前的阳量。

（2）在明显放量下跌形态中，一定要留意一种不明显的大阴量下跌，即若是之前的阳量柱极长时，此时的阴量柱只是略低于前一个交易日的大阳量时，同样为明显放量下跌。

（3）在明显放量下跌期间，一旦K线表现为阳线时，通常上影线表现为较长，实体较短，这同样是一种股价快速冲高回落的K线形态，应视为下跌，因为此状态意味着只是收盘价略高于开盘价，但大阴量的出现，则说明盘中是以大量卖出为主，所以也应卖出股票。

8.2.2 持续阴量下跌：牛股确认转弱的最强卖点

当牛股在持续上涨的过程中，一旦出现持续阴量下跌时，就意味着股价中止继续上涨，转为持续下跌，尽管在持续阴量下跌形态中，单根阴量与阴线的下跌幅度和力度虽然并不够大，但持续的出现，累积到一起时，并不弱于明显放量下跌，说明上涨趋势出现持续的顶部转弱，因此，同样是一种牛股顶部转弱的卖点信号。

具体要求：

持续阴量下跌期间，成交量表现为持续阴量，K线表现为持续阴线呈下跌状态，至少在日线图上要保持两根阴量柱与两根阴线时，方可确认为持续阴量下跌。

如图8-5所示，华通医药（002758）在持续上涨中，进入A区域，K线为持续阴线下跌，成交量略缩量，但持续呈放大阴量，为持续阴量下跌，所以，即使MACD未形成明显的顶部形态，也意味着股价出现快速转弱，应及时卖出股票。

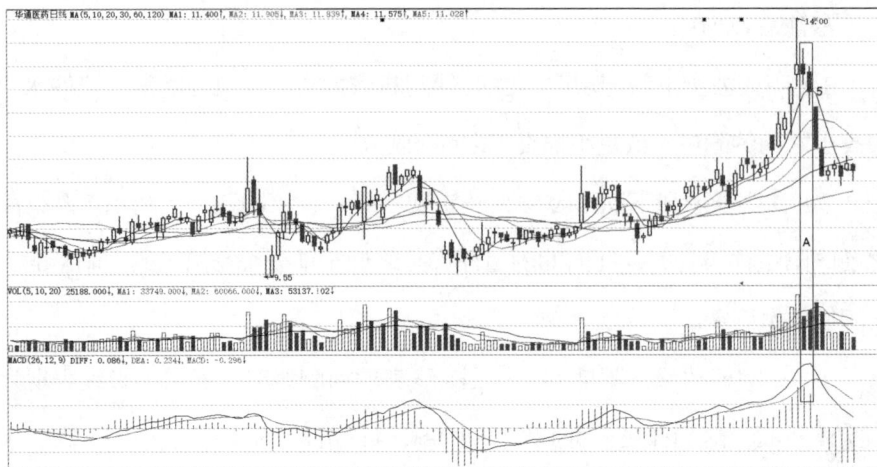

图8-5 华通医药-日线图

实战注意事项：

（1）持续阴量下跌出现时，通常单根阴量柱，尤其是第一根阴量柱，不会形成大量，否则就可以认定为明显放量下跌。

（2）在持续阴量下跌中，大多数时候首根阴量柱表现为明显的缩量状态，甚至是后面的阴量也呈缩量状态，但并不会与前期的高量缩减过大，往往两根阴量叠加，超过前期的单根阳量柱。若是过短时，应持续观察，如果依然保持这种状态时，方可确认为顶部转弱的信号。

（3）如果在持续阴量下跌中，若是出现时跌停阴线，阴量大幅缩减，则应即刻卖出股票，这种情况属于提前卖出股票的时机。因此，在持股看盘时，一定要观察分时图的变化。

8.2.3 高位放量滞涨：牛股筑顶的逢高卖点

当牛股在持续上涨过程中，如果突然在高位区出现了不再上涨，而是表现为震荡滞涨，并且保持当前的大量水平时，就说明主力在维持高位大举出货。因为这种主力出货的方式较为隐蔽，所以，普通投资者通常会继续保持持股观望。但有经验的投资者，一经遇到这种情况，就明白是主力在出货，即应果断逢高卖出，因为继续持股已经无法再获利。而这种量价卖点形态，成功率几乎达到百分之百。

具体要求：

高位放量滞涨出现期间，K线实体高低点保持在一个相近水平，呈震荡状态，允许为阳线或阴线，或出现较长的上影线或下影线；成交量为明显放量状态或当前的大量水平即可，至少要保持两根K线与两根量柱时，方可确认。

如图8-6所示，永兴材料（002756）在持续上涨的A区域高位区，K线表现为持续震荡，成交量为当前较高水平的放量状态，形成高位放量滞涨，即使MACD未形成明显的顶部形态，依然保持上行状态，也应及时卖出股票，因为牛股已经开始筑顶，所以是逢高卖出的量价卖点。

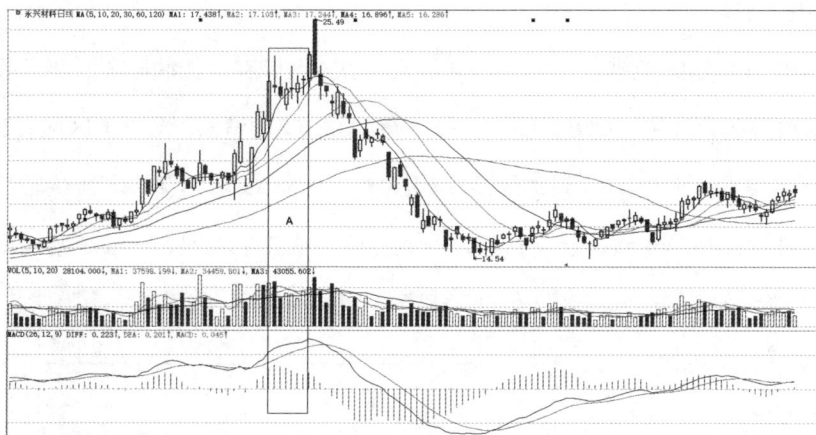

图8-6　永兴材料-日线图

实战注意事项：

（1）高位放量滞涨出现时，首先必须确保股价在持续上涨中进入高位区，然后方可根据放量滞涨形态选择逢高卖出股票。

（2）对于中小盘股而言，高位放量滞涨的时间通常较短，最短时可能只有两个交易日，但最长往往也不会超过五个交易日，所以一般只要确认了高位放量震荡滞涨时，即应卖出股票。

（3）股价在高位出现放量滞涨后，有时依然会出现看似的强势上涨，则往往是主力的短时拉升，通常不可信，即使出现，也不应追高买入，99%以上为主力的诱多行为。

8.2.4 阴量下跌：顶背离结束的弱势卖点

当牛股在持续上涨的过程中，如果发生技术指标向下、K线向上运行的顶背离时，说明属于背离式上涨，这时一旦出现技术指标向下状态的阴量下跌，就说明出现股价与技术指标同步向下运行，意味着顶背离结束，所以，阴量下跌是顶背离结束时的卖点信号。

具体要求：

顶背离结束时的阴量下跌出现时，必须确保前期处于技术指标向下、K线向上的顶背离状态，阴量下跌则通常表现为阴线状态的阴量柱，即可确认为顶背离结束时的卖点。

如图8-7所示的英维克（002837），若是在A区域空中加油形态时买入股票，在C段K线持续上涨中，CCI表现为持续下行，为CCI顶背离。进入B区域，K线表现为一根冲高回落的阴线，这时就要引起注意，因为CCI依然保持下行状态，所以可确认是技术指标与K线同步下行的顶背离结束，成交量表现为一根小幅缩量的大阴量柱，为阴量下跌，意味着一轮CCI背离式上涨已结束，应果断卖出股票。

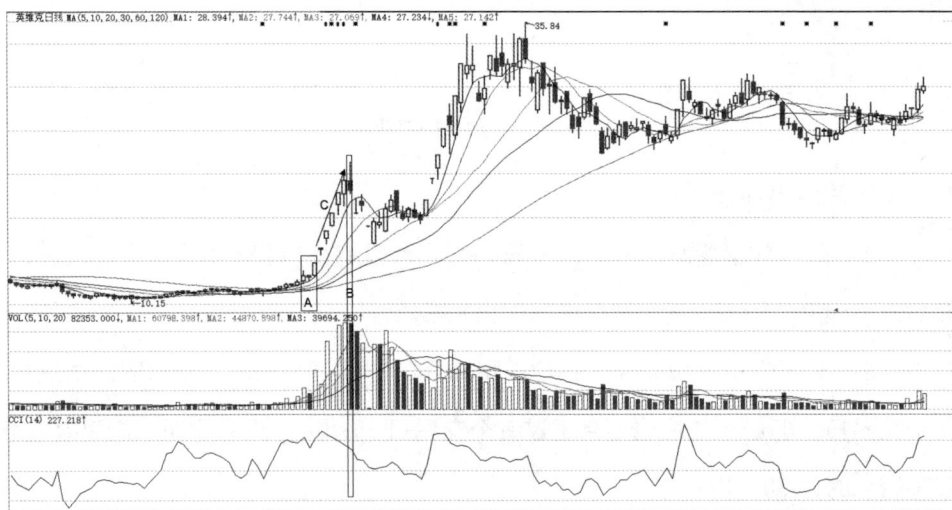

图8-7 英维克-日线图

实战注意事项：

（1）阴量下跌只有出现在顶背离状态下，才是顶背离结束的转跌信号，因为在此期间的阴量水平较小，所以，阴量下跌在其他任何时候，只要不是趋势转下跌，都不可单独作为卖出股票的依据。

（2）顶背离结束的阴量下跌出现时，判断顶背离是最为关键的一环，利用的指标主要包括MACD或CCI，但必须确保在K线上行过程中，MACD双线向下，或是DIFF线的震荡高点在不断降低；或是CCI持续下行，甚至是CCI高点在不断降低。

（3）在辅助判断顶背离结束时，还有两种情况可以确认为牛股已经转弱：一是MACD双线跌破0轴；二是CCI跌破天线，由超买区进入常态区，或是CCI以大于60°的角度大角度下行。这时，只要形成阴量下跌，就要果断卖出股票。

8.3　不明显卖点信号

8.3.1　技术指标高位区的大阴量下跌

虽然大阴量下跌完全可以单独用来判断卖点，但是如果辅以技术指标，则更为准确，因为量能的大小，虽然能够很准确地提示出股价快速转弱的市场供需变化，但技术指标同样能够表明股价是否处于上涨末端的顶部。

因此，尽管技术指标存在可能钝化的失真，但技术指标在高位区的大阴量下跌，却能够更为准确地表明股价的涨势已经到头，只是如果从单一的技术指标判断，可能发现技术指标尚未完全到顶，且量价又未形成明显的卖点，判断是否为大阴量时存在人为判断的差别，所以技术指标高位区的大阴量下跌是一种不明显的牛股顶部转弱的卖点信号。

具体要求：

技术指标高位区的大阴量下跌出现时，技术指标往往已运行到区间显示的顶部高位区，或表现为继续上行，或上行渐缓，甚至是震荡盘整；成交量保持在大量水平的阴量柱，K线呈阴线或上影线极长的冲高大幅回落的K线即可。

如图8-8所示，烽火电子（000561）在持续上涨中，进入A区域，此时MACD双线已经运行到高位区，并未形成卖出形态，且量价表现为K线大阴线下跌，成交量为一根小幅低于之前阳量柱的大阴量。单从技术形态或量价卖点观察，均未形成卖出征兆，但属于技术指标高位区的大阴量下跌不明显的量价卖点信号，所以，同样应果断卖出股票。符合提前卖出要求时可以提前卖出。

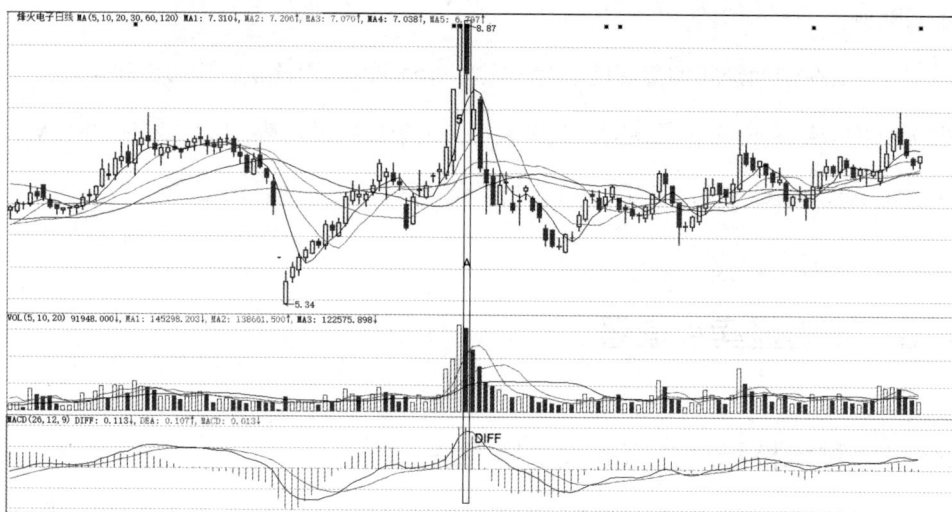

图8-8　烽火电子-日线图

实战注意事项：

（1）技术指标高位区的大阴量下跌出现时，短期技术指标保持高位区的继续向上运行时，卖点最不明显，也最容易让投资者忽略，认为股价还存在上涨的空间，事实上即使上涨也是短期的冲高，难以持续。

（2）如果技术指标高位区的大阴量下跌出现时，大阴量不太明显，或是K线上影线极长，实体较短的阳线时，也最容易让投资者忽视，这时技术指标或是表现为震荡，则多数是高位盘整，其后形成高位放量滞涨，同样为卖出信号。

（3）技术指标高位区的大阴量下跌出现时，如果DIFF线出现高位钝化，此时应观察CCI的变化，只要CCI表现为下行，即应果断卖出股票。

8.3.2　CCI大角度跌破天线的阴量下跌

CCI大角度跌破天线的阴量下跌，由于在此期间的阴量下跌多数并未表现出明显的量价卖点，所以在实战持股中，也是最容易让投资者忽略的一种技术指标弱势与量价弱势的顶部卖出形态与卖点结合的股价快速转弱的信号。由于是技术指标与量价形态同时转弱，所以同样要采取及时卖出股票的策略。

具体要求：

CCI大角度跌破天线的阴量下跌出现期间，CCI无论背离与否，其向下的角度至少要保持在60°或以上水平的向下运行，并跌破天线+100；阴量下跌只要呈成交阴量的阴线下跌即可。

如图8-9所示，纳尔股份（002825）在持续上涨的过程中，进入A区域，CCI在超买区内形成大于60°角度的大角度下行，且快速跌破了天线+100，依然保持这种跌势，同时K线为下跌阴线，成交量表现为虽然缩量但明显为大量状态的阴量，形成CCI大角度跌破天线的阴量下跌的不明显的卖点，同样应果断卖出股票。

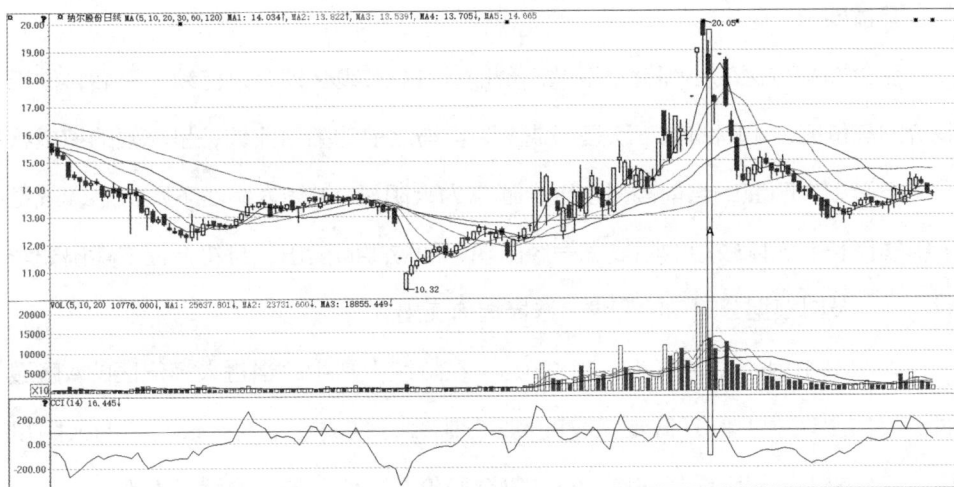

图8-9　纳尔股份-日线图

实战注意事项：

（1）CCI大角度跌破天线的阴量下跌出现时，首先要判断CCI是否是在超买区出现不小于60°角度的向下运行，并跌破天线+100，因为一旦跌破天线，就意味着股价进入常态区的震荡波动，已经脱离超买区的强势状态，所以阴量下跌意味着常态区的震荡转弱。

（2）CCI大角度跌破天线的阴量下跌中的阴量下跌，只要保持阴线阴量的量价齐跌，即可确认为卖出时机。因为所有的股价快速上涨，都是发生在CCI于天线之上的超买区，一旦向下大角度离开这一区域，就意味着趋势已经转弱，包括CCI顶背离状态发生时，同样是确认CCI顶背离结束的卖出信号。

8.3.3 股价在高位区的小幅缩量下跌

在实战中，经常出现股价在高位区的小幅缩量下跌，由于这种形态的量价卖点表现得不是十分明显，所以经常被投资者忽略，但一旦继续持股，往往其后股价会出现持续大幅的下跌，经常让投资者错失最佳卖出时机。因此，在根据空中加油战法实战时，一定要留意这种不明显的卖点，一旦出现，就要及时选择卖出。

具体要求：

股价在高位区的小幅缩量下跌出现时，往往K线必须经过持续上涨后，位于股价的高位区，小幅缩量下跌是指成交阴量与之前的阳量比较，呈小幅的缩量状态，但必须为明显的当前高量水平，通常为大阴量；K线为阴线下跌状态，或是上影线极长、实体较短的阳线。一经出现，即应果断卖出，且符合提前卖出要求时，必须及时根据分时图的要求，选择提前卖出。

如图8-10所示，搜于特（002503）在持续上涨中，当进入高位区的A区域时，突然出现一根低开低走低收的倒T形阴线，且成交量为一根明显的大阴量柱，只是较上一根阳线呈缩量状态，符合股价在高位区的小幅缩量下跌要求，应果断卖出，若符合提前卖出要求时，及时提前卖出。

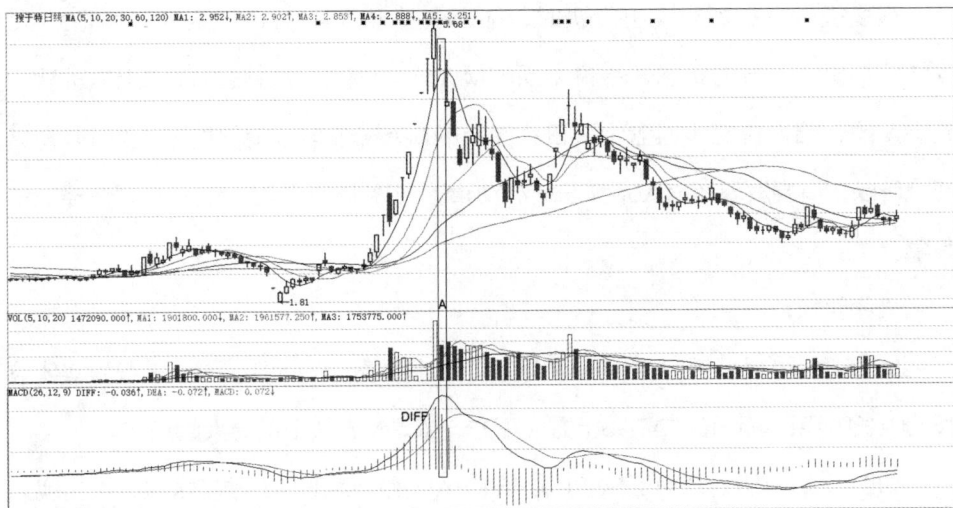

图8-10 搜于特-日线图

实战注意事项：

（1）股价在高位区的小幅缩量下跌出现时，事先不会有任何征兆，股价通常不会跌破MA5，技术指标也不会出现明显的顶部卖出形态，所以，这种情况更容易让投资者忽视。

（2）股价在高位区的小幅缩量下跌形成时，通常表现为大阴线大阴量柱式的下跌，只不过阴量柱较之前的阳量比较，呈小幅缩量状态，但依然保持在当前较高水平。

（3）股价在高位区的小幅缩量下跌出现时，最难判断的是K线下跌状态，通常意义上讲，阴线为下跌状态，但不明显的下跌状态，股价在高位区时也经常会表现为大幅冲高快速回落的阳线，甚至是十字星，所以，上影线极长实体较短的阳线，或是影线较长的十字星出现时，更要引起注意。因此，此时的判断关键在于大阴量的判断，只要出现就应引起重视，应及时卖出。符合提前卖出要求时，果断提前卖出。

8.3.4　MA5附近的大阴量大阴线下跌

很多投资者在短线卖出股票时，都喜欢过于倚重MA5，认为只要是MA5依然保持快速上行的状态，股价未跌破MA5，即可安心持股。事实上这种认识是错误的，因为在短线操盘中，日线图上的MA5同样在趋势快速转弱时表现迟钝。所以，只要发现在MA5附近形成大阴量大阴线的下跌时，就一定要选择卖出股票。

具体要求：

MA5附近的大阴量大阴线出现期间，成交量表现为大阴量柱，K线为实体较长的中长阴线，无论位于MA5上方、下方，或是MA从中贯穿大阴线均可。

如图8-11所示，众应互联（002464）在持续上涨的A区域，K线突然出现大幅低开低走，收于MA5附近，为一根大阴线，成交量为一根略缩量的大量水平的大阴量，形成MA5附近的大阴量大阴线不明显卖点，同时刚好CCI大角度跌破天线，应果断卖出股票，符合提前卖出要求时，应提前卖出。

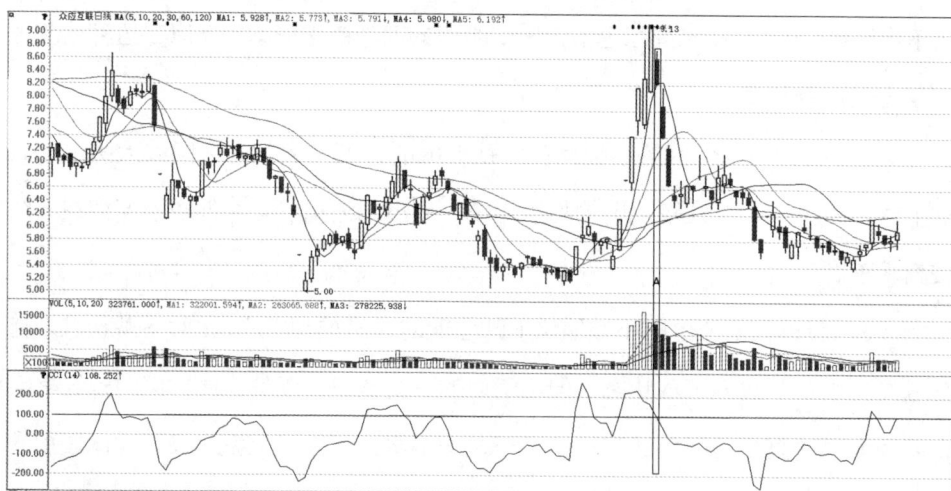

图8-11　众应互联-日线图

实战注意事项：

（1）MA5附近的大阴量大阴线出现时，MA5的方向依然保持上行状态时，大阴线在MA5上方时，是最容易让投资者忽略的一种量价卖点信号。

（2）如果在MA5附近的大阴量大阴线形成期间，若是大阴线为高开低走的创下新高的情况时，往往是股价大幅高开快速低走的情况，一般这种情况会形成分时图提前卖出的要求，所以可以根据情况提前卖出。

（3）如果在MA5附近的大阴量大阴线出现时，大阴线与之前的阳线形成实体相当、位置相近的情况，就会构成高位放量滞涨，这时也最容易让人忽略，因为只有两根K线，但同样是卖出的时机，一旦转弱，同样是快速的，尤其是大阴量大阴线下跌中的大阴量形成放量时，更是及时卖出的时机。

8.3.5　缩量跌停的光脚阴线

在持股的过程中，缩量跌停的光脚阴线出现在日线图上时，也是最容易让投资者忽略的一种量价信号，尤其是这一光脚阴线的实体并不大时，且阴量缩量明显的情况下，常常让人误以为是跌幅不大的主力洗盘行为，很快就会结束，事实上这种想法是错误的，因为是股价的快速跌停，所以造成缩量，且快速跌停对一只股票的短期趋势的影响是巨大的，其后一旦量能释放，则短线会出现持续快速的下跌。因此，持股中一定要观察分时图，以确保在缩量跌停的光脚阴线形成前，果断提前卖出股票。

具体要求：

缩量跌停的光脚阴线出现时，日线图上显示K线为一根实体下方无影线的阴线，通常实体较短；成交量表现为阴量柱，与之前的阳量相对，呈明显缩量状态。缩量跌停的光脚阴线形成前，一旦要在日线图表现为阴线阴量时，即观察当日的分时图走势，只要形成大幅低开的弱势，或是高开或开盘股价线大角度下行的区间放量时，即应果断提前卖出。

如图8-12所示，新筑股份（002480）在持续上涨的高位区，A区域当日股价出现大幅低开，为光头光脚阴线，成交量明显大幅缩量，为阴量，从右侧对话框内可发现，当日出现跌停，所以为缩量跌停的光脚阴线，应及时卖出。但这类股票在操作时，应在股价当日日线图低开低走的量价齐跌或大幅低开时，及时通过分时图的股价线大角度下行的区间放量，提早卖出股票，而不是非要等到缩量跌停形成后再反应，因为跌停状态无法交易。而这种未释放动能的缩量跌停，其后大概率会出现持续跌停。

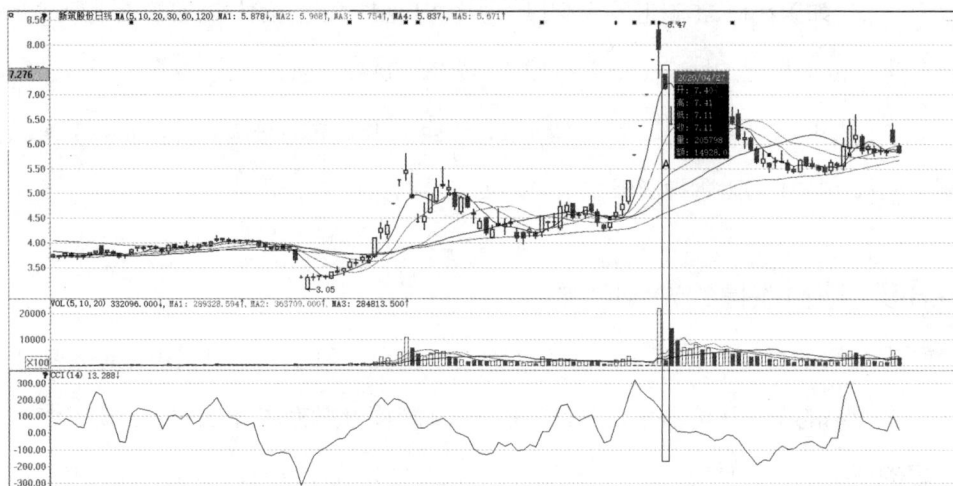

图8-12　新筑股份-日线图

实战注意事项：

（1）缩量跌停的光脚阴线是日线图上一种股价快速转弱时的量价形态，短线杀伤力强大，所以在持股看盘中，一定不要忽视对分时图的观察，一旦日线图形成大幅低开的量价齐跌时，应果断根据分时图的情况提前卖出，不要在日线图形成缩量跌停的光脚阴线后再来操作。

（2）如果投资者在日线图上发现持股出现缩量跌停的光脚阴线时，应在第一时间以跌停价挂单委托卖出，即使无法成交，也应在其后打开跌停时果断卖出，千万不可坐、等、靠，因为这种缩量跌停后的爆发往往是极度放大的，极少会出现天地板的奇迹。

（3）最容易让投资者忽略的缩量跌停的光脚阴线，是发生在MA5上方或MA5贯穿跌停阴线的情况，千万不可因为明显的缩量而忽视跌停的杀伤力，所以一旦发现，即使分时图上股价已经接近跌停，也要及时现价卖出。

8.4　提前卖出信号

8.4.1　日线图信号：顶部转跌初期的量价齐跌

提前卖出股票时，往往是日线图形成顶部快速转跌的初期时通过分时图上的顶部快速转弱迹象，所做出的在股价趋势快速转跌时的一种预判断操作行为，所以在持股过程中，日线图上的顶部转弱初期的量价齐跌，是判断是否要实施提前卖出股票的先决条件。

具体要求：

顶部转跌初期的量价齐跌出现在日线图上时，K线表现为直接跳空高开的大幅高开，或是快速上冲创出新高，然后转为无法上行的快速转为持续下跌，即阳线快速转为阴线，或上影线快速变长；成交量迅速转为阴量。这就要及时观察分时图上的快速转弱形态。

如图8-13所示，凯撒旅业（000796）在持续上涨中，日线图上进入A区域的高位区后，当日即表现为大幅高开快速回落，呈阴线阴量的量价齐跌初期时，即符合日线图提前卖出的要求，就要及时观察分时图上的情况来判断是否符合提前卖出的要求。

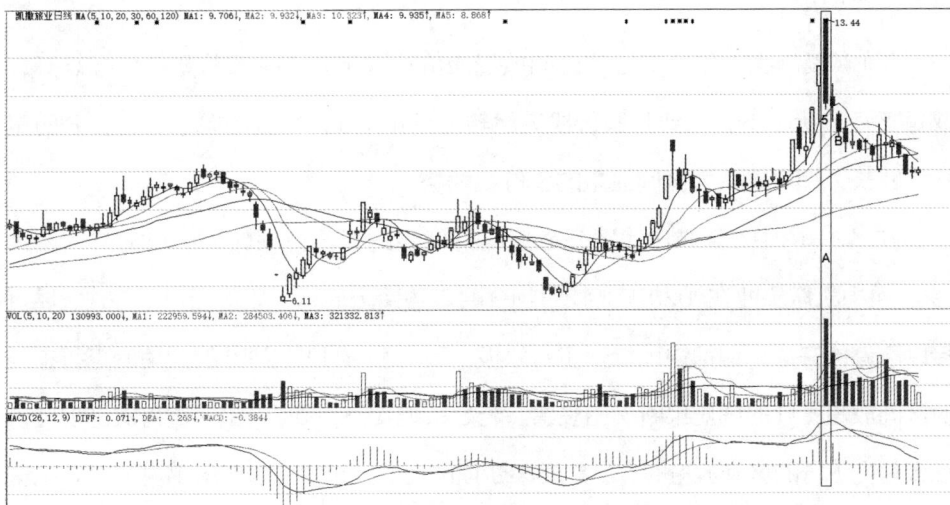

图8-13　凯撒旅业-日线图

实战注意事项：

（1）顶部转跌初期的量价齐跌表现在日线图上时，通常表现为股价的大幅高开创下新高，或是开盘后股价快速上行中的创下新高，初期时的成交量表现为阳量，但很快即会出现冲高后的快速回落，成交量在放大的同时，会快速转为阴量。

（2）如果日线图上的股价在创出新高的快速回落中，成交量始终未变为阴量，则不符合提前卖出的要求，此时不能以顶部转跌初期的量价齐跌来对待，应安心持股，只是股价在盘中的大幅震荡行为。

（3）当日线图上出现顶部转跌初期的量价齐跌时，一定要及时观察分时图的具体走势，只有分时图上也形成股价快速顶部转弱的迹象时，方可提前卖出股票，否则就应继续持股。

8.4.2 分时图信号：区间放量的股价线弱势

在提前卖出股票时，虽然日线图上的量价齐跌是提前卖出的基础，但如果分时图上未达到提前卖出股票的要求时，也不应提前卖出。因此，提前卖出股票时，一定要准确分辨出分时图上是否形成明显区间放量的股价线弱势的量价齐跌形态。

具体要求：

（1）股价线大角度下行的区间放量股价线弱势。无论股价是在大幅高开，或是平开的状态下，只要是股价线突然转为不小于60°角度的向下运行，分时量柱均较长，即可确认为区间放量的股价线弱势。

在图8-13中A区域日线图开盘呈高开低走的量价齐跌时，当日的分时图即图8-14中凯撒旅业在2020年6月2日的分时走势图上显示，股价当日是在A区域直接以涨停价开盘，但很快即打开了涨停板，股价线形成接近90°的大角度下行，同时区间放量，此时即应果断卖出股票。若是未能卖出，则应在B区域再次出现股价线大角度下行的区间放量时，一定要果断提前卖出，因为此时图8-13中日线图A区域已呈明显的大阴量状态，所以，应果断在图8-14中的B区域提前卖出股票。

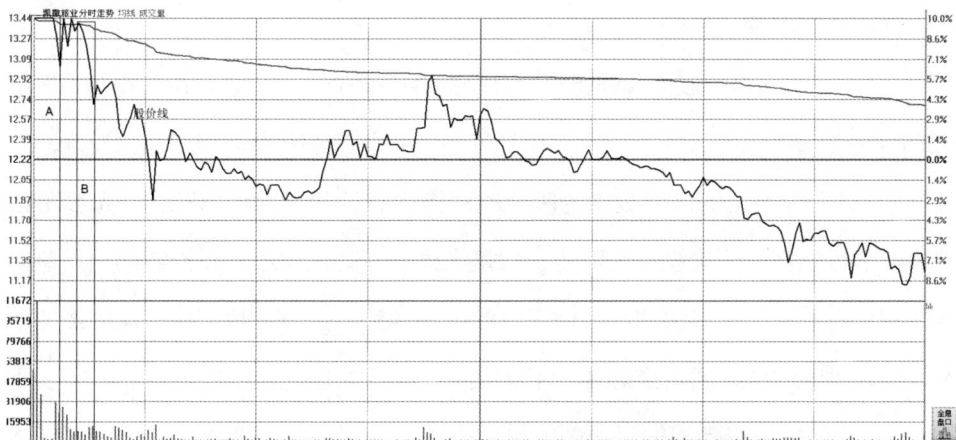

图8-14 凯撒旅业-2020年6月2日分时走势图

（2）大幅低开的区间放量股价线弱势。是指股价直接以大幅低开的方式出现，即股价线出现时，是远在昨日收盘线下方的低位区，并出现小幅震荡，或快速下行，在此期间的分时量柱只要均较长时，即可确认为区间放量的股价线弱势。

在图8-13中B区域当日的分时图，即图8-15中的情况，当日B区域明显股价线出现大幅低开，且其后的A区域，股价线表现为弱势小幅震荡期间，成交量一直保持大量状态，且在A区域右侧股价有震荡走低的趋势，放量明显，所以，A区域为大幅低开的区间放量的股价弱势表现，若是股价在日线图的上涨高位区出现时，同样是提前卖出股票的分时图时机。

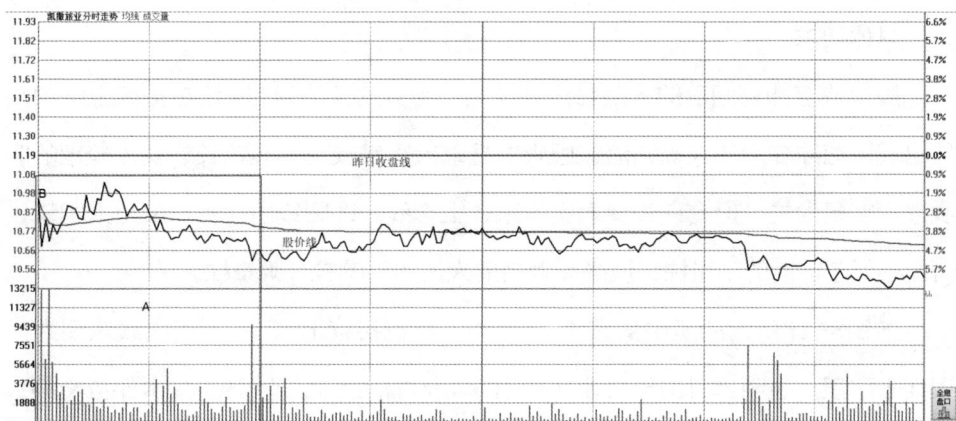

图8-15 凯撒旅业-2020年6月4日分时走势图

实战注意事项：

（1）区间放量的股价线弱势是一种分时图的量价形态，必须在日线图上形成快速冲高的量价齐跌初期时，方可根据分时图上的快速弱势状态提前卖出股票。

（2）分时图上的区间放量的股价线弱势形态，包括两种情况：一是股价线大角度下行的区间放量股价线弱势；二是大幅低开的区间放量股价线弱势。这两种情况，一种是股价线快速在高位形成的下跌弱势；另一种是直接开盘的弱势状态，但必须同时形成区间放量时，才是提前卖出股票的最佳时机。

（3）如果投资者根据日线图的量价齐跌初期时，分时图上表现出的区间放量的股价线弱势卖出股票，其后股价又出现强势上涨，此时不可再买回来，因为已经实现了短期大幅获利。

8.5　实战要点

8.5.1　股价快速冲高回落的大阴量要卖出

在实战中，股价快速冲高回落的大阴量经常出现，由于这种情况属于股价在快速冲高回落的过程中形成成交量的大阴量，看似量价卖点不明显，实际上却是股价短线快速变弱的一种征兆，因此同样要卖出股票。

具体要求：

股价快速冲高回落的大阴量出现期间，首先必须满足是K线在持续上涨中突然出现快速冲高后的大幅回落，原则上是以大阴线或上影线较长、实体较短的阴线或十字星为主，但允许表现为实体短、上影线长的阳线出现；再就是大阴量，可能略低于前期的阳量柱，但必须为当前大量水平的较长阴量柱。

如图8-16所示的凯中精密（002823），在持续上涨中，当日K线表现为一根红十字星，表明当日出现快速冲高回落与大幅回落后的回升，基本保持震荡，但成交量却表现为一根与前一根阳量相比较小幅度的缩量状态，明显为一根大阴线，形成股价快速冲高回落的大阴量，且其间CCI已明显转为快速下行，所以，即使收盘前表现为红十字星，也应果断卖出股票。

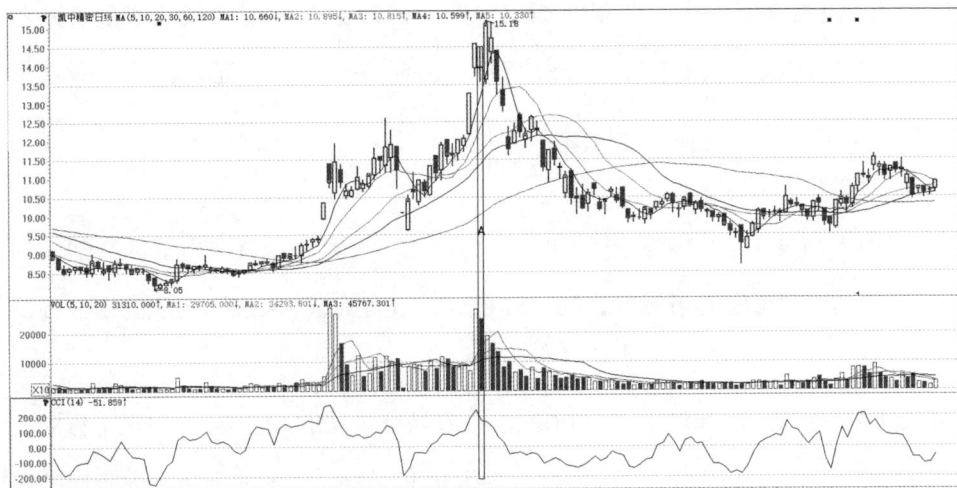

图8-16 凯中精密-日线图

实战注意事项：

（1）股价快速冲高回落的大阴量，经常出现在股价持续快速上涨的阶段，在此期间的技术指标通常不会表现为高位回落，最多出现高位震荡，甚至是依然保持上行的状态，所以是短期趋势快速变弱时不明显的量价形态信号。

（2）当股价快速冲高回落的大阴量形成时，判断大阴量是最关键的，必须为一根当前大量水平的阴量柱，与上一日的阳量柱相比略短即可，但若是放量大阴量时，更应果断卖出股票。

（3）股价快速冲高回落的大阴量出现时，最容易让投资者忽略的是上影线长、实体短的阳线大阴量，因为这种情况看似股价为震荡上行状态，事实上是短线冲高回落的走势，所以同样要卖出股票。

8.5.2 CCI大角度下行的量价齐跌要卖出

在持股看盘期间，CCI大角度下行的量价齐跌，是一种技术指标形态与量价形态结合判断卖点的情况，由于CCI指标在判断股价短期趋势上极为准确，一旦CCI形成在高位区的大角度下行，同时表现为量价齐跌，说明短期股价的走势已经快速变弱，所以要果断卖出股票。因为这种形态虽然看似量价并不突出，但CCI的大角度下行已经说明股价出现快速下行的征兆，因此应卖出股票。

具体要求：

CCI大角度下行的量价齐跌包括两种形态：一种是CCI在高位区突然转为以不小于60°的角度向下运行；另一种是成交量为阴量、K线为阴线的量价齐跌状态。

如图8-17所示，润邦股份（002483）在持续上涨的A区域，CCI在上行中突然转为向下运行，且向下角度近70°，为大角度下行，且形成大阴线大阴量的量价齐跌，所以无须等到CCI跌破天线即应卖出，只要CCI转大角度下行时，分时图上符合提前卖出要求时，即可果断提前卖出股票。

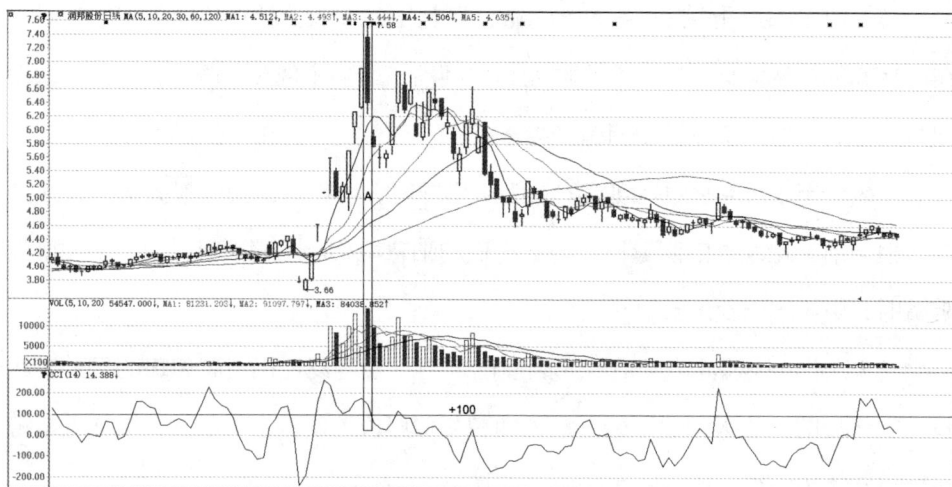

图8-17　润邦股份-日线图

实战注意事项：

（1）CCI大角度下行的量价齐跌出现时，通常CCI位于天线以上的超买区域，但选择卖出时机时，不一定非要等到CCI跌破天线，只要形成大角度下行的量价齐跌，即可确认为CCI技术形态的快速顶部转弱。

（2）在CCI大角度下行的量价齐跌形态中，量价齐跌的判断是最为关键的，原则上只要表现为阴线阴量的下跌，即可确认为量价齐跌，但阴量水平不可过小，否则难以扭转股价向下的走势，所以量柱可较之前表现为缩量，但必须整体保持在当前较高的水平。

（3）在根据CCI大角度下行的量价齐跌卖出股票时，通常股价在持续上涨的高位区出现时，转跌的意味更浓，因为在上涨初期，可能只是盘中短时的背离所造成的CCI大角度下行。

8.5.3　MA5上方的大阴线大阴量要卖出

在实战中，一旦在持股过程中发现股价在持续快速的上涨中，尽管未跌破MA5，依然保持在MA5的上方，但如果是形成大阴线大阴量时，意味着股价的短期趋势突然间形成快速转下跌，所以同样应果断卖出股票。

具体要求：

MA5上方的大阴线大阴量形成期间，K线位于MA5上方，为一根中长阴线，MA5大多数的时候依然保持快速上行的状态；成交量表现为一根明显处于当前大量水平的大阴量，略短于之前的阳量柱。

如图8-18所示，易明医药（002826）在持续上涨中，进入A区域，股价突然出现大幅高开的快速上冲，并出现快速回落，且大幅低收为一根大阴线，同时成交量表现为一根格外放量的大阴量柱，虽然K线依然保持在MA5的上方，但实质上股价已经快速转弱，这一点从CCI的走势上也可以印证，因为CCI同时形成大角度下行跌破天线的形态，因此应及时卖出股票，符合提前卖出股票的要求时，应选择提前卖出。

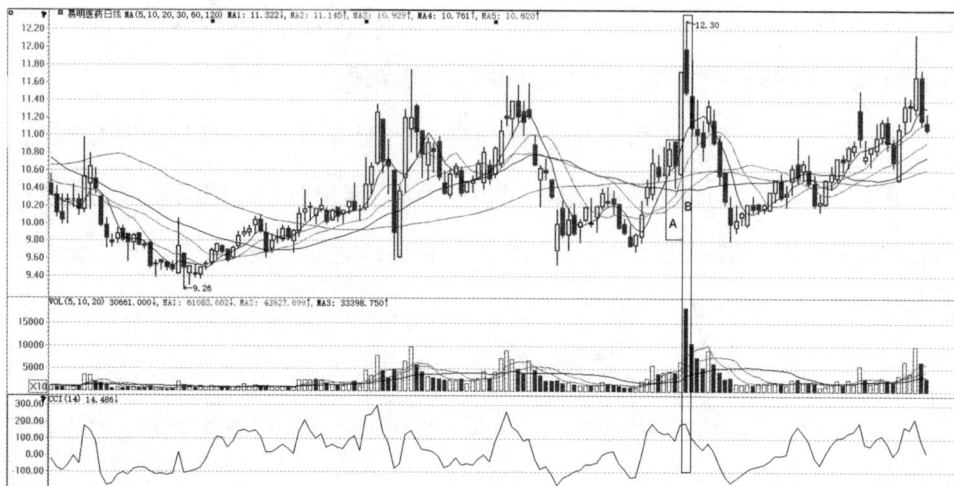

图8-18　易明医药-日线图

实战注意事项：

（1）MA5上方的大阴线大阴量出现时，大阴量柱的长度会略低于之前的阳量柱，呈小幅缩量状态，但若是前期为一根几近天量的阳量柱时，大阴线或与之相较，会表现为明显缩量，但依然为当前较高水平的大阴量柱。

（2）MA5上方的大阴线大阴量是一种量价卖点不明晰的情况，但如果是大阴线大阴量为明显的放量下跌时，应果断卖出股票。

（3）MA5上方的大阴线大阴量，通常在5日均线战法中，是一种卖出形态不明显的量价形态，但同样适用于空中加油战法，尤其是股价在短期大幅上涨的高位区出现时，往往是股价见顶回落的卖点。

（4）如果是MA5上方的大阴线大阴量出现时，股价短期的涨幅不大，起码也要根据漏斗形仓位管理方法，卖出大部分股票，待其后转跌时再清仓出局。

8.5.4　MA5贯穿大阴线的量价齐跌要卖出

在实战中，当出现MA5贯穿大阴线时，意味着股价已经有效跌破5日均线，一旦再出现量价齐跌时，则意味着股价的短期趋势已经转弱，所以只要出现，就应果断卖出股票。

具体要求：

MA5贯穿大阴线的量价齐跌形成期间，K线表现为一根中长阴线，5日均线从阴线实体间穿过；量价表现为当前较高水平的阴线阴量式的量价齐跌。

如图8-19所示，江海股份（002484）的持续上涨的A区域，股价忽然出现低开冲高后的持续低走，并低收为一根长阴线，且阴线实体明显在MA5下方，形成MA5贯穿大阴线的情况，成交量表现为明显高量水平略缩量的大阴量柱，为明显的量价齐跌，符合MA5贯穿大阴线的量价齐跌的要求，应果断于当日收盘前卖出股票，若是分时图符合提前卖出要求时，应提前卖出。

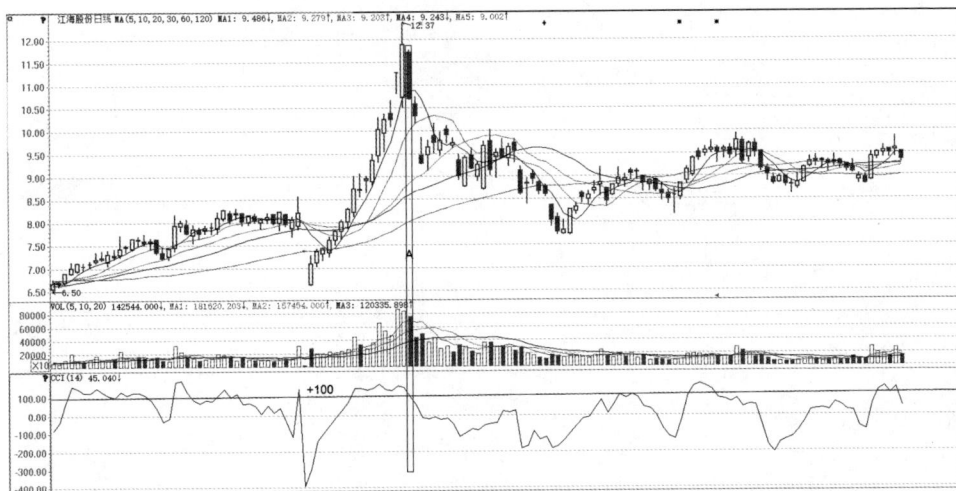

图8-19　江海股份-日线图

实战注意事项：

（1）当MA5贯穿大阴线的量价齐跌出现时，MA5向上的方向会出现略转下行，或上行渐缓，但由于MA5是从阴线实体穿过，代表收盘在5日均线之下，因此，大阴量才会构成趋势转弱的量价齐跌卖点。

（2）如果MA5贯穿大阴线的量价齐跌形成期间，量价齐跌表现不明显，也就是阴量缩减较明显时，则可能是主力在快速洗盘，这时不妨慢一步操作，待下一个交易日再次形成量价齐跌时，即等构成持续阴量下跌时，再卖出股票。

（3）如果是MA5贯穿大阴线的量价齐跌出现时，MA5只是从阴线的下影线穿过时，意味着收盘在MA5之上，这时若是量价齐跌形成大阴线大阴量时，同样要卖出股票。但如果是量价齐跌不明显时，则可慢一步操作，等下一个交易日继续出现量价齐跌时，再卖出股票。

第 9 章

实战：空中加油战法交易攻略与技巧

在根据空中加油战法进行实战时，一定要在学会所有操盘理论的基础上，熟练掌握交易策略、交易原则、交易纪律、仓位管理方法和交易技巧，然后再通过反复实战摸索，熟练各个环节后再去实战交易。

因为再好的技术，如果运用得不熟练，或是掌握得不全面，都会因为一个小小的疏忽，引发全局的失误，造成亏损。所以，知识掌握得越全面，技术运用得越熟练，是每一种操盘技术实现盈利的最终保障。

9.1 交易策略

9.1.1 策略1: 趋势交易策略

在空中加油战法操作中，一定要始终坚持趋势交易的策略，因为空中加油战法寻找的是股价在上涨过程中快速调整结束的买入时机，所以按照空中加油战法操盘，事实上是捕捉股价在小幅上涨后出现加速上涨的一个小波段。因此，在交易时，股价趋势的变化直接关系到买卖时机的把握，以及操盘的收益，所以，一定坚持以趋势变化为主的交易策略。

具体要求：

（1）在买入股票时，一定要根据选股要求，在选股的基础上，观察是否形成止跌回升或突破形态的空中加油时，即短期趋势转强时，得到量价支持，再来买入交易。

如图9-1所示，大立科技（002214）在上涨趋势成立后的持续上涨中，A区域出现股价快速冲高后的阴线快速回落和止跌回升快速突破，形成空中加油形态，说明短期趋势为强势状态下突然转弱势后又转为强势，所以，在B区域右侧阳线突然止跌回升并放量突破时，果断买入股票。因为趋势突然转强，且空中加油并未造成短期均线MA5的方向改变，依然保持快速上行的状态，MACD也在0轴上形成双线向上发散，且为明显放量上涨的买点，所以，应果断根据趋势变强时买入股票。这就是根据短期趋势转强的变化，在趋势交易策略下的买入操作。

（2）在卖出股票时，一定要通过量价、技术指标等来判断趋势是否已经出现短线的快速转弱，若是达到卖点要求时，说明短时的量价已经构成短期趋势的转弱，或是发现股价已经失去继续上涨的动力时，即应果断卖出交易。

如图9-1所示，在A区域后的持续上涨中，进入B区域，虽然MA5依然保持快速上行状态，且MACD双线也依然保持向上运行，但明显已经运行到高位区，且量价形成大量状态略缩量的大阴线大阴量的量价齐跌，说明股价的短期趋势出现快速变弱，应果断卖出股票。这种卖出就是根据短期趋势转弱的变化，在趋势交易策略下做出的卖出操作。

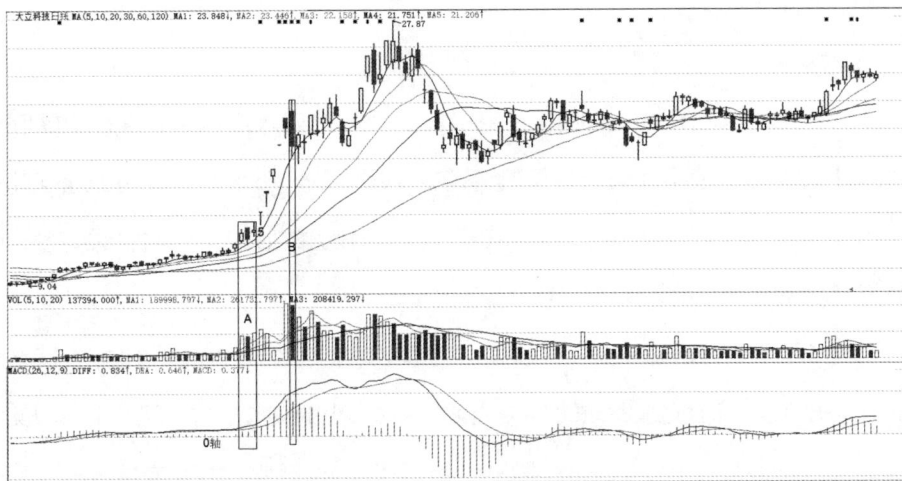

图9-1　大立科技-日线图

实战注意事项：

（1）根据空中加油战法操盘时，趋势交易策略主要体现在买卖股票期间，尤其是在买入股票时，必须在选股的基础上，股票形成买入形态，同时又形成买点时，方可确认趋势恢复强势上涨，才能构成趋势转强的买点信号。

（2）在空中加油战法的趋势交易策略下，卖出股票与买入股票时的策略不同，因为趋势快速转弱时，技术指标多数时候依然处于上行的状态或反应迟钝，所以，不管是否形成技术指标的卖出形态，只要量价卖点符合要求，即说明短期趋势已经转弱，就应卖出股票或大举减仓交易。

（3）在趋势交易策略下，卖出股票时，还有一种特殊情况，就是趋势虽然没有快速转弱，但已经在筑顶，也就是卖点中高位放量滞涨的情况，因为此时再继续持股已经无法实现获利，所以也是一种趋势转弱前的高位卖出交易时机。

9.1.2　策略2：强中择强交易策略

根据空中加油战法操盘时，强中择强交易策略是一条重要的买入交易策略，因为越是强势的空中加油形态，越是空中加油期间快速调整的股票，后市股价加速上涨的概率越大，短期涨幅越可观。所以，在买入交易时，一定要始终坚持强中强的交易策略。

具体要求：

（1）买入形态的强中择强。在空中加油形态的买入形态中，存在止跌回升形态与突破形态，强中择强就是尽量选择空中加油的突破形态，或是加速回升形态的股票。或是在同等买入形态下，表现得更为强势的股票，如调整时间短，或是回升与突破在同一个交易日出现。

如图9-2所示，黔源电力（002039）在A区域出现空中加油形态时，B区域形成止跌回升形态，但直到C区域才形成突破D区域高点的突破形态，就两个不同买入形态而言，选择C区域的突破形态时买入，就是买入形态的强中择强交易策略。

图9-2 黔源电力-日线图

（2）买点的强中择强，是指技术指标的空中加油买入形态成立时，尽量选择明显放量上涨或持续放量上涨，或是符合提前买入要求的强势量价买点类的股票进行买入交易。

在图9-2中B区域的止跌回升形态期间，量价表现为温和放量上涨，而C区域的突破形态时，量价表现为明显持续放量上涨。因此，选择突破形态时的C区域持续放量上涨的买点，就是买点的强中择强交易策略。

实战注意事项：

（1）在强中择强交易策略下，主要是买入股票时一定要选择买入形态与买点表现较强状态的股票来进行操作，因为越是买入形态与买点强势的股票，后市加速上涨的概率越大，短期涨幅也就越可观。

（2）由于在空中加油形态中，存在止跌回升和突破两种形态，所以，同样存在买入形态类别的强中择强，应尽量选择突破形态的空中加油的股票来进行操作，但必须符合买点要求时方可买入。同时，越是强势的量价买点的空中加油突破形态，越是强中择强策略下的交易目标。

9.1.3 策略3：快一步交易策略

快一步交易策略，是在根据空中加油战法操盘时不容忽视的一条交易策略，因为空中加油战法属于短线小波段操作，不懂得如何快一步交易，就无法在买入股票时，寻找到空中加油结束的最佳时机，买在相对高位，甚至是无法买入；在卖出股票时，就无法在第一时间内卖出股票锁定利润，获得最大的收益。因此，在实战操盘时，一定要遵守快一步的交易策略。

具体要求：

（1）买入交易的快一步交易策略。其主要体现在空中加油结束时的短期强势上涨类股票，因为在A股涨跌停制度下存在快速涨停的情况，所以一定要在符合买入形态和买点要求的基础上，达到提前买入股票的要求时，采取快一步买入股票的交易。

如图9-3所示的汇嘉时代（603101），在A区域形成空中加油形态后，其后的B区域出现一根量价齐升的快速上涨阳线时，说明符合加速回升的提前买入要求，这时一定要根据图9-4，即图9-3中B区域当日的分时走势图上，午后开盘30分钟内A区域出现的股价线持续大角度震荡上行的区间放量，果断提前买入股票。这就是买入股票时的快一步交易策略下的提前买入操作。

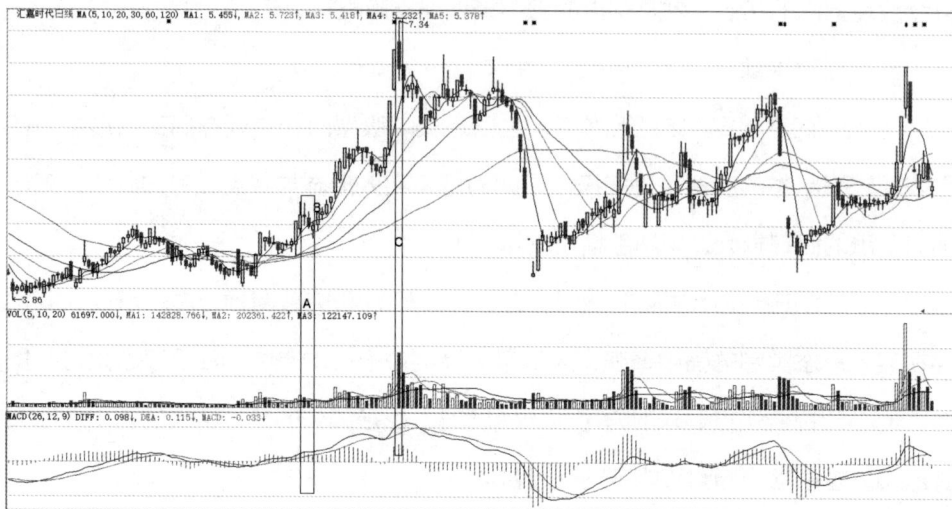

图9-3　汇嘉时代-日线图

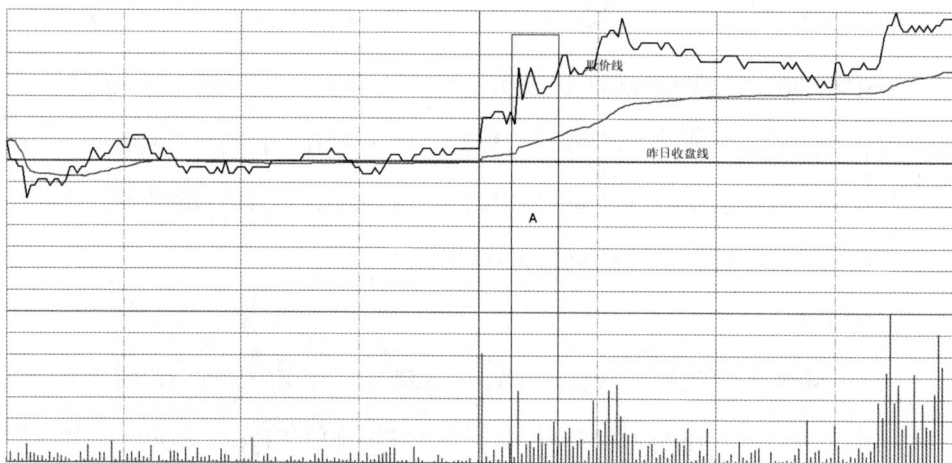

图9-4　汇嘉时代-2019年11月19日分时走势图

（2）卖出股票的快一步交易策略。因为股价在快速上涨时经常表现为快速转跌，所以在卖出股票时，只要发现技术指标在高位区时，形成量价卖点，即应根据提前卖出股票的要求，采取快一步卖出股票的交易策略。

在图9-3中B区域买入股票后，经过其后的快速上涨，进入C区域，可以看出当日股价在高开的情况下出现略冲高的快速回落，形成量价齐跌，这时即应观察当日的分时走势图，即图9-5中的情况，发现当日A区域开盘不久即出现略冲高的股价线大角度的区间放量，应果断卖出股票。这种提早卖出，就是卖出股票时的快一步交易策略下的交易行为。

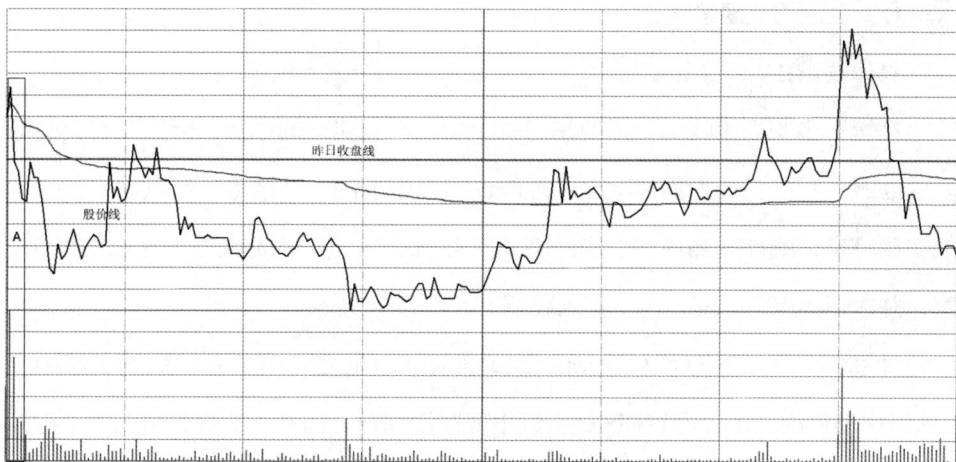

图9-5　汇嘉时代-2019年12月13日分时走势图

实战注意事项：

（1）在快一步交易策略中，一定要明白包括买入与卖出两种交易，但必须符合提前买入或提前卖出操作的要求时，方可执行这一交易策略。

（2）在快一步交易策略下，快一步买入的提前买入交易时，必须日线图达到提前买入的量价齐升要求下，分时图同时形成股价线大角度上行的区间放量时，是快一步提前买入的交易时机。

（3）在快一步交易策略下，卖出交易的快一步操作，必须日线图达到量价齐跌的提前卖出要求时，分时图形成股价线大角度下行的区间放量，或大幅低开弱势的区间放量时，是快一步提前卖出的交易时机。

（4）在快一步卖出交易策略下，如果发现卖点不明显时，应采取快一步卖出大部分股票，以保住收益，待其后卖点明晰时再清仓。因此，即使在快一步交易策略下，发现股票卖早了，也不应再买回来，因为已经实现了短期大幅获利。

9.1.4 策略4：慢一步交易策略

慢一步交易策略，是根据空中加油战法实战过程中必须严格遵守的一条买入交易策略，因为在买入股票时，只有空中加油结束时，才能证明股价已经彻底转强，这时的买入交易才能确保操作的安全，所以，慢一步交易策略是一条确保投入资金安全性的交易策略。

具体要求：

在慢一步交易策略中，主要是对空中加油两类买点的选择，因为只有突破形态成立时，股价表现为加速上涨，才能证明空中加油已经结束，所以慢一步操作的交易策略，就是选择在空中加油回升形态出现后，又形成快速突破形态类的股票，并达到买点要求时，再来买入股票。

如图9-6所示的万科A（000002），在A段上涨走势成立初期的上涨中，B区域出现首次回调，尽管B区域右侧出现缓慢回升，但并不明显，所以可进行慢一步操作，直到C区域出现明显放量上涨的突破形态当日，再买入股票。这种交易，即是慢一步交易策略下的买入操作。

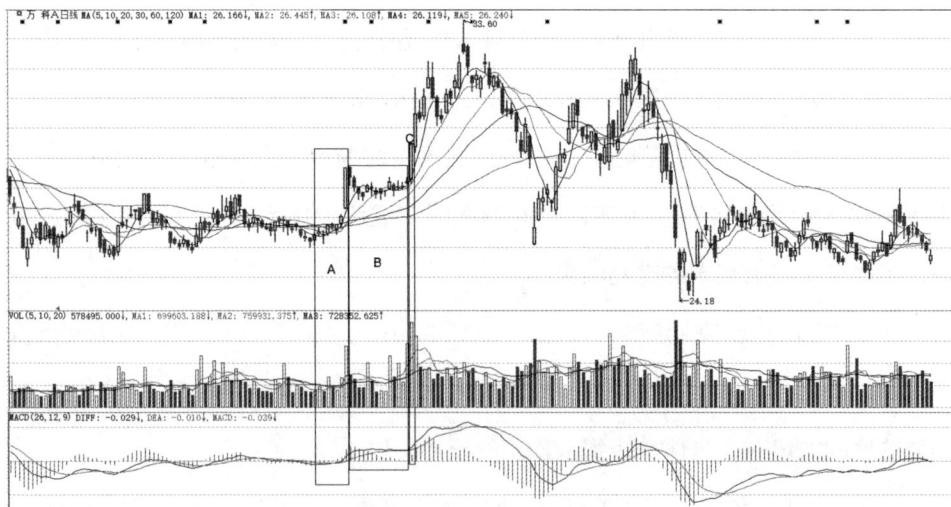

图9-6　万科A-日线图

实战注意事项:

（1）根据空中加油战法实战时，一定要牢记，慢一步交易策略只适用于买入股票时，而不适用于卖出股票时，这是根据股价的涨跌规律所制定出的一条交易策略，因为股价在转强初期，往往特征不会十分明显，只有强势特征明显时，买入交易才是最安全的。

（2）在买入股票交易中，慢一步交易策略主要是指突破形态成立时的买入交易，但如果一只股票在空中加油回升形态期间，表现为未突破时的加速上涨时，则不适用于慢一步交易，因为这类形态的股票属于符合提前买入要求的股票。

（3）慢一步交易策略，也适用于那些符合买入形态与买点要求的股票，但表现又不十分强势时，可缓一步看清股价表现出强势时，再来进行买入操作。

9.2 交易原则

9.2.1 原则1: 量能不足的空中加油不交易

根据空中加油战法实战期间，如果在买入交易时发现成交量出现不足，未表现为达到买点要求时，则不能按照空中加油的形态来进行买入操作，因为量能不足的空中加油，说明股价在上涨趋势的快速调整中，主力资金未快速收集到足够的筹码，也就是未完成空中加油，所以，买入股票后容易出现失败，应采取不交易的原则。

具体表现:

量能不足的空中加油，主要指技术形态上形成空中加油形态，出现突破时，或空中加油结束时的强势回升期间，成交量表现为温和放量上涨或小阳量温和上涨中的成交阳量未出现明显放大时，成交阳量柱较短，未达到买点要求，即可确认为量能不足。

如图9-7所示，国药一致（000028）中A区域出现空中加油形态，到B区域回升与突破时，股价在未涨停的情况下，虽然第一根阳线时为明显放量上涨，但第二根阳线时却出现明显的大幅阳量缩减，且B区域下方的MACD双线依然在高位处于双线相距较近的水平小幅震荡，属于量能不足的技术指标突破不明显情况，无法强势突破，则意味着其后继续震荡调整的概率要大，所以，量能不足的空中加油形态出现时，应遵守不买入交易的原则。

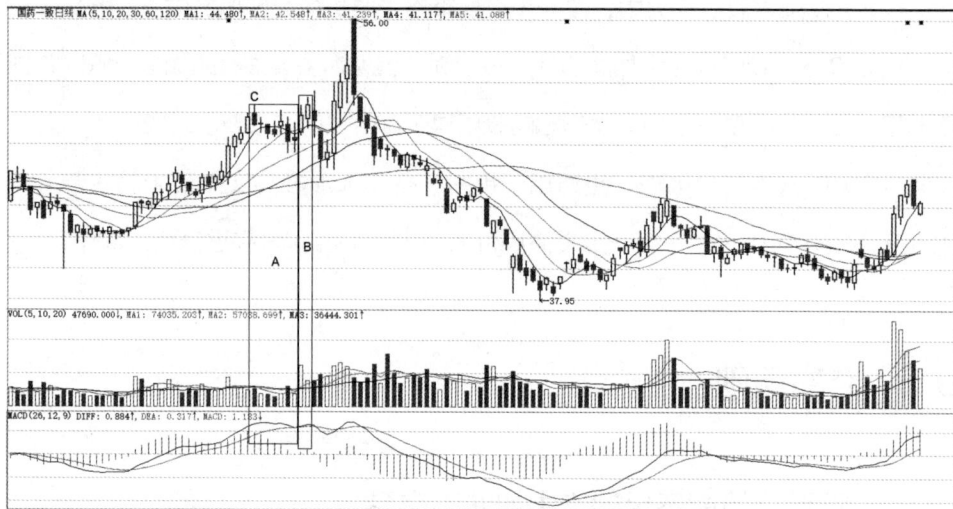

图9-7　国药一致-日线图

实战注意事项：

（1）量能不足的空中加油，主要是判断空中加油形态的买点信号时，突破形态期间买点的一种量价表现，因为突破时必须表现为成交阳量的明显放大或持续放大，以实现以量破价，否则难以形成真正的突破。所以在判断时，技术形态必须完全符合空中加油时才具有实战意义。

（2）在空中加油的突破形态中，一定要留意这种突破有两种情况：一种是股价突破空中加油调整初期的高点；另一种是强势的快速回升突破。如果是强势的快速回升突破时，股价并不一定要突破调整初期的高点，量能也不一定非要表现为放量，尤其是缩量快速涨停的突破，是强势的表现，不能以量能不足来对待。

9.2.2　原则2：巨量上涨的突破点不交易

在根据空中加油战法买入交易的实战中，判断买点时，一定要留意巨量上涨的突破形态，虽然突破时必须带量才能突破，但是如果阳量柱过长，形成巨量上涨时，就要引起注意。因为量能过大，后市极容易引发回落，所以，在买入股票时，一定要坚守巨量上涨不交易的买入原则。

具体表现：

巨量上涨的突破点，是指技术形态形成空中加油的突破形态时，量价突破买点表现为一根阳量柱明显要超出之前量能水平极多的巨量柱，或达到天量阳量，K线表现为明显的阳线上涨，只有在巨量上涨后能够持续大量上涨时，方可参与。

如图9-8所示，华联控股（000036）中A区域形成空中加油形态后，B区域快速回升与突破时，表现为一根明显要远远长于之前所有量柱水平的巨量，形成巨量上涨，这时应坚持不交易的原则，只有在其后的下一个交易日表现为持续大阳量的持续上涨时方可买入，但同样要控制好仓位，在C区域形成持续阴量下跌时，应果断卖出股票。

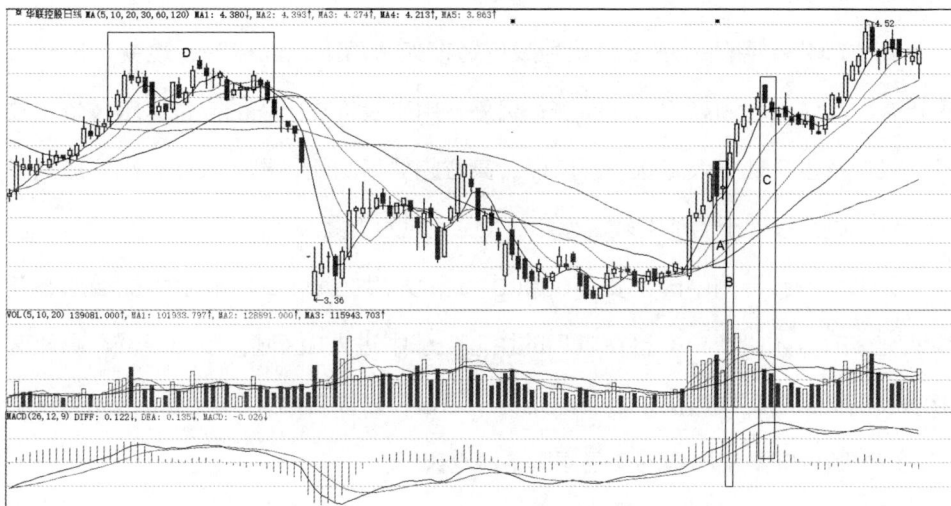

图9-8　华联控股-日线图

实战注意事项：

（1）在判断巨量上涨时，必须技术形态满足空中加油形态中的突破形态时，是指量价突破点表现为超过明显放量上涨时的量能水平，通常表现为一根要远远高出之前量柱水平的成交阳量柱，处于极长状态。

（2）如果巨量上涨出现在空中加油突破点时，表现为一根格外长的天量阳量时，必须采取慢一步操作的策略，只有其后能够持续保持大量状态的量价齐升时，方可买入交易。但这种量能过大的突破点，其后的加速上涨也是难以持续时间较长的，所以，在操作上应采用快进快出。

9.2.3　原则3：高位趋势不明朗时坚决卖出

根据空中加油战法实战时，当股价上涨到高位区域后，并不一定非要形成明显的趋势转跌的量价卖点后，方可卖出股票，因为股价在上涨中的高位区，如果表现为趋势不明朗，也就是股价难以再上涨，再持股则无法继续获利，而一旦转跌，又必然会造成收益减少，所以，在空中加油操盘的过程中，一定要坚守高位趋势不明朗时坚决卖出的原则。

具体表现：

高位趋势不明朗，主要表现为股价短期无法再上涨或下跌，也就是出现震荡状态，具体表现为高位震荡滞涨；另外，由于股价在上涨的高位区跟风资金较多，成交量也会处于大量状态，所以，高位趋势不明朗，具体表现为高位放量震荡滞涨：成交量处于当前的较高水平，K线表现为震荡滞涨。

如图9-9所示的中国宝安（000009），如果在A区域出现空中加油形态并快速突破时买入股票，一旦在其后的快速上涨中进入B区域，发现股价在高位区形成放量状态的阴线震荡，且下跌走势不明显，形成震荡，说明高位区趋势不明朗，应果断遵守卖出股票的交易原则，清仓离场。

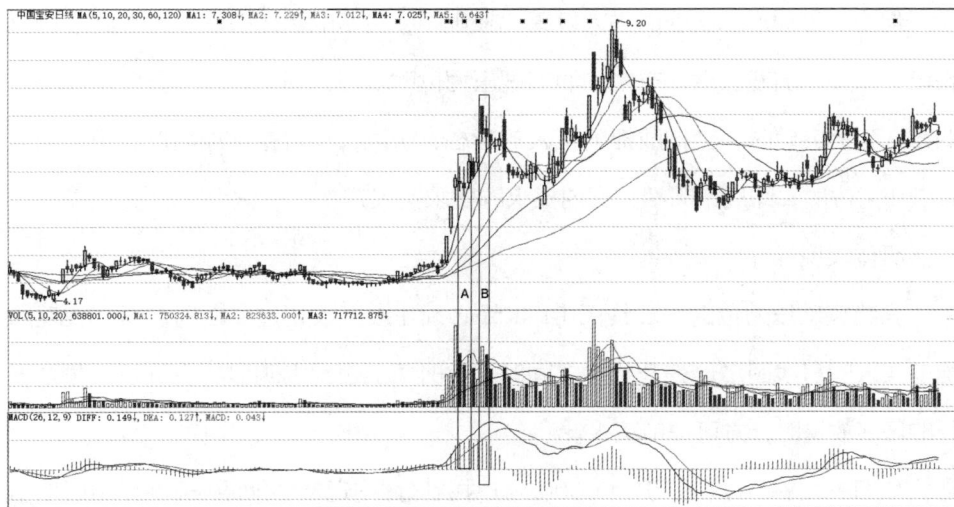

图9-9 中国宝安-日线图

实战注意事项：

（1）高位趋势不明朗出现时，在持股过程中，股价经过一定幅度的快速上涨后，形成短时的放量震荡滞涨，但成交量在大量水平状态下的股价震荡滞涨，同样是一种高位趋势的不明朗。

（2）在高位放量震荡滞涨中，允许股价出现短时的冲高回落或探底回升，但通常K线实体会保持在一个相近的位置，是主力在高位区维持股价高位出货的征兆，所以一经发现，即应果断卖出股票。

（3）高位趋势不明朗出现后，如果卖出股票，其后发现股价又出现短时冲高，也不要轻易再买回来，除非突破压力位的高点，但操作时也应快进快出，做好止损。

9.2.4 原则4：强势突破压力位，提前买入

突破压力位，是空中加油战法中重要的突破形态，由于股价在上涨过程中突破压力位时，是股价突破前期高点，高点位置所聚集的筹码相对较多，所以通常表现为大量状态的以量破价，以实现突破。

但空中加油形态出现时主力筹码比较集中，只是顺势短时洗盘对筹码进行再收集，以实现加速上涨，空中加油突破压力位时表现为强势，尤其是以快速涨停的方式强势突破时，会构成提前买入的形态，所以，一旦空中加油形态出现强势突破压力位时，即应果断根据提前买入的要求买入。

具体表现：

强势突破压力位时，日线图上的K线必须在接近或超过前期高点时，表现为提前买入的日线图量价齐升状态，同时，分时图上表现为明显的股价线大角度上行的区间放量时，方可提前买入。

如图9-10所示，飞亚达（000026）中A区域出现空中加油形态后，B区域出现跳空高开的量价齐升时，说明出现快速回升+强势突破C区域高点的情况，这时应观察B区域当日的分时走势图，即图9-11中的情况，发现股价在A区域高开，B区域形成股价线大角度上行，下方D区域表现为区间放量，应果断提前买入，即使早盘未能及时买入，也应在其后C区域再次区间放量股价线大角度上行时，即使即将封涨停，也应果断买入，因为这种情况属于强势突破压力位，且符合提前买入的要求，所以，必须坚持强势突破压力位、提前买入的交易原则。

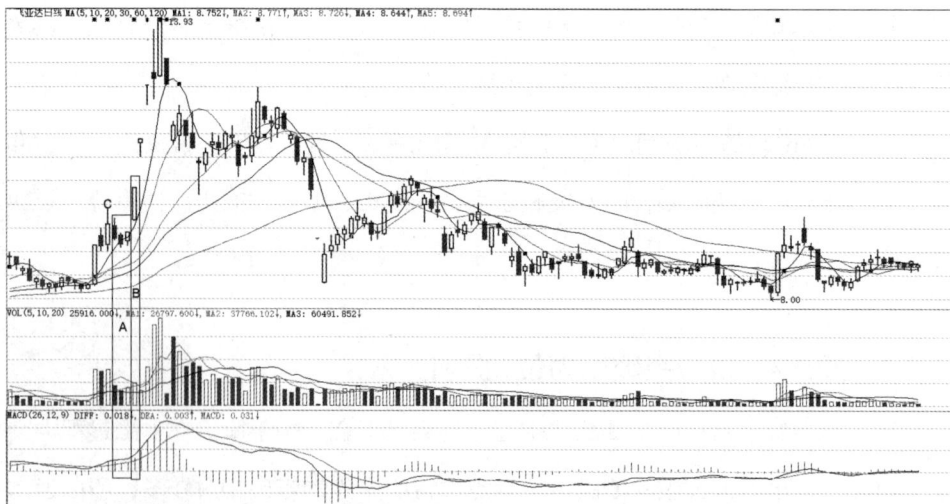

图9-10　飞亚达-日线图

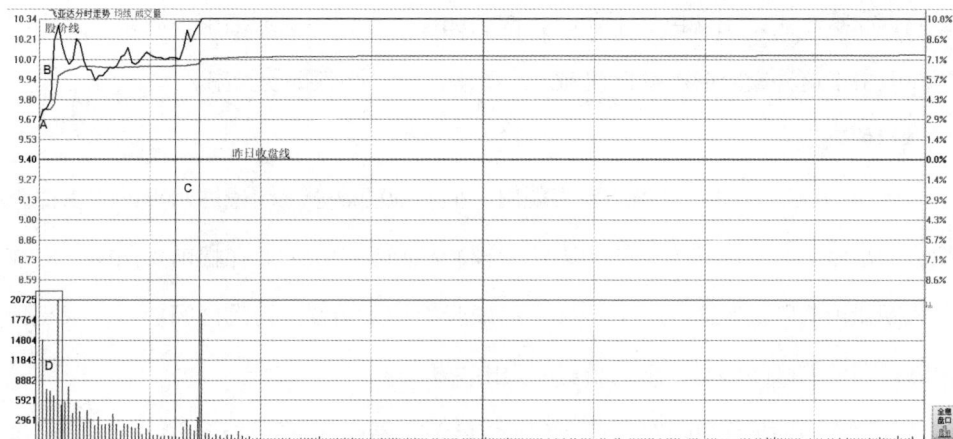

图9-11 飞亚达-2019年12月16日分时走势图

实战注意事项：

（1）强势突破压力位时，必须在日线图上形成空中加油形态后，在止跌回升过程中，表现为强势上涨，接近或突破前期调整时的高点时，方可确认为强势突破。因为股价快速涨停属于强势突破的一种，即使是缓慢空中加油出现，也是符合提前买入要求的，所以，即使此时股价未突破空中加油调整时的高点时，也是提前买入的加速回升与强势突破形态。

（2）当空中加油出现强势突破时，一定要确保在日线图符合量价齐升的要求下，同时分时图也符合股价线大角度上行的区间放量时，才是提前买入的时机。

（3）根据强势突破压力位的空中加油提前买入时，一定要留意股价接近调整高点时的快速涨停的强势突破压力位出现，因为这种形态虽然看似股价尚未突破高点压力位，但由于是快速涨停，所以，同样是股价加速向上强势突破的表现，股价会以持续涨停突破的方式出现。

9.2.5 原则5：巨量下跌，提前卖出

巨量下跌，是一条卖出股票的交易原则，是在持股过程中，一旦发现在良

好的上涨状态中，出现巨量下跌时，说明加速上涨已经快速结束，应果断卖出股票。但由于这种量价形态符合提前卖出要求，所以必须提前卖出。

具体表现：

巨量下跌出现时，日线图会表现出一根明显要高于之前量柱水平的阴量柱，股价通常呈阴线下跌状态，或呈阳线大幅冲高回落的状态。在提前卖出时，应在日线图量价齐跌的状态下，分时图上形成股价线大角度下行的区间放量，或是大幅低开弱势的区间放量，来判断提前卖出时机。

如图9-12所示的国农科技（000004），若是在A区域形成空中加油形态后，B区域的加速回升时买入股票，一旦进入C区域，发现股价在大幅高开后短时冲高即表现为量价齐跌时，应果断观察当日的分时走势图，即图9-13中的情况。发现开盘后股价在大幅高开的状态下，一度冲至涨停，但即刻形成大角度直线式下跌，且区间放量为两根大单式极长量柱的区间放量，应果断卖出股票。这种卖出操作就是在遵守巨量下跌、提前卖出交易原则下的操作。

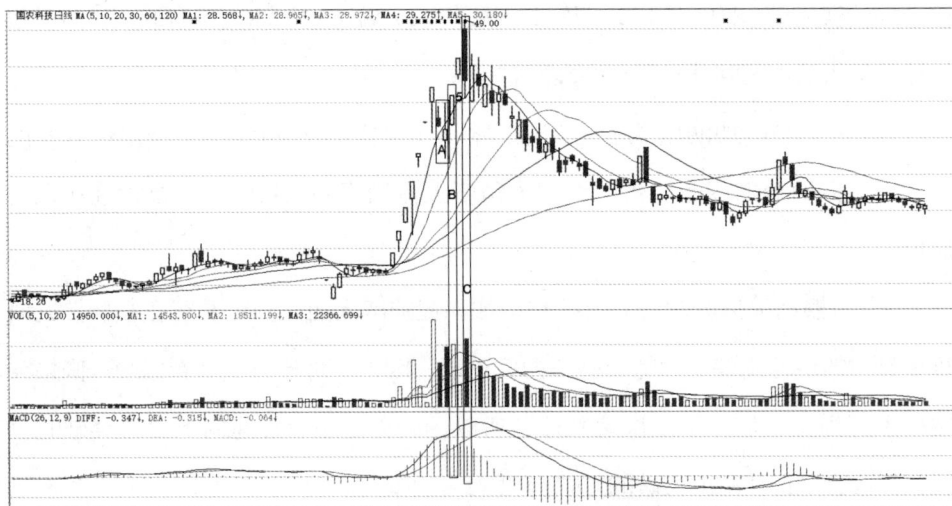

图9-12　国农科技-日线图

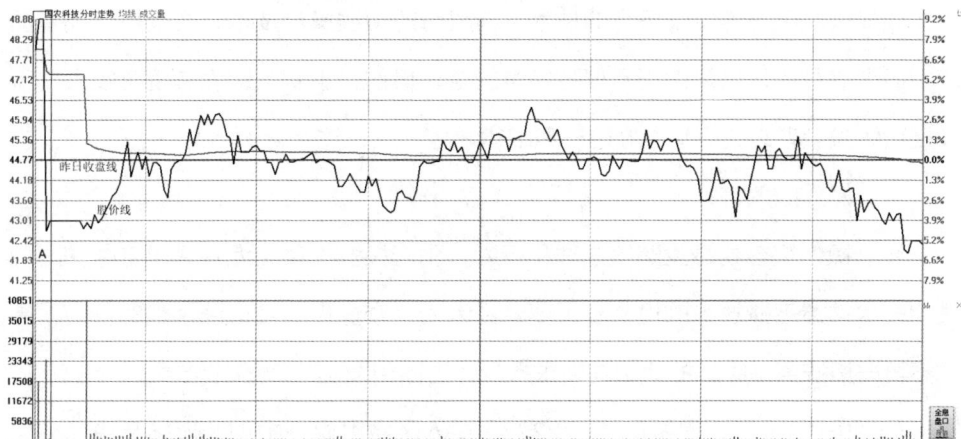

图9-13 国农科技-2020年3月3日分时走势图

实战注意事项：

（1）巨量下跌出现时，为日线图上的一种量价表现，但在判断提前卖出时机时，在日线图上最初不会表现出巨量下跌，只是表现为短时快速的量价齐跌，因此，在判断提前卖出时机时，应结合分时图来判断。同时，股价在短期大幅上涨的高位区才会出现。

（2）巨量下跌形成提前卖出时机时，多数是发生在早盘，但早盘的股价线大角度下行的区间放量虽然明显，但不能忽视大幅低开弱势的区间放量，同样要果断卖出股票。

（3）如果巨量下跌出现在午后开盘或尾盘附近时，更要引起注意，因为此时的巨量下跌，大多数在日线图上已经形成或即将形成，是确认短期趋势快速转弱时更为准确的卖出信号，一定要及时卖出。

9.3 交易纪律

9.3.1 不全仓操作

根据空中加油战法实战操盘时，一定要严格遵守不全仓操作的纪律，因为空中加油战法属于一种短线操盘的技术，而所有的短线操盘技术，全仓操作都是操盘中最大的忌讳，这是由于看似不经意的全仓操作，事实上因为其危害较大，所以是短线操盘者必须严格遵守的一条纪律。

全仓操作的危害：

全仓操作很容易滋生赌博心理和行为，引起投资失误，尤其是对空中加油战法的技术掌握不够熟练的投资者，更容易因为全仓操作引发追涨杀跌的行为，造成不再严格按照空中加油战法的要求操盘，进而引发屡战屡赔的结果。

如图9-14所示，奥特迅（002227）中A区域出现空中加油形态及快速突破时，CCI也在天线上方止跌回升，A区域右侧阳线为涨停阳线，即使是当日提前买入时，也不应全仓买入，尤其是初学者，因为提前买入本身就存在一定的风险，是对股价短期趋势的一种预判下的操作，若是其后打开涨停板，并出现快速回落爆出大量，全仓操作的结果，会让短线损失较大，且其后B区域快速回落时若卖出不及时，则很容易出现过山车，甚至是亏损，导致对空中加油技术的怀疑，甚至从此恢复追涨杀跌的操作。所以在实战中，一定要坚守不全仓操作的纪律。

图9-14 奥特迅-日线图

克服全仓操作的方法：

（1）要想改变全仓操作的习惯，首先必须克服内心的贪婪，这样才能根据空中加油战法中的仓位管理方法和要求，严格遵守对投资仓位的控制，在轻仓时参与，在重仓时出击。

（2）认真学习空中加油战法的所有技术与技巧，这样就会明白什么时候需要轻仓参与，什么时候应该重仓出击，以及轻仓与重仓时对仓位的具体要求，同时也会明白选股的目的，除了是为空中加油形态的判断做准备之外，也是对投资风险的严格控制。

（3）根据空中加油战法实战前，一定要明白选股和判断买入形态和买点的目的，因为这些操作环节的严格筛选，除了要确保股价加速上涨的概率大之外，同时也是为了将投资风险控制在最低。所以，一旦充分了解了这一目的，在每次操作前就会时刻在心里绷紧一根弦：股票投资，获利看投资者对机遇的把握，最大限度地降低投资风险、确保资金安全才是第一位的。

9.3.2 不老盯盘

老盯盘是大多数投资者都十分热衷的一件事，虽然股票投资离不开盯盘，但是没必要总是盯着盘面，因为总盯盘会严重干扰到正常的投资心理，容易让人产生冲动，从而放松操盘要求，造成追涨杀跌，引发投资失败。所以，根据空中加油战法操盘时，一定要严格遵守不老盯盘的纪律。

正确的盯盘方式：

由于股价在盘中的波动，经常会出现在几个重要的时间段，所以，投资者只要把握好几个最容易变盘的时间段去盯盘，就完全可以掌握股价的全天异动和趋势演变，做到从容操盘。

（1）早盘30分钟，是指早上9点30分开盘后到10点，因为许多强势股或弱势股经常会在开盘的30分钟内发生快速转强与快速转弱，所以早盘30分钟，是最容易出现快速变盘的时间段。

　　图9-15所示为奥飞娱乐（002292）2020年6月12日分时走势图，在早盘30分钟的A区域，股价在小幅低开的情况下，出现股价线小幅震荡的大角度上行，且形成明显的区间放量，很快封于涨停，一旦在日线图形成空中加油形态，在判断买点时，这种形态的分时走势，就符合提前买入股票的形态。因此，一定要留意早盘30分钟内的情况，这一时间段是最容易出现变盘的时刻。

图9-15　奥飞娱乐-2020年6月12日分时走势图

　　（2）10点至10点30分。因为经过了早盘的多空厮杀，进入10点后，股价就会回归正常的走势，所以一只股票的强弱，只要在早盘30分钟未表现出强弱，则10点以后的走势，基本上就会成为全天的行情走势，因此，只要在这一时间段不发生快速变盘，基本上可以掌握这只股票全天的强弱。

　　图9-16所示为烽火电子（000561）2020年6月12日分时走势图，在经过早盘30分钟的震荡整理后，进入A区域的10点20分至10点30分，股价一举突破昨日收盘线，表现为持续震荡走强，且明显呈放量上涨状态。一旦日线图形成空中加油形态，则这种分时图即是一种成为买入时机的分时量价表现，所以，一定要注意上午10点至10点30分这一时间段，因为它是最容易体现出全天趋势强弱势的时间段。

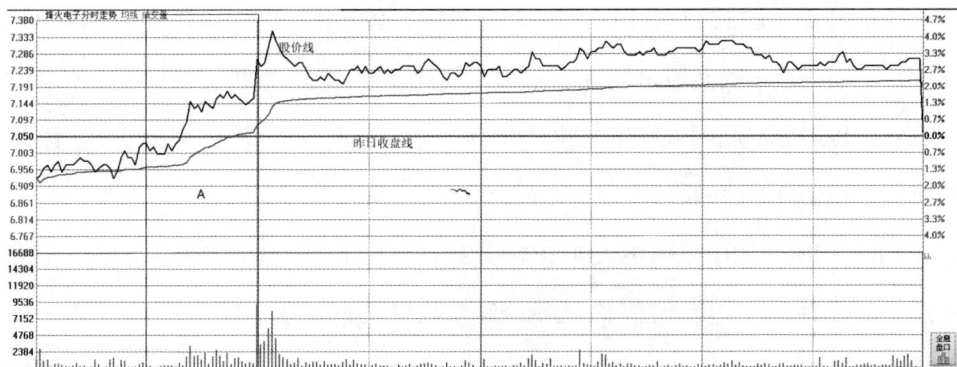

图9-16　烽火电子-2020年6月12日分时走势图

（3）午后开盘30分钟，是指13点至13点30分，经过上午多空双方的争夺，午后开盘刚好是午饭后的时间，而饭后容易让人产生疲倦，所以多空双方最容易在下午一开盘即发动攻势，打对方一个措手不及。因此，午后开盘30分钟内，也是最容易出现变盘的时间段。

图9-17所示为合肥百货（000417）2020年6月12日分时走势图，在上午股价一直表现为窄幅横盘震荡，但到了A区域的午后开盘30分钟内，突然出现区间放量的股价线大角度上行，表现为突然启动上涨的量价齐升，如果日线图形成空中加油形态，在突破分时走势图上如此表现，即为提前买入的时机。

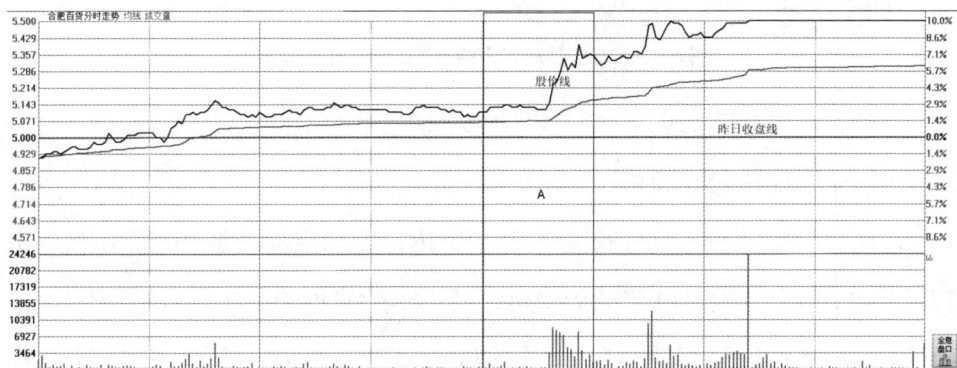

图9-17　合肥百货-2020年6月12日分时走势图

因此，在看盘时一定不要忽略了对最容易变盘的午后开盘30分钟的观察。

（4）14点左右，是指14点前后30分钟内，虽然这一时间段属于下午盘中的时间，但由于这一时间段是最容易让人产生困意的时间，精神不够集中，所以，多空双方也最容易利用人体生物钟对人的影响，在这一时间段内突然发难，因此也是最容易变盘的时间段。

图9-18所示为山东赫达（002810）2020年6月12日分时走势图，当一个上午及午后开盘后，股价一直表现为围绕昨日收盘线的水平小幅震荡，但进入午后盘中的13点45分至14点15分的A区域，股价线表现出持续上行、同时分时量柱持续变长，为明显的分时图量价齐升状态，若日线图上形成空中加油形态，在止跌回升或突破时符合买入形态和买点要求的情况下，一旦分时图上如此表现，即是买入的最佳时机。

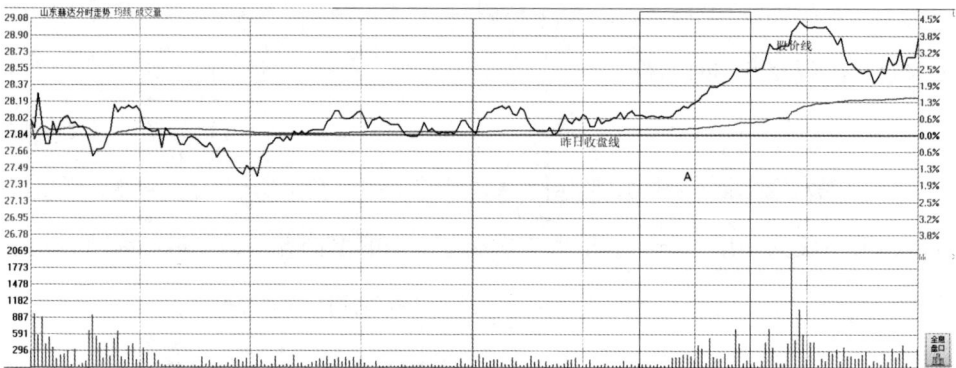

图9-18　山东赫达2020年6月12日分时走势图

因此，在买入股票时，一定不要忽略对午后盘中14点左右的观察，因为这一时间段同样是容易变盘的时间。

（5）尾盘30分钟。是指收盘前30分钟内，即14点30分至15点，严格讲是14点至14点57分，因为14点57分至15点，是以集合竞价的方式出现的。但是，由于多空双方经过几乎全天的争夺后，在收盘前均较累，所以，多空双方也最容易利用尾盘突然发动攻势，因为尾盘的收盘价涉及次日开盘，所以一旦对方醒悟过来，已近收盘，则很难再翻盘，因此，尾盘30分钟也是最容易出现变盘的时间段。

图9-19所示为倍加洁（603059）2020年4月14日分时走势图，在整个交易

日内，上午股价线一直位于昨日收盘线下方附近保持横盘震荡，略上行突破昨日收盘线后，下午则一直在昨日收盘线上方附近横盘震荡，但到了收盘30分钟期间的A区域，股价线突然出现大角度上行的区间放量，并直线冲击涨停，一旦日线图符合空中加油止跌回升突破形态要求后，这种分时形态即是提前买入的最佳时机。因此，在看盘时同样不要忽略对尾盘30分钟的观察，因为尾盘30分钟同样是容易变盘的时间段。

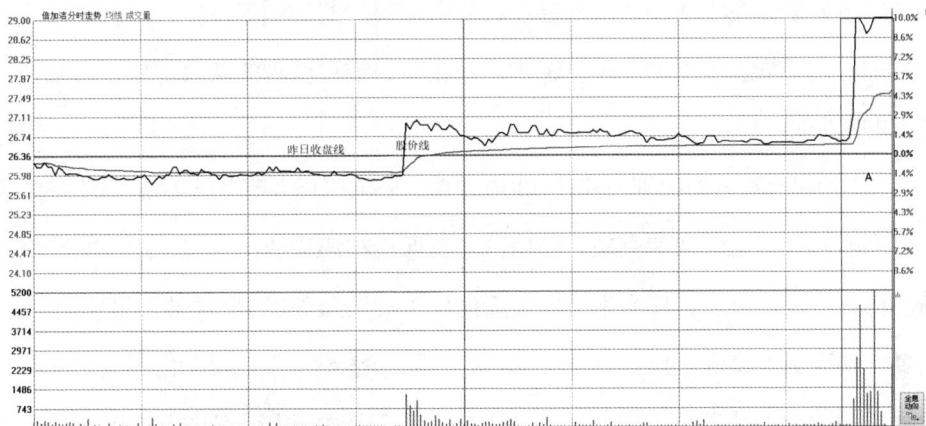

图9-19　倍加洁-2020年4月14日分时走势图

克服老盯盘的方法：

（1）在选股、买股、持股、卖股阶段，不要总是喜欢通过看盘观察短期的趋势波动，尤其是在智能手机普及的今天，也不要养成有事没事就打开手机上的炒股软件，只要在五个重要的时间段，通过看盘，发现未出现变盘时，即无须改变之前的操作策略。

（2）即使投资者可以自由支配的时间较多，也不要养成老是盯盘，没事时可以去和朋友聊聊天，或是喝喝茶，因为股票投资虽然是一份工作，但不是工作和生活的全部，总是沉迷其中，很容易钻牛角尖，多与朋友交流抑或分享与探讨，这样才会开阔思路。

（3）在选股阶段，尽量选择在收市后或节假日，这样就不会为盘面的波动而影响总是去盯盘了，还可以专心去选股。

9.3.3 克服贪婪

贪婪是人的本性，投资者一旦心生贪婪，就会严重影响操盘的技术，放松对空中加油战法中各项技术的要求，难以认真执行和落实，从而影响最终的投资收益。因此，在根据空中加油战法操盘期间，一定要遵守努力克服贪婪的纪律。

贪婪的危害：

贪婪的最大危害，是放松对股票操作中的要求，总是抱着侥幸的心理，应该买的时候迟疑，应当卖的时候坐等看，应当持股的时候结果卖了。所以，长期在贪婪的心理下操作股票的后果，轻则减少收益、错过获利的买入时机，重则造成持续的亏损。

如图9-20所示的中洲控股（000042），在A区域表现为上涨初期的空中加油形态时，股价出现快速突破，但量价一直保持在温和放量状态，这说明股价上涨的动力不足，所以，应当维持股价仍然属于短线震荡走强的判断，但如果心存贪婪，勉强买入股票，其后当进入B区域，即股价接近前期高点D区域时，在面临上涨压力巨大的情况下，依然未放出阳量，反而转为阴量，则说明D区域的压力较大，股价只能通过反复震荡来化解这一压力，若是依然心存贪婪，在侥幸心理下继续持股，则势必会面临短线被套的结局，卖出则会形成亏损。

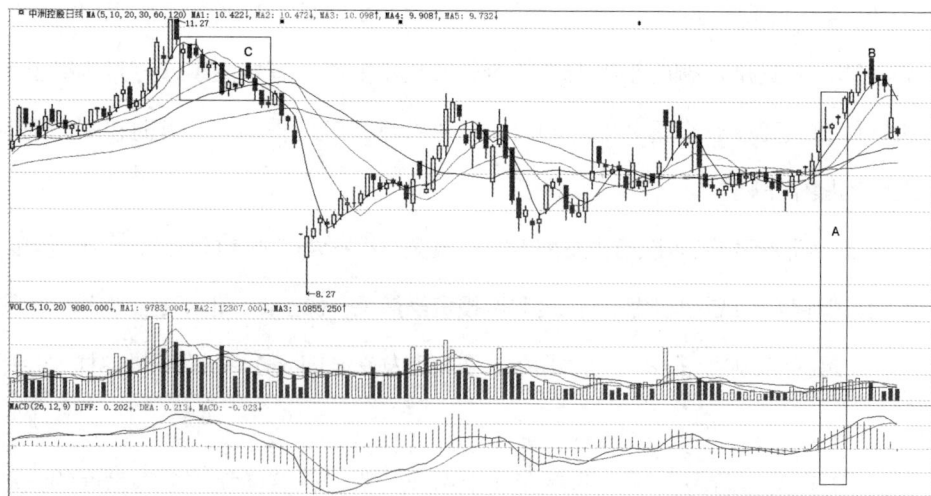

图9-20　中洲控股-日线图

因此在实战中，无论是否按照空中加油战法操盘，只要是短线操作，就应严格遵守克服贪婪的纪律。

克服贪婪的方法：

（1）克服贪婪的根本，在于从心理上完全抛弃这种思想，严格按照空中加油战法中的各个操盘环节要求来规范自己，并做好技术的落实与执行，即使是股价中长期趋势向好，只要短期形成弱势，也要果断卖出股票；即使是中长期趋势再弱，只要买入时机到了，就要抓住时机买入。

（2）克服贪婪的另一个方法，就是不要有事没事总去盯盘，因为一个人只要是总喜欢盯盘，就难免为盘面上强势股的上涨，或调整期间股价的持续弱势影响，从而心生贪婪或恐惧，所以，在选股阶段，我们要求在非交易时间或节假日去进行，以避免总是去盯盘而滋生内心贪婪的欲望。

（3）明白炒股是为了赚钱而操作的，所以，必要时可以将克服贪婪等纪律写在纸上，放在电脑前，这样就可以学会如何等待，因为时机不到，买入只能是让自己日后的操作更难受，而炒股操作，事实上也就是那几天，只要每个月抓住机会操作两三回即可，而不要总是去交易。也不要怕错过时机，因为只要不是在熊市，股市中有的是机会，只要肯下功夫去选股，寻找恰当的交易时机是很容易的。这样就不会心生贪婪了。

9.3.4　不靠消息交易

投资者都知道，消息对一只股票会产生一定的影响，因为利好消息对上市公司来说，必然会促进业绩的提升；利空消息，又必然会对上市公司造成不好的影响，从而影响股价的涨或跌。但事实上，投资者所能看到的消息往往是滞后的，根据消息来买卖股票，会出现与实际相反的情况，原本应买入的却低位卖出了，原本应获利卖出的却买在了高位。

消息对股价的实际影响：

在常态下，利好消息会对股价的上涨提供依据，利空消息对股价的下跌造成助力。但事实上这只是种散户心理，主力往往会利用这种散户心理反其道而行之，即股价在低位时利空不断，好借机低位吸筹；股价在高位时利好消息频出，好借机大举出货。所以，在操盘时，一定要遵守不要靠消息操作的纪律。

如图9-21所示，制药网资讯中心发布了一则消息，发布时间为2020年2月13日，说是受疫情影响，共有奥美医疗、振德医疗、辰欣药业、科伦药业、安科生物5家医药企业在2010年一季度或超预期。在此，以其中的奥美医疗（002950）来观察，发现图9-22中这只股票的日线图上，发布消息的时间为A区域，此时明显为MACD转跌过程中的大角度死叉，而这只股票也早已经过了B段走势的大幅快速上涨，短期涨幅早已超过150%，且C区域已经出现明显的巨量下跌卖点，根据消息买入的后果，闭着眼睛也能想到，明显会成为主力最后派发中的高位接盘侠。所以，在操盘时一定不要靠消息交易。

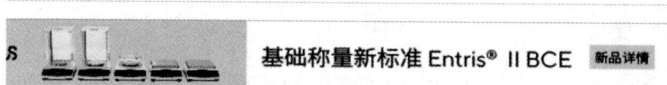

图9-21　制药网-资讯中心

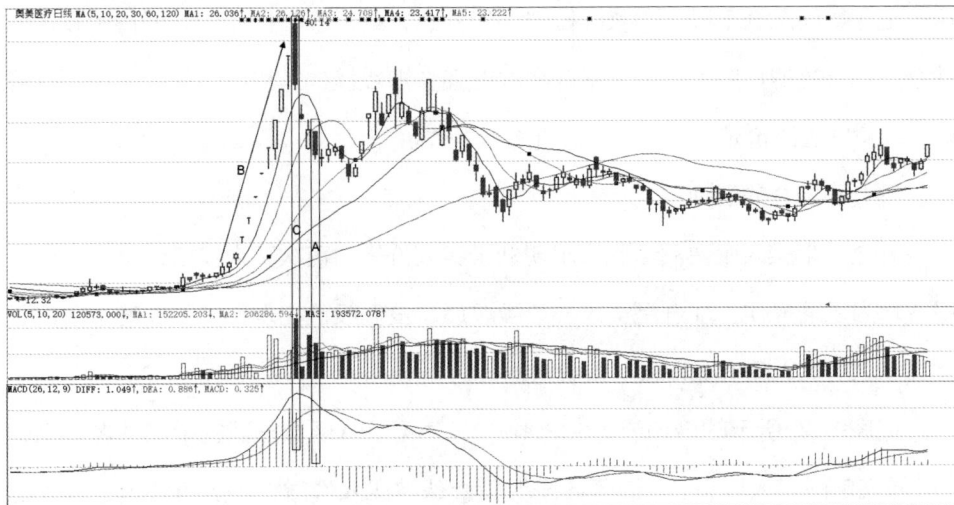

图9-22 奥美医疗-日线图

判断消息的方法：

（1）判断消息时，应认真分析这一消息对上市公司的实际影响，如中大单等利好消息，属于上市公司正常的经营，因为持续的阶段性大单，才能支撑上市公司全年的业绩。

（2）只有突发巨大的经济事件或政策、法规变更等事件，才会影响上市公司的正常经营，从而影响上市公司业绩的突然变化，如2019年底的疫情，必然会影响全球股市。

（3）上市公司的重组等消息，可以说是一把双刃剑，重组成功当然能从根本上解决上市公司的亏损状态，但重组失败，则必然对上市公司是一大利空。这类消息，无论是利好或利空，普通投资者都无法在第一时间掌握，不确定性最大，风险也最高，所以，不能只想到重组成功后股价持续大幅上涨，还要考虑到重组失败后的持续走弱，甚至是面临退市的风险。

9.3.5 不补仓

在空中加油战法中，不允许补仓操作，只允许加仓，所以，一定要严格遵守这一纪律，而加仓不同于中长线投资中的补仓，或是解套操作中摊低持股成本的补仓，加仓是寻找股价加速上涨征兆时的强势短线操作，所以，一旦出现补仓时机，就意味着股价走弱，因此不允许补仓操作。

补仓与加仓的区别：

补仓是指买入股票后，股价出现低于买入价格时再次买入股票，是以摊低持股成本为主的操作；加仓是买入一只股票后，发现股价出现持续快速的上涨时，以高于之前买入的价格再次买入股票的行为。

如图9-23所示的倍加洁（603059），若是在A区域出现空中加油形态后的B区域突破时买入股票，当D区域出现股价跌破买入价时，不应再买入，因为这属于突破后的再震荡，买入为补仓操作，以摊低成本为目的。而到了其后的E区域，股价表现为快速上涨时的量价齐升，这时应在分时图股价线大角度上行的区间放量，涨幅超过3%时果断买入，这种买入即是加仓买入，但其后股价快速冲击涨停时，即应果断再卖出买入时的股票数量。这种加仓与减仓的T+0交易，就是空中加油战法中快速上涨时的加减法仓位管理，与D区域的跌破买入价的逢低补仓，是完全两种概念的操作。

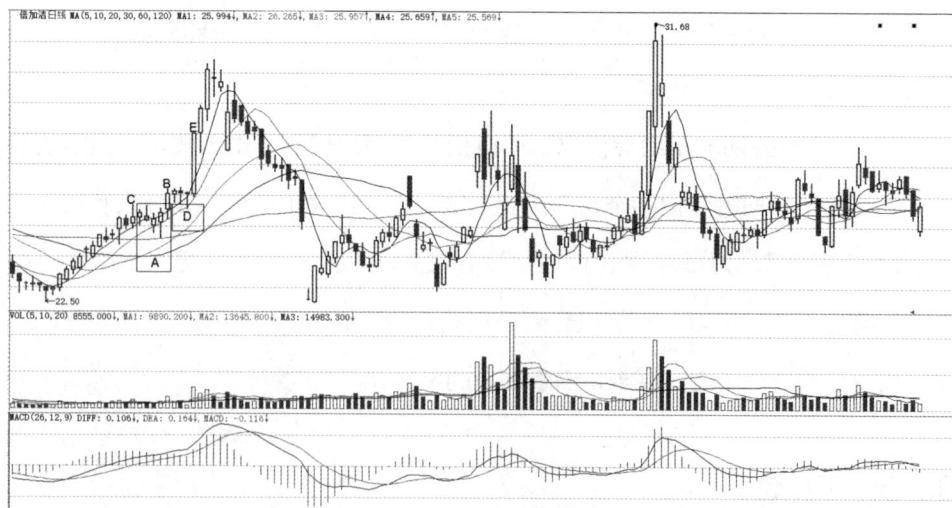

图9-23　倍加洁-日线图

克服不补仓的方法：

（1）充分了解加仓与补仓的区别，就会明白加仓与补仓的实质，再结合空中加油战法的获利原则和方式就会明白，持股后再买入股票是为了寻找股价短期加速上涨的操作，所以就不会再进行补仓操作，因为补仓时机的出现，在空中加油战法中属于买入失败的情况，反而应止损出局，所以，克服不补仓的最好方法，就是认真学习空中加油战法的所有技术与理论。

（2）通过认真学习空中加油战法中仓位管理的加仓时机和买卖时机的把握，就会准确把握好买入时机，这样也就极大地避免了买入后股价走低的概率，从而不给自己创造补仓的机会，避免了补仓的可能。

（3）养成操作失败后果断止损出局的良好习惯，这样在买入失败后，眼里看到的不再是机会，而更多的是风险，从而在思想上拒绝补仓的概念。

9.3.6　操作失败及时止损

由于空中加油战法属于一种短线操盘技术，所以在根据这一战法实战时，一定要遵守所有短线操盘中必须遵守的一条纪律：操作失败后一定要及时止损出局。

这是因为，不管是哪种短线操盘技术，在存在其明显优势的同时，也必然会存在其明显的缺点，加上判断行情时存在人为因素的差别，所以要想百分之百的成功是不可能的，只不过自身对这一技术的熟练程度，以及操盘经验的提升，会将这一判断失误降到最低，也就是成功率会相对提高，但依然存在失败的概率，所以，一旦买入操作失败后，就要敢于在第一时间内承认失败，果断止损，卖出股票。

止损的具体要求：

大多数投资者在止损时都喜欢设定一个止损的价位，如3%～10%，幅度的大小，意味着自己的心理承受能力的高低，但在空中加油战法中，止损位的设定会因买入时机的不同而略有不同。

如在止跌回升形态中，不管止损位设为多少，必须不形成明显的突然大量的量价齐跌，或是跌破前期上涨时的阳线低点时，方可继续持股，否则就应及时止损。在突破形态中，应以股价突破前期高点后不再快速上涨，跌回突破低点时持续量价齐跌或形成卖点，为止损位。也就是买入股票后股价跌破买入价后的持续量价齐跌，为止损位。

如图9-24所示，华侨城A（000069）在A区域出现空中加油形态后，B区域出现突破买点，但其后的D区域，股价在震荡走高后出现震荡走低，并在震荡中跌破买入价，且D区域形成明显的MACD在高位区的股价高位放量滞涨，形成量价卖点，这种情况就属于操作失败，所以，不应以心理承受的亏损幅度未到而继续持股，一定要遵守操作失败后及时止损出局的纪律，应果断卖出股票，以避免其后造成更大的损失。

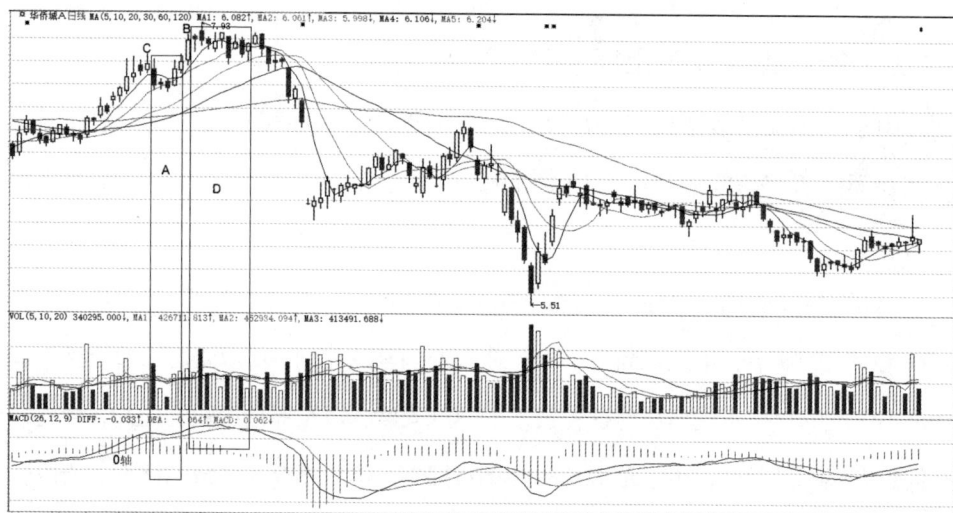

图9-24　华侨城A-日线图

克服操作失败的方法：

（1）投资者要想从根本上克服操作失败，必须全面深入地学习好空中加油战法中的所有技术与技巧，只有严格按照技术与技巧要求去落实和执行，才能最大限度地减少操作失败的概率。

（2）积累实战经验，将经验与空中加油战法的技术结合分析和不断反思，并通过交流的方式，与朋友探讨和深入分析，才能不断完善和补充操盘技术，降低失误概率。

（3）股价的运行趋势虽然只有上涨、下跌和震荡三种形式，但要想降低失败的概率，必须严格按照空中加油的选股标准去选股，只要更为标准和强势的空中加油形态形成时，尽量在突破形态时重仓操作，才能确保失败概率低。

（4）因为选股的目的除了选择最有可能出现空中加油形态的股票之外，另一个重要目的就是要最大可能地规避掉投资风险，所以，买股一定要在选股的基础上进行，只有买入形态标准、买点强势的股票，才是最容易出现短线加速上涨类的股票，这也是提高成功率的最佳技术手段。

9.4　仓位管理

9.4.1　倒金字塔形仓位管理

倒金字塔形仓位，就是在空中加油形态出现止跌回升时，先轻仓买入一定数量的股票，待回升过程中出现加速上涨时再买入一定数量的股票，突破空中加油回落高点时，再买入一定数量的股票，通过两三次的买入，以实现最后的重仓持股。由于这种建仓方式，呈现低位仓位较少，股价逐步走高时仓位逐渐加重，所以叫作倒金字塔形仓位。

具体要求：

在倒金字塔形仓位中，初始的轻仓应控制在总仓位的1/5左右，可以随着股价不断回升的过程，再小仓位买入，直到加速上涨或突破形态时，再完成重仓，但重仓的持股数量不应超过资金总量的2/3。

如图9-25所示，川能动力（000155）中A区域出现空中加油形态后，B区域形成小阳量止跌回升初期，应以1/5的仓位建仓，到在C区域的缓慢回升中，可以逐步加重仓位，直到D区域形成突破E区域的高点时，完成最多总资金量2/3的重仓仓位。这种逐渐加大仓位的方法，就是买入股票的倒金塔形仓位管理方法。

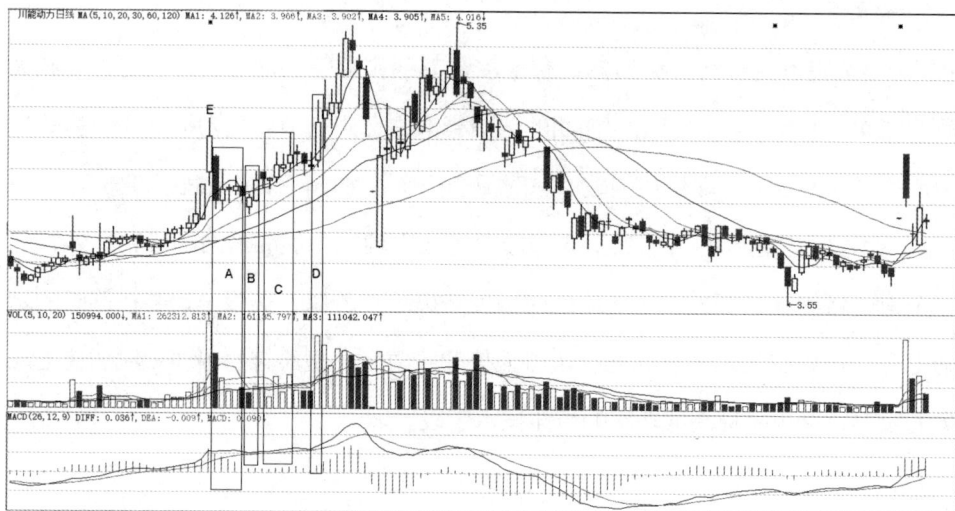

图9-25　川能动力-日线图

实战注意事项：

（1）对于初学空中加油战法的投资者，在实战时，一定要在先期选择轻仓操作，在止跌回升形态时不操作，到突破形态时再以轻仓操作为主，因为初学者对技术的熟练程度不足，极易引发失败。

（2）技术熟练的投资者，在买入股票时，可以采取倒金字塔形的建仓方法，但也可以只在空中加油强势回升或突破时，直接重仓操作。

（3）在通常情况下，买入股票时的倒金字塔形仓位只适合缓慢空中加油形态的股票，因为此时的空中加油时间略长，对于快速空中加油形态的股票，则更适合直接重仓买入。

9.4.2　漏斗形仓位管理

漏斗形仓位，是一种卖出股票时的仓位管理方法，是指在持股过程中，一旦发现量价齐跌的卖点，或是卖点不明显的大阴量下跌时，就要先期卖出一部分仓位的股票，其后一旦股价持续下跌，形成持续阴量下跌时，再清仓卖出，或是在其后的上涨中，若是再次形成量价卖点时，再清仓出局。由于这种仓位管理就像将所有持股都放在一个漏斗中，在不断向下漏，所以叫作漏斗形仓位管理。

具体要求：

在漏斗形仓位管理中，首次卖出股票时，卖出的股票数量至少在持仓数量的一半，再次卖出股票时，通常为卖出所有的持股。所以，在空中加油战法中，漏斗形仓位多数是分两次卖出股票，首次卖出仓位重，然后清仓卖出所有股票。

如图9-26所示的TCL科技（000100），如果在A区域空中加油形态时买入这只股票，当持有到B区域时形成持续阴量下跌，应果断卖出一半仓位的股票，但C区域又出现持续放量上涨，所以应再买回B区域卖出的仓位数量股票，到D区域时形成横盘震荡，应坚定持股，到E区域时，形成明显放量下跌，此时可以选择清仓出局，如果不清仓，也应卖出至少2/3的仓位，直到F区域形成明显的放量下跌时，必须全部清仓出局。

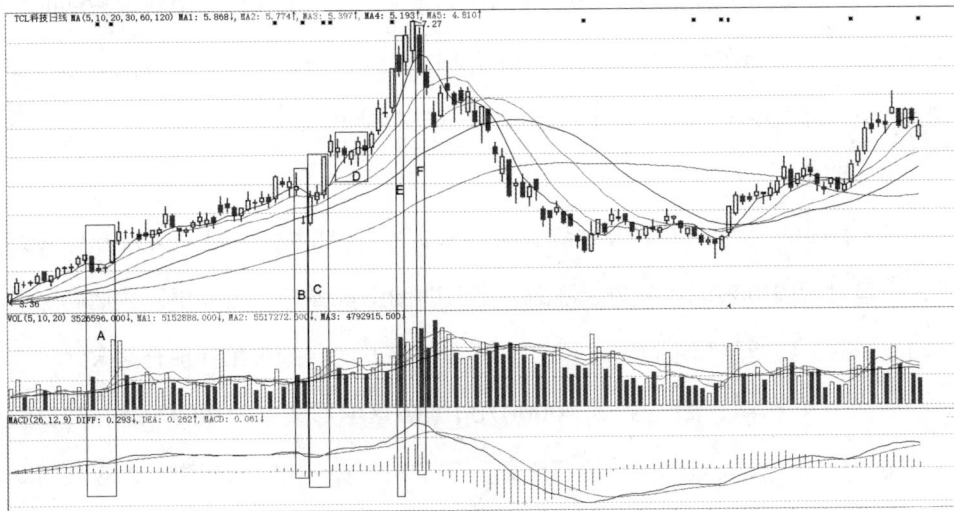

图9-26 TCL科技-日线图

这种B区域、E区域和F区域的卖出，就是漏斗形仓位管理的方法。

实战注意事项：

（1）漏斗形仓位是卖出股票时的一种仓位管理方法，所以，通常首次卖出时，选择股价在加速上涨的高位区，出现量价卖点不明显的大阴量下跌时，只要符合提早卖出的要求时，即可实施首次卖出，卖出的股票数量应至少在1/2以上。若是短期大幅上涨后，应卖出买入成本相等的股票数量。

（2）在漏斗形仓位中，二次卖出股票时，应以清仓卖出为主，只有首次卖出后股价继续上涨时，方可继续持股，若是股价在首次卖出的当日形成巨量下跌时，应在当日收盘前坚决清仓。

（3）根据漏斗形仓位管理方法清仓股票后，即使卖出后发现股价依然持续上涨，也不应再买回来，因为股价在经过持续加速上涨后，此时的上涨持续性较差，持股风险极高。

9.4.3　加减法仓位管理

加减法仓位，是持股过程中盘中T+0操作的一种方法，加法代表T+0买入，减法代表T+0卖出。在根据空中加油战法操盘时，采用加减法仓位管理方法时，一定要遵守T+0操作的交易原则，当日买入的股票，一定要在当日卖出。这是加减法仓位管理在空中加油战法中最重要的一条交易原则。

具体要求：

（1）加法：为T+0买入方法，是在根据空中加油战法要求买入一只股票后，一旦发现股价表现为强势上涨时，即分时图出现高开高走或平开快速高走的区间放量时，只要涨幅超过3%，依然保持量价齐升时，即应果断加仓买入。

如图9-27所示，海王生物（000078）在A区域形成空中加油形态，并在股价出现快速回升和突破时买入这只股票，到了B区域，就应引起注意，应及时观察当日的分时走势图，即图9-28中的情况。通过观察发现，股价在早盘快速下探后，在A区域形成区间放量的股价线大角度上行，同时图9-27中日线图表现为量价齐升，应果断在图9-28中的A区域股价线突破了昨日收盘线后依然保持这种区间放量上涨，当涨幅达到B线的3%时，果断加仓买入股票。这就是加减法仓位管理中的加法。

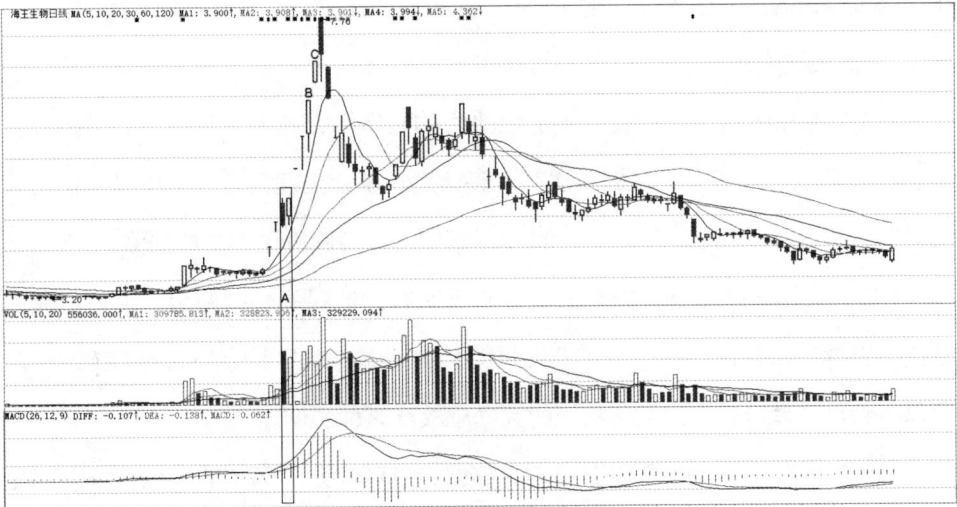

图9-27　海王生物-日线图

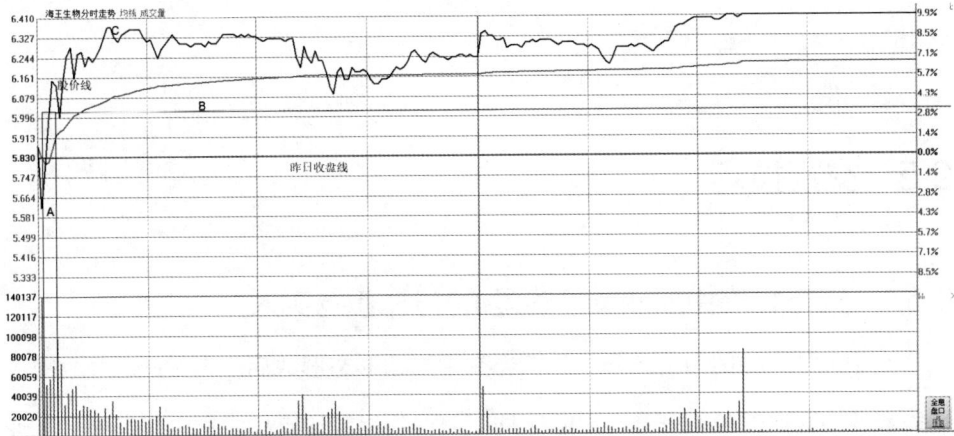

图9-28　海王生物-2020年2月5日分时图

（2）减法：为T+0卖出方法，是在根据加法加仓买入股票的当日，一旦发现股价涨幅达到8%，甚至快速涨停时，即应果断卖出加法时买入的股票数量。

如图9-28中B区域期间，图9-27中A区域表现的强势特征加仓买入股票，那么到其后的C区域，股价涨幅超过8%以后，终止继续上行转为下行，果断卖出A区域买入时的股票数量。这种C区域的卖出，就是加减法仓位管理中的减法。可以看出，通过当日的加减法操作，当日上午不到30分钟，即实现了至少5%的盈利。

实战注意事项：

（1）加减法仓位管理在空中加油战法的操作中，属于一种盘中T+0操作，由于在大多数情况下，当根据加法买入股票后，事实上已是全仓，所以当日买入的股票，当日必须卖出，不可持股过夜，哪怕是当日股价出现快速涨停。

（2）实施加减法仓位管理时，并不是所有的持股都必须使用，因为加减法仓位的管理方法在操作时，是需要时机的，这一时机就是股价开盘的强势特征。所以，若是开盘未表现出极强特征时，则应放弃这种操作。

（3）在加减法仓位管理中一定要牢记，是观察分时图上的变化，只有开盘在平开或高开的情况下，股价涨幅达到3%时，股价线依然保持上行时方可买入；只要其后涨幅达到8%时即应果断卖出，即使股价快速冲击涨停，也应在涨停板上卖出。

9.5　交易技巧

9.5.1　技巧1：空中加油突破的量价齐升，重仓买入

空中加油突破的量价齐升，是指当空中加油形态形成后，突破形态成立时，量价表现为明显的量价齐升，说明这种突破得到量能的支持，所以是突破后加速上涨的表现，应重仓买入股票。

具体要求：

（1）空中加油突破的量价齐升，首先应判断突破形态，包括两种：止跌回升时的加速回升式突破形态；突破回调高点压力位的突破形态。

如图9-29所示，深物业A（000011）在C区域形成空中加油形态后，B区域即为涨停阳线加速回升式突破，这时就要及时判断是否表现为量价齐升。

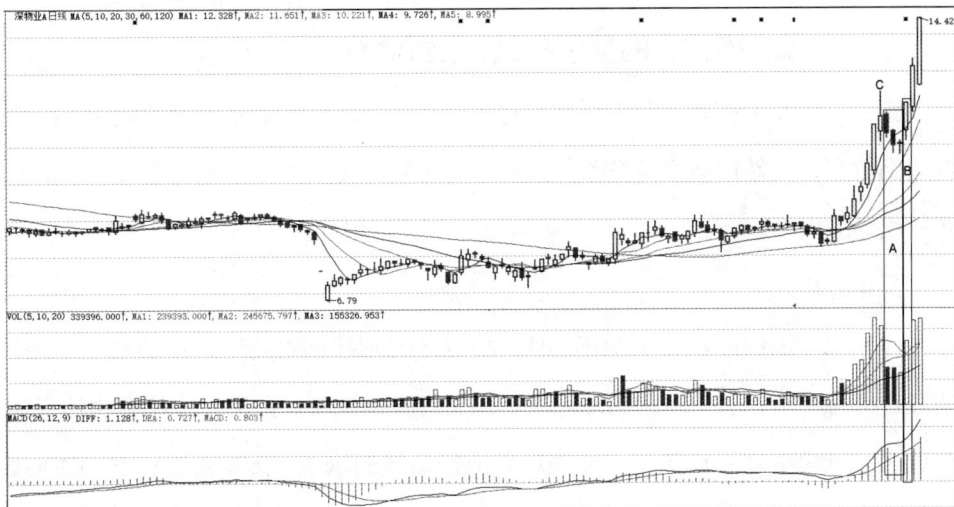

图9-29　深物业A-日线图

（2）突破时的量价齐升，主要包括两种量价形态：明显放量上涨、持续放量上涨，或是缩量快速涨停的光头阳线。

如图9-29中B区域在空中加油加速回升式突破中，明显为阳量不断变长和阳线不断上升的量价齐升。应根据B区域当日分时图上的快速放量上涨形态，坚决重仓买入股票。

实战注意事项：

（1）空中加油突破的量价齐升出现时，首先应判断是否在技术形态上形成突破形态：常规的突破，K线必须突破调整时的高点方可确认；若是加速回升的突破，必须确保当日出现快速涨停，即符合提前买入的要求时为买入时机。

（2）空中加油突破的量价齐升形成期间，量价齐升通常表现为明显放量上涨或持续放量上涨，但不能出现温和放量上涨，尤其是在突破高点时，必须以量破价。只有加速上涨的涨停突破时，才允许量能放大不明显，只要保持阳线阳量的上涨即可。

（3）根据空中加油突破的量价齐升重仓买入股票时，切记不能出现量能过大或非涨停过小，否则应采取慢一步的交易策略，次日观察后再决定是否买入。

9.5.2 技巧2：高位区的量价齐跌，果断清仓

高位区的量价齐跌，是指在持股过程中，一旦发现股价经过短期快速上涨后到达高位区，突然形成量价齐跌，这时一定不要犹豫，采取果断卖出股票，清仓获利出局的操作。

具体要求：

（1）高位区的量价齐跌出现时，高位区的判断相对简单，只要发现K线短期经过持续上涨，有一定的上涨幅度即可，但在常态下，此时技术指标也运行到高位区，或呈持续上行状态，或表现为上行渐缓的状态，如MACD中的DIFF线或CCI。

如图9-30所示，南玻A（000012）在A区域形成空中加油形态后，股价出现短期大幅快速上涨，在B区域的高位区，技术指标中MACD双线上方的DIFF线也运行到高位区，呈上行渐缓的水平震荡，这时就应观察量价关系来判断是否形成卖点。

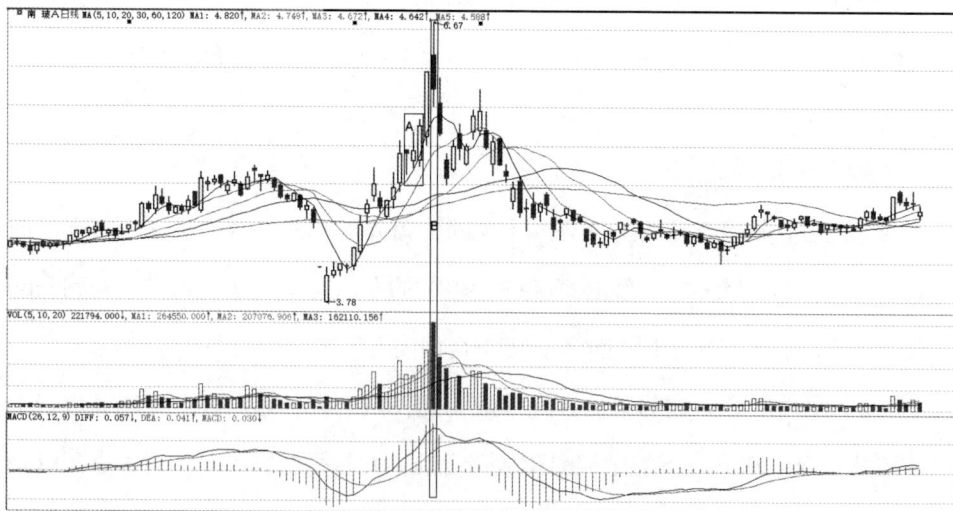

图9-30　南玻A-日线图

（2）量价齐跌在大多数情况下，K线表现为阴线，或上影线较长、实体较短的阳线，或十字星，成交量柱表现为较大状态的阴量柱即可。

如图9-30中B区域股价与技术指标在高位区期间，形成上影线极长的阴线，成交量为格外阴量放量状态，形成明显的量价齐跌，应果断根据当日分时图的放量下跌，提前卖出股票。

实战注意事项：

（1）高位区的量价齐跌出现时，在判断高位区时，主要通过观察K线在经过短期的快速上涨的高位区即可确认，但大多数情况下，技术指标此时也已运行到顶部高位区，表现为持续上行，或是上行渐缓的状态。

（2）在根据高位区的量价齐跌卖出股票时，巨量下跌是清仓的最明显征兆；其次是明显放量下跌；最后是大阴量下跌，为不明显的量价齐跌，这时的阴量柱只要保持在当前较长的状态限即可，或略低于之前的阳量柱，即阴量柱缩量不明显时方可确认。

（3）如果在高位区的量价齐跌出现时，量价齐跌的整体量能放大并不明显，至少要根据漏斗形仓位管理方法，卖出大部分仓位的股票，待其后确认卖点时，再清仓出局。

9.5.3　技巧3：量能过大的短期调整，坚决减仓

量能过大的短期调整，就是股价在持续上涨中，一旦K线下跌状态不明显时，但若是成交量表现为明显过大的阴量放大时，虽然看似是短线盘中的震荡调整，事实上已经构成量价卖点，所以，应采取减仓的操作，直到形成持续放量下跌的卖点后，再清仓出局。

具体要求：

量能过大的短期调整出现时，首先是K线的短线调整状态，如K线表现为上影线极长、实体较短的阴线，或十字星，甚至是实体较长的阴线时，成交量表现

为明显与之前阳量柱比较的放大状态，即长阴量柱。

如图9-31所示，深康佳A（000016），若在A区域形成空中加油形态时买入股票，经过其后的持续上涨，股价在B区域出现阴线调整，成交量为一根略缩量的大阴量，明显为量能过大，即使当时可确认为短线调整，也应坚决减掉大部分仓位，甚至是清仓出局亦可。

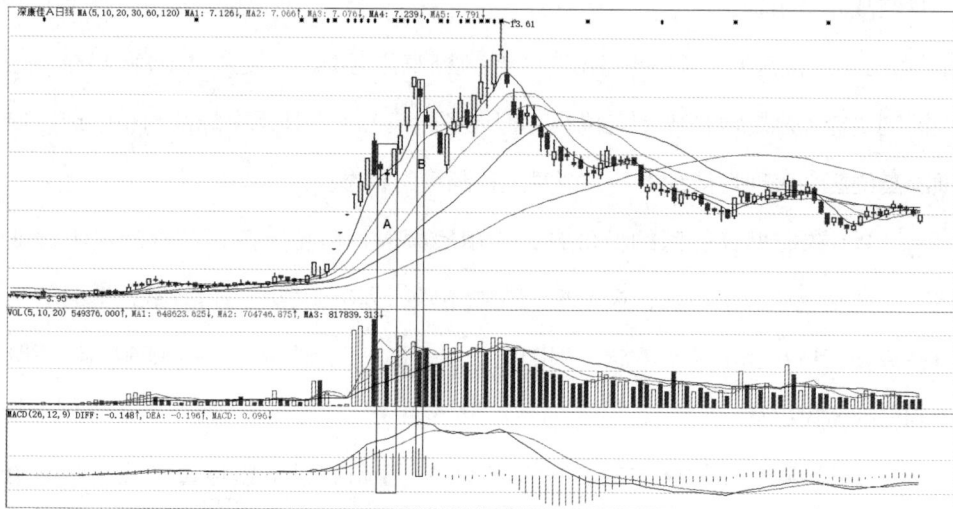

图9-31　深康佳A-日线图

实战注意事项：

（1）量能过大的短期调整出现时，从K线上不会表现为明显的顶部形态，也就是不会出现大阴线，甚至是上影线和实体均较长的阴线，所以，一定要留意上影线极长、实体较短的大幅冲高回落的阳线，往往是主力隐藏出货的K线顶部形态。

（2）量能过大的短期调整时，大多数时候是指K线的顶部转弱不明显，尤其是小光头阴线，十字星，或十字星与前一根阳线形成抱线，即十字星高低点均在阳线高低点范围之内时，股价快速转跌的概率极高。

（3）量能过大的短期调整出现时，一定不要认为只是盘中震荡的短线调整，因为量能的放大，意味着盘中遇到大量的抛售压力，所以是股价上涨结束的征兆，即使后市出现短时震荡，也多为高位放量滞涨的卖点信号，尤其是在短期大幅上涨后出现时，一定不可过贪，坚决清仓出局。

9.5.4 技巧4：未强势突破高点的突破，不可重仓

未强势突破高点的突破，是指在空中加油形态形成后，股价向上突破时，只是到达高点附近，但未完全突破高点，这时一定不要轻易重仓买入，因为当前股价正处于上方压力区，是否能够完成最终的突破还不确定，所以不能重仓买入。

具体要求：

未强势突破高点的突破，往往表现为K线在向上突破过程中，只是突破调整时高点的实体，但并未完全突破前期K线上影线的最高点。

如图9-32所示，深粮控股（000019）在A区域出现空中加油形态后，B区域在回升时突破前期调整高点C区域时，成交量柱虽为阳量，但放大并不明显，只小幅放量，说明突破时未形成强势突破，不可重仓买入，应控制好仓位参与，因为其后极可能会出现再次震荡调整，甚至是转弱。

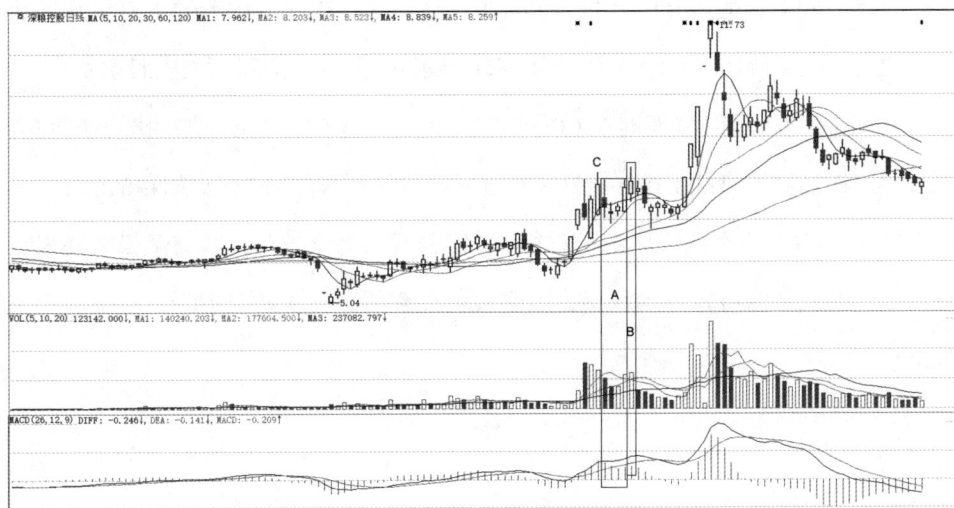

图9-32 深粮控股-日线图

实战注意事项：

（1）未强势突破高点的突破形态，是一种K线即将完成突破形态的中间形态，并不算是完全突破，所以不可过早重仓买入股票。

（2）未强势突破高点的突破形态出现时，由于是股价突破高点的途中形态，所以量能的大小不是判断的关键，因为突破形态尚未成立。

（3）未强势突破高点的突破形态出现时，只有股价表现为加速上涨的强势突破时，也就是符合提早买入的分时图强势上涨时，才会成为买点，这时方可在涨停前提前重仓买入，否则均应持续观察再判断是否形成了买点。

9.5.5　技巧5：股价在高位区方向不明，坚决卖出

股价在高位区方向不明，是在根据空中加油战法买入一只股票后，在持股过程中，发现股价在运行到高位区时，突然表现为方向不明，即不再上涨，所以再继续持股就无法获利，因此应坚决卖出股票。

具体要求：

股价在高位区方向不明时，股价表现为高位放量滞涨，所以，判断股价在高位区方向不明时，最重要的就是判断K线在高位区，在一个相近的水平呈震荡状态，成交量也保持在当前较高水平时，即可确认，此时就应果断卖出股票。

如图9-33所示的深天地A（000023），若是在A区域空中加油形态期间买入股票，在其后的持续上涨中，B区域进入高位区，虽然MA5依然保持上行，但下方MACD双线也在高位区出现平行，K线表现为高位震荡，成交量虽然并未明显放量，但依然保持较高的水平，表明股价在高位区出现方向不明，应坚决卖出股票。

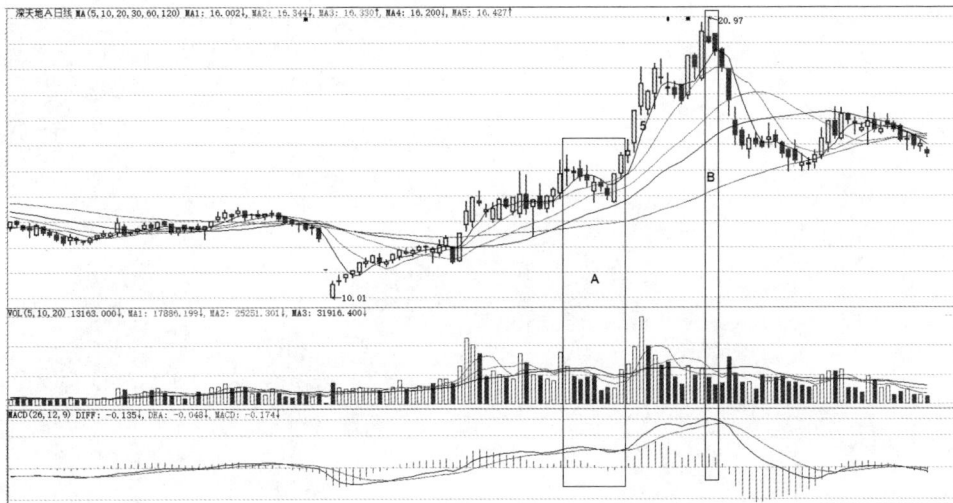

图9-33 深天地A-日线图

实战注意事项：

（1）股价在高位区方向不明时，主要表现为K线在高位区形成震荡状态，所以，属于高位放量震荡滞涨的卖点形态，最佳的卖出时间是逢股价冲高回落时卖出股票。

（2）股价在高位区方向不明出现时，通常技术指标也已经运行到区间显示的顶部高位区，尤其是短期指标线方向依然上行时，千万不可再继续恋战，应果断卖出股票。